W0060144

ANDERS INDSET

Das infizierte Denken

Warum wir uns von alten Selbstverständlichkeiten
verabschieden müssen

Econ

Wir verpflichten uns zu Nachhaltigkeit
- Klimaneutrales Produkt
- Papiere aus nachhaltiger
  Waldwirtschaft und anderen
  kontrollierten Quellen
- ullstein.de/nachhaltigkeit

MIX
Papier aus verantwor-
tungsvollen Quellen
FSC® C014496

Econ ist ein Verlag
der Ullstein Buchverlage GmbH

ISBN 978-3-430-21054-2

© Ullstein Buchverlage GmbH, Berlin 2021
Alle Rechte vorbehalten

Lektorat: Dr. Annalisa Viviani, München
Umschlaggestaltung: Brian Barth
Autorenfoto: © Jeff Mangione
Gesetzt aus der Quadraat pro bei LVD GmbH, Berlin
Einbandmaterial: Gebr. Schabert GmbH & Co. KG,
Gmund Hanf 100%
Druck und Bindearbeiten: GGP Media GmbH, Pößneck

Eine Widmung und Danksagung an zwei selbst denkende
menschliche Wesen der zukünftigen Generation: meine beiden
Töchter Hannah und Cécile-Noé

Inhalt

»The science of today is a light matter ... Those amazing truths that our descendants will discover are even now all around us, staring us in the eyes, so to speak; and yet we do not see them. But it is not enough to say that we do not see them; we do not wish to see them – for as soon as an unexpected and unfamiliar fact appears, we try to fit it into the framework of the commonplaces of accepted knowledge, and are indignant that anyone should dare to experiment further.«
Paramahansa Yogananda, *Autobiography of a Yogi*

Vorwort

2020 – die Weltgesellschaft erwacht aus ihrem Dauer-Nickerchen. Wir sind wachgerüttelt worden und erkennen die Welt, die wir in unserem Dornröschenschlaf geschaffen haben. Der Aufbau von Bürokratismus und »satten« Nationalstaaten, alte Systeme in neuer Tracht. Export, Globalisierung und Technologie. Eine unendliche Wachstumshypothese in alten endlichen Systemen. In unserer Freiheit haben wir unsere Freiheit verloren. Die Bevölkerung befindet sich in einer Schockstarre, und den Medien zufolge sind wir im Krieg. Was *wissen* wir über diese Welt, und kann es eine andere Welt geben? Was dürfen wir uns von dem, was wir geschaffen haben, heute noch erhoffen?

Hätte ich früher nur mehr darüber nachgedacht ...

Ein Blick zurück. Frühjahr 1970, 20 Millionen Menschen[1] beteiligen sich an der Grassroot-Bewegung »Global Earth Day«. In den USA ins Leben gerufen, soll der erste »Tag der Erde« die Wertschätzung für die natürliche Umwelt stärken und auch dazu anregen, das Konsumverhalten zu überdenken. Präsident Richard Nixon und der damalige nationale Sicherheitsberater Henry Kissinger bilden so etwas wie ein dynamisches Duo. Sie streben die Öffnung Chinas an (»There is no place on this small planet for a billion of its potentially most able people to live in angry isolation«). Sie planen ihre

Reise nach Moskau zum sowjetischen Staatschef Leonid Il-jitsch Breschnew, mit dem sie ein Atomwaffen-Abrüstungs-abkommen unterzeichnen werden, das zum Ende des Kalten Kriegs führen soll. Sie kündigen auch den Rückzug der amerikanischen Truppen aus dem seit 1955 andauernden Vietnamkrieg an. NASA-Visionär Thomas O. Paine plant bis zum Ende des Jahres eine dauerhafte Mondbasis und stellt seine Vision einer Raumstation in der Erdumlaufbahn, die ihren Höhepunkt in einer bemannten Mission zum Planeten Mars in zehn Jahren erreichen soll, Präsident Nixon vor.

Angetrieben von Ludwig Erhards »Wohlstand für alle«, hat Deutschland eine Grundlage in Globalia – der wirtschaftlich verbundenen Weltgemeinschaft – mit dem neuen Qualitäts-label geschaffen: *Made in Germany*. Der grenzüberschreitende Warenhandel erreicht 1970 endlich den gleichen Stand wie 1910. Jenem Jahr, in dem der weltweite Handel seinen bisherigen Höchststand[2] erreicht hatte. Auf allen Ebenen – in den Medien, in der Wirtschaft und in der Politik – wird das Thema Wachstum diskutiert, gelebt und erlebt. Klaus Schwab, ein deutschschweizer Macher mit Leidenschaft für Maschinen-bau, veröffentlicht sein erstes Buch über langfristig ausge-legte Unternehmensführung, bei der alle Interessengruppen (Stakeholders)[3] berücksichtigt werden. Er arbeitet aber auch an einer gemeinnützigen Stiftung. Ein Treffen von 444 Unternehmenslenkern in Europa im Folgejahr ist die Initialzün-dung für das, was später als Weltwirtschaftsforum bekannt werden sollte und Davos zum jährlichen Treffen »der Elite« machen wird. Das Jahr 1970 prägen auch Bildungsreformen mit dem Ziel, Chancengleichheit zu fördern und eine restrik-tiv-autoritäre Pädagogik einzuschränken.[4]

Das Jahr endet mit Willy Brandts symbolischem Kniefall in Warschau am 7. Dezember vor dem Denkmal der Helden des Ghettos. Ein Zeichen der Menschlichkeit und grenzenlosen Verbundenheit. 1970 stehen die Anzeichen auf Liebe, Frieden und eine Zukunft des globalen Zusammenarbeitens, geprägt von rasanten Fortschritten in Wissenschaft und Technologie.

Im Rückblick bietet sich aber auch das Bild eines an Bedeutung immer mehr einbüßenden Geistes. Die späten Sechzigerjahre symbolisieren einen Spirit, der die Verarbeitung von Ängsten und den Kampf für eine bessere Zukunft nach dem verheerenden Zweiten Weltkrieg ermöglichte. Dieser »weltgeistige Zustand« führte zu echtem Unternehmertum und Kreativität. Er förderte die Sehnsucht nach bedingungsloser Liebe und Frieden der Hippie-Bewegung mit ihren bunten Persönlichkeiten, wie dem »Hohepriester des LSD«[5] Timothy Leary, den Nixon den Medien zufolge einst als »einen der gefährlichsten Männer der USA« bezeichnet haben soll. Leary – von seinen Anhängern als »Galileo des Bewusstseins« gefeiert – musste 1971 nach Genf fliehen (und von dort ins Drogenmekka Afghanistan, wo er festgenommen und an die USA ausgeliefert wurde). Und mit ihm ging (zunächst) die Suche nach einem kosmischen Bewusstsein beziehungsweise die Hoffnung auf eine Substanz-beflügelte Befreiung des Menschen ein Stück weit verloren. Die Menschen sollten sich eine »andere Welt« vorstellen können, die nicht mehr von Leid und Krieg erschüttert werden sollte. Fast ikonisch dargestellt wird dieser »Weltgeist« in den vielen Gedichten von Yoko Ono, die schließlich 1971 John Lennon zum wegdriftenden Traumzustand führten – eine Welt in Frieden, ohne Grenzen, ohne Religion und Nationalität, IMAGINE ... Der Glaube an die Möglichkeit, dass die Menschheit zusammenkommt, vereint durch die Liebe und losgelöst von Materialismus.

1970 war der Höhepunkt von dem, was wir heute als Friedens-, Liebes- und Poprevolution bezeichnen. Rocklegende Jimi Hendrix beginnt seine letzte große Tournee, *The Cry of Love Tour* (Das Weinen der Liebe). Er wird im gleichen Jahr im Alter von nur 27 Jahren sterben. Damit stirbt auch der Geist von Woodstock und Isle of Wight. Die Entscheidung, ob der frühe Tod von Jimi Hendrix, der die Menschheit in den Schlaf küssende Prinz John (Lennon) oder Learys Flucht aus dem Gefängnis[6] als Symbol für das Ende vom Kampf für eine bessere Zukunft stehen, sei dahingestellt.

Die Zeit um 1970 markiert den Beginn des unbemerkten, narkotisierten Wegdämmerns, dessen Auswirkungen wir in den letzten fünfzig Jahren erfahren. Einerseits erleben wir eine noch nie da gewesene Stabilität, andererseits ist das gestalterische »Chaos« verloren gegangen – die Offenheit für etwas Neues, womöglich genau das, was jetzt benötigt wird, um die Stabilität fortsetzen zu können. Heute sind es nicht die *Tränen der Liebe* und der Schmerz, die uns prägen, sondern vielmehr ein dauerhafter Traumzustand, ein unbewusstes Dösen, ein fatales Nickerchen, aus dem wir nun langsam erwachen.

DAS LEBEN UND ICH

Mein Wecker klingelt pünktlich für meine tägliche 06:00-Uhr-Routine: Spaziergang mit unserer zweijährigen Weimaraner Hündin Elli, gefolgt von sechzig Minuten »MeTime«. Tiefe Kniebeugen für das Hirn. Den Geist driften lassen. Das menschliche Potenzial steckt in der Wahrnehmung der Normalität und des Nichtstuns. Ein kurzes Time-out, eine Art Entkopplung. Wir sind merkwürdige Wesen, die eine fantastische Fähigkeit besitzen, nämlich die der Reflexion unseres

Denkens. Wir setzen uns in unseren Gedanken mit dem Ge-
dachten auseinander und können dazu Stellung beziehen.
Diese Fähigkeit ist nichts Selbstverständliches.

Es ist Frühlingsanfang. Der Himmel über der Skyline von
Frankfurt ist glasklar und die Luft so frisch, dass ich die Normalität an diesem Morgen ganz besonders wahrnehme. Während die aufgehende Sonne aus dem osthessischen Main-
Kinzig-Kreis die Wolkenkratzer, Bankentürme und ihre
Aufpasserin, die Europäische Zentralbank (EZB), zum Glän-
zen bringt, denke ich an meine norwegische Heimat Røros,
wo man auf der Hütte in den Bergen förmlich diese Ruhe, die
mich in diesem einen Moment umgibt, regelrecht hören
kann. Dieser Morgen hat etwas Idyllisches. Es fühlt sich friedlich an.

Das 50. Weltwirtschaftsforum in Davos liegt hinter mir, in
wenigen Wochen folgt das 50. Jubiläum des Global Earth Day.
Die Eco-Hysterie wanderte in den Schweizer Bergen, jetzt soll
eine Eco-Utopie folgen. Ideologie und Emotionen sollen in
Taten umgesetzt werden, gesucht werden *Handlungshelden*. Die
erlebte Klarheit an diesem Tag liegt aber nicht an den umge-
setzten Projekten, sondern an einem anderen Ereignis. Wir
spüren den Stich der Spindel der bösen Hexe Corona. Fünfzig
Jahre – und das berühmte *La Belle au Bois Dormant* steht auf
dem Kopf. Wie eine sich öffnende Wolkendecke, die uns lange
zugedeckt hat und uns nun den klaren Blick in den Himmel
ermöglicht, sehen wir jetzt alles viel klarer und deutlicher.
Ein Raum der Möglichkeiten, um uns aus unseren Illusionen
von unbegrenzter Technologisierung und stetig wachsendem
Wohlstand herauszuholen, öffnet sich. Das Piksen tut weh,
ist aber nicht das Problem. Nicht das Virus ist die Herausforderung, sondern die Erkenntnis, dass unser Denken infiziert
ist.

Eine kurzzeitige Entkopplung vom Getriebensein und Reaktionismus, von Ängsten, Informationen, Gedanken. Eine kurze Pause für unser Gehirn. Also mit einem neuen Ansatz beginnen, bevor wir uns wieder »connecten«? Ein weißes Blatt Papier, wenn man so will. Raum und Zeit für eine kritische Betrachtung unserer Gegenwart – mit zwei wesentlichen Themen im Blick: Selbstverständlichkeit und Weltverständlichkeit.

»The greatest honor history can bestow is the title of peacemaker«,[7] sagte Nixon in seiner Amtsantrittsrede. Nixon gilt vielen heute als ein »Do nothing«-Präsident, der vor allem wegen seiner Skandale und der Watergate-Affäre, dem Missbrauch von Regierungsvollmachten, in Erinnerung geblieben ist. Seinen historisch gewordenen Satz findet man heute auf seinem Grabstein in The Richard Nixon Library & Museum in Yorba Linda, Kalifornien, eingraviert. Er erinnert uns heute daran, dass es noch nie so friedlich war wie jetzt auf unserem Planeten. Noch nie starben so wenige Menschen in Kriegen,[8] noch nie lebten wir so frei. Unser kapitalistisches Wirtschaftssystem hat uns zu einem nie da gewesenen Wohlstand verholfen.[9] Der Weltwirtschaft standen zwar nach 1970 Jahre der Inflation und eine Ölkrise bevor, und man wird sich bis zum heutigen Tag mit den »Grenzen des Wachstums«[10] auseinandersetzen. Solche Ereignisse wie auch die Finanzkrise 2007/2008 werden aber in der Zeitspanne des fatalen Nickerchens eher als »unbedeutende« Schlafstörung, als nächtliche Pinkelpause angesehen. Das Wohlstands- und Wachstumsschläfchen ging jedoch rasant weiter. Die stetige Entwicklung, David Hasselhoffs Besuch in Berlin und der Fall der Mauer 1989 – der liberale Traum von Freiheit ist wahr geworden. Ist es aber wirklich so?

Das Aufpoppen eines Artikels der New York Times lenkt mich

von meinen Gedanken ab, als ich mit meinem Smartphone die Traumkulisse des Sonnenaufgangs am Main mit Hündin Elli verewigen möchte. *Der Algorithmus hat mir was zu erzählen:* »How Do You Explain Henry Kissinger«[11] lautet die Headline. Der renommierte Journalist Barry Gewen schreibt über den inzwischen 96-jährigen Fürther: »Er ist ein Philosoph der internationalen Beziehungen, der uns viel über die Funktionsweise der modernen Welt beibringen kann.«

Ja, die moderne Welt. Nach fünfzig Jahren Dauernickerchen wachen wir wirklich in einer modernen Welt auf. Auch wenn der Zeithorizont für bemanntes Reisen zum Mars der gleiche ist, es ist eine Erwachsenengesellschaft mit kindlicher Naivität, in der Komplexität uns verwirrt, Gefühle uns täuschen, und die Technologie unseren Alltag durch Empfehlungsalgorithmen zunehmend kontrolliert. Erstmalig seit Menschengedenken haben wir Technologien geschaffen, die wir nicht zähmen können.

... Es folgt die nächste Headline des Tages, die mich zum Klicken verleitet. Seit sechs Jahren schwirren Videos von Piloten der US-Navy durch das Netz, die merkwürdige Flugobjekte zeigen. »Unbekannte Luft-Phänomene« – eine Umschreibung von dem, was man gemeinhin als UFOs bezeichnen würde. Ich erinnere mich daran, dass ich vor Monaten ein Interview mit dem US-amerikanischen Podcaster Joe Rogan und einem der Piloten gesehen habe, und nun lese ich, dass das Pentagon die Aufnahme als »bestätigt« und »verifiziert« veröffentlicht hat und die Bevölkerung um Hinweise zur Identifikation bittet.

Der gewählte Tag für diese Veröffentlichung scheint merkwürdig, und womöglich ist es ein Versuch Trumps, von seiner Empfehlung abzulenken, Reinigungsmittel zur Bekämpfung von Covid-19 zu injizieren – was er zwei Tage zuvor zur besten

Sendezeit der Nation empfahl. Alles »sarkastisch«, meinte Trump am nächsten Tag und betrieb Schadensbegrenzung. Ein paar UFO-Aufnahmen lenken dann sicherlich ab. Die Auftritte und die Virus-Headlines um den mächtigsten Mann der Welt konnte man ohnehin am besten als »satirische Satire« beschreiben. Keiner konnte Donald Trump besser karikieren als Donald Trump selbst.

Ein Virus ist aber, wie bereits erwähnt, nicht unser eigentliches Problem, *sondern unser Denken ist infiziert.* Eine Headline mit außerirdischen Luftakrobaten wäre im Februar 2020 noch globaler Sprengstoff gewesen, heute aber interessiert es kaum einen. Nur Wochen zuvor wäre so etwas für die sich im Dösen und Feiermodus befindende Dekadenz-Gesellschaft[12] eines der aufregendsten Ereignisse der vergangenen Jahre gewesen. Auch wenn deutsche Medien darüber berichten, zwischen viralwilligen Virologen und besessenen Besserwissern, will es niemand wirklich wahrnehmen. Keine Chance. Nicht einmal mögliches außerirdisches Leben kann uns von dieser Pandemie ablenken. Die Menschheit hat es geschafft. Das Licht ist erloschen und wir begrüßen den philosophischen Zombie – von außen nicht vom Menschen zu unterscheiden, jedoch ohne ein phänomenales Bewusstsein (Qualia).[13]

Meine Gedanken haben wieder freien Lauf, genau wie Elli. »Wo ist sie überhaupt?« Ich schaue mich um und mache mich auf die Suche. Es dauert nicht lange, bis ich sie wiedergefunden habe: Elli hat ihren eigenen Lockdown. Auf dem leeren Fahrradweg parallel zum Main steht sie im »Staredown« mit einem unschuldigen Hasen. »Alles gut, Elli«, sage ich, und sie entspannt sich. Koexistenz und gegenseitiger Respekt – ein Vorbild aus der Tierwelt für den Homo sapiens.

Zurück zu Hause, setzt sich meine Morgenstunde, die heute tatsächlich den Medien gewidmet ist, fort. Die nächste

Headline kommt vom Bundestagspräsident Wolfgang Schäuble, der sich in einem Interview mit einem fundierten Denkanstoß meldet. Er plädiert für holistisches Denken: »Die Menschenwürde ist unantastbar«, das schließe aber nicht aus, »dass wir sterben müssen«,[14] so der erfahrene Staatsmann. Auch der inzwischen 90-jährige Philosoph Jürgen Habermas meldet sich an diesem Tag zurück und bringt es mit einem Satz auf den Punkt: »So viel Wissen über unser Nichtwissen gab es noch nie.«[15]

Können wir so etwas wie einen Impfstoff gegen das (Aus-) Sterben des denkenden Menschen entwickeln? Kissinger, Habermas und Schäuble zeigen uns, dass ein besinnlicher Tiefgang mit Reflexion auch im angebrochenen neuen Jahrzehnt des 21. Jahrhunderts möglich ist. Es kann uns gelingen, ein höheres Verständnis für komplexere Sachverhalte zu wecken – der selbst denkende Mensch mit »gesundem Verstand«. Wir brauchen jetzt aber auch die jungen Wilden – die Generation der Erwachten und des Friedens – für die Gestaltung rebellischer Aufstände gegen Autoritäten, die Schöpfung von partizipierenden Kulturen sowie die Umsetzung unserer aller Zukunft. Es ist eine neue Erzählung, und gerade die brauchen wir. Eine positive Leitidee für die Menschheit. Etwas in der Art wie der Nordstern, der uns Halt und Zukunft gibt. Wäre nicht so etwas wie Aufstand der Intellektualität ein möglicher Weg?

»Papa, wollen wir Lotti-Karotti spielen?« Es bleibt mir keine Zeit mehr, diesen Gedankengang fortzusetzen. Der ganz normale Dienstag hat mich wieder, die Generation Frieden ist wach, und der Tag kann beginnen …

Eine Welt ohne Maske

Das infizierte Denken ist eine Kurzanleitung für alle und niemanden – die neue Generation der Denkenden – und für den Tag danach. An jenem Tag, an dem wir mit gedanklichen Sprüngen und Widersprüchlichkeiten klarkommen. An jenem Tag, an dem wir aus der Geschichte lernen und sie zugleich hinterfragen. An jenem Tag, an dem wir verstehen, dass das fatale Nickerchen nicht etwas Absolutes, sondern Anhaltspunkt für etwas Neues, etwas anderes ist. An jenem Tag, an dem wir aufhören, nur unsere persönlichen Erfahrungen zum Maßstab zu machen. An jenem Tag, an dem wir aufhören zu hören, was wir hören wollen, und endlich zuhören. An jenem Tag, an dem wir eine Kategorisierung und Zuordnung wiederfinden, die Halt und Substanz für etwas gibt. Die in einem Kontext zu etwas steht, zu hinterfragen ist und uns die (bewusste) Weiterentwicklung ermöglicht. An jenem Tag, an dem wir nicht nur klarkommen mit der Normalität, sondern sie sogar schätzen lernen und mit ihr zu Alchemisten werden. An jenem Tag, an dem wir aufwachen werden aus der immer reaktiver und müder werdenden bewusstlosen Welt – am Tag der Bewusstmachung. An jenem Tag, an dem wir Ambiguität akzeptieren genauso wie das Unbekannte. An jenem Tag, an dem wir uns von unseren *Selbstverständlichkeiten* befreien und uns mit *Weltverständlichkeit* auseinandersetzen, um zur neuen *Selbstverständlichkeit* zu gelangen. An jenem Tag, an dem wir uns mit dem »Menschsein« im Privaten und im Kollektiven beschäftigen.

Wir brauchen eine holistische Auseinandersetzung mit der Welt, wie wir sie sehen, und ein Verständnis für deren Interdependenz – alles hängt mit allem zusammen, mit einer einhergehenden Entkoppelung. Es ist das Leben in und das Streben nach dynamischem Äquilibrium.

Während des andauernden Nickerchens haben wir die Wirkkräfte des Wandels und die Veränderungen unterschätzt. Gefangen in unseren Selbstverständlichkeiten, die sich zu Absolutheiten entwickelt haben, haben wir tiefe Gespräche zwischen unterschiedlichen Menschen und Disziplinen nicht zugelassen. Wir sind gefesselt in unserer Freiheit und gefangen in der Gegenwart. Die Zukunftslosigkeit dient der Gefälligkeit in einer vollökonomisierten Welt, die uns ermüdet. Wir optimieren und amüsieren uns, verpassen dabei das Reflektieren. Sprache, Kultur und Konsum – alles gleicht sich an, dennoch fühlen wir uns gespaltener und unzufriedener als je zuvor. Die Absolutheiten, mit denen wir kämpfen, dienen nicht dem Allgemeinwohl. Dabei können wir nur bestehen und organisiertes menschliches Leben auf diesem Planeten verlängern, wenn wir nach dynamischem Äquilibrium streben – einem Weg nach vorn. Und darum soll es jetzt gehen – die Reflexionen über Handlungen und das Gedachte als Problemdarstellung für das Denken an sich. Eine Welt ohne Maske, in der wir einander sehen können, eine Welt, in der wir leben und erleben können. Eine Welt, in der wir nicht nur reden, sondern auch was aussagen. *Wir werden mit einem gordischen Knoten unterschiedlicher Paradoxien konfrontiert. Ein Clusterfuck an miteinander verbundenen Themen, die wir mit endlichem und absolutem Denken zu verarbeiten versuchen.*

Wir stehen am Scheideweg, an dem wir Menschen es selbst in der Hand haben, wie es weitergehen soll: Bewegen wir uns in Richtung totalitärer Regime, Stagflation, nationalistischer Isolation und Kampf um den gleichen Kuchen, geprägt von Misstrauen und womöglich der nächsten großen Eskalation? Oder gelingt uns ein solidarischer Wandel auf der Grundlage eines technologiegetriebenen humanistischen Kapitalismus und eines vernunftbasierten Miteinanders mit der gleichzeitigen Entwicklung einer neuen Definition von Wohlstand und Wachstum samt der damit verbundenen neuen Wachstumstreiber?

Ich wünsche mir eine Welt, in der wir die Generation der Getriebenen mit der Generation der Mitgezogenen zusammenführen. Aus einer fatalen Informationsgesellschaft über eine Wissensgesellschaft zu einer Welt, in der unser höchstes Ziel der Verstand ist – *eine Gesellschaft des Verstandes* –, die eines Tages die algorithmische »Wissensgesellschaft« ablöst und uns ermöglicht, zur Vernunft zu kommen. Ein utopischer Traum? Ja, sicherlich. Wäre es aber nicht interessant, es zu versuchen? Wäre das nicht etwas, das wir als *Sinn des Lebens* definieren könnten? Ein ernsthafter Versuch, die Welt und unsere Gesellschaft ein wenig besser zu verstehen und ein wenig besser zu machen. So etwas wie eine Sinngebung auf unserer wunderschönen Reise nach nirgendwo.

Das Buch *Das infizierte Denken* ist unsere Zeit in Reflexionen gefasst. *Ein Beitrag zur Weltverständlichkeit, damit wir uns in Richtung neuer Selbstverständlichkeiten bewegen können.* Es ist eine kritische Beobachtung im Rahmen unserer gegenwärtigen Selbstverständlichkeiten als Versuch, den Rahmen zu sprengen. Es stellt somit einen ersten Schritt auf diesem Weg dar. Ein Anfang für uns alle. Ein Weg hin zu einer Welt des dynamischen Äquilibriums, der uns nur offensteht, wenn Menschen (wieder) zu denkenden und gestaltenden Wesen werden.

Lass uns losdenken!

TEIL I

Das fatale Nickerchen

KAPITEL I

Also, sprachen die Medien

Rudolf Augstein, Gerd Bucerius und Henri Nannen – Mogule von Besatzers Gnaden. Und wie die Helden in Hollywoodwestern, die zu ihrer Zeit über die Bildschirme flimmerten, verkörperten sie das Ideal von Freiheit. *Freiheit der Meinung verbunden mit informationeller Selbstbestimmung. Die vierte Gewalt. Wo finden wir diese vierte Gewalt heute?* Wo ist unser Lagerfeuer und wo sind unsere Meinungsmacher? Versteckt hinter »Fassaden in der Mache« als Influencer oder Getriebene von einer technologischen Elite, um neue Medienplattformen zu schaffen. Medien lieben die Erfolgreichen, Erfolgreiche lieben die Medien. Clubhouse, Podcast, IGTV … Frei nach Neil Postman sind wir nicht nur dabei, uns zu Tode zu amüsieren, sondern viel schlimmer noch: Die vollumfängliche Betäubung und anästhetische Bespielung, unsere tägliche Feel-good-»DOSE« an Dopamin, Oxytocin, Serotonin und Endorphinen erhöht unseren Glückspegel, der uns in eine unbewusst konsumierende Gesellschaft der Gefälligkeit versetzt. Glück ersetzt Reflexion und untergräbt damit die ursprüngliche Rolle der Medien und des gesamten Journalismus.

Unser Fernsehapparat sichert uns eine ständige Verbindung zur Welt, er tut dies allerdings mit einem durch nichts zu erschütternden Lächeln auf dem Gesicht. Problematisch am Fernsehen ist nicht, dass es uns unterhaltsame

Themen präsentiert, problematisch ist, dass es jedes Thema als Unterhaltung präsentiert.[16]

Für Postman war eine mit einem Fernsehapparat harmlos verbundene Welt bereits das Problem. 35 Jahre später befinden wir uns exakt in jener paradoxalen Situation. Wir können nicht mit dem Bildschirm, aber auch nicht ohne ihn leben.

Für demokratische Gesellschaften sind Medien unerlässlich. Doch dieses Ideal stirbt. Es erliegt der technologischen Demokratisierung des Medienmarktes, deren Ausprägung eine Ökonomisierung ist. Disruptiert durch digitale Technologien, verliert die eng begrenzte Wohnzimmermedienwelt ihre Exklusivität und Alleinstellung. Egal ob Filme, Musik oder Nachrichten, alles lässt sich überall konsumieren und produzieren – *media on the go*. Wir sind mit einer Paradoxie konfrontiert, die aus der befreienden Kraft des Digitalen resultiert. Durch das Technologische waren die Hürden noch nie so niedrig, sich mit unterschiedlichen Positionen, Perspektiven und Meinungen auseinanderzusetzen. Die zunehmende gesellschaftliche Differenzierung, die bis in die »Singularisierung«[17] führt und eine bisher nie da gewesene Komplexitätssteigerung der Gesellschaft hervorbringt, führt zu einer Kakofonie, in welcher der gesellschaftliche Dialog dem Sendungs(un)bewusstsein jedes Einzelnen weicht. Eine fatale Informationsgesellschaft erstickt das sinnstiftende Lagerfeuer.

Das Massenmedium Radio, wo einer sein Diktat reinbrüllt und viele hören zu, hat ausgedient. Wir hören nicht mehr zu, wir wollen partizipieren. Niemand möchte Empfänger sein, alle möchten gestalten. Partizipierende Kulturen und Co-Kreation sind die neuen Media Buzzwords. Jeder kann was werden, so die Botschaft. Wir haben eine Medienwelt für alle und keinen kreiert. Medien für die Massen – Massenmedien –, die heute für *uns* sind, individuell und gleichzeitig kollektiv. Vereinsamend und gleichzeitig verbindend. Dein *Du-Kanal* – YouTube: Du entscheidest, was du wann, wo und wie konsumieren möchtest, du kreierst die Inhalte, du hast die komplette »Freiheit«. Zumindest fühlt es sich so an. Wir sind *Prosumenten* – Konsumenten und Produzenten – in einem. Wir sind Gestalter der Inhalte unserer eigenen Suche. Es ist gleichzeitig ein Fenster der Opportunität für jedermann, dabei gehen bei den meisten schnell die Scheiben zu. Nach den Massenmedien wird die Masse ein Medium. Das Erscheinen und der Hype von Clubhouse ist der krampfhafte Versuch, ein soziales Radio zu etablieren, um das Problem der Kommunikation durch einen respektvollen Dialog und die offene Auseinandersetzung mit Gott(schalk) und der Welt aufzuheben. Am Ende kann dies jedoch auch nur ein Zwischenschritt zum ersehnten Traum von »alle können auf der Bühne partizipieren« sein. Denn es greifen hier wieder die altbewährten Mechanismen – ja, man könnte fast von Grundsätzen sprechen: Wenn alle auf der Bühne sind, ist das Auditorium leer.

Wenn ich mich beim stundenlangen Treiben durch die »wichtigen Weiterleitungen« im rechten Bildschirmbereich ertappe, kommt der Zwiespalt: Bin ich amüsiert und gebildet oder frustriert und abgestumpft? Früher hieß es: »Das könnte Sie interessieren …« oder »Wir empfehlen auch …« – Empfehlungen eben für die weitere Suche, Impulsgeber für neue Ideen. Heute aber heißt es nur: »Nächster Titel«. Die »freie« Auswahl besteht aber (noch) darin, dass wir im Sichtfeld der Möglichkeiten zumindest zwischen fünf bis acht Titeln »wählen« können. *Unser Wille zum Weiterschauen*, frei in der Theorie, »gezwungen« in der Realität. Mit unserem Fernsehen und Nahsehen hat sich somit etwas fundamental verändert. Mit zeitlichen und linearen Möglichkeiten war die Frage, *ob* wir schauen sollen, heute heißt es *was*.

Wir sind Gefangene unserer eigenen Freiheit. In einer Flut von scheinbar essenziellen Informationen, die uns »kostenfrei« zur Verfügung stehen. Wann immer und wo immer wir wollen. Ein weiteres Fenster öffnen, und noch eins, wir dürfen nichts verpassen, also später anschauen. Speichern (für später) kann ich auch, ein Lesezeichen setzen, eine neue Liste erstellen oder mir selbst eine Nachricht für später schicken. Oder gehörst du zur Post-it- und Papier-Generation? Dann machen wir eine Notiz, die wir irgendwann noch sehen werden. Nichts darf untergehen. Alles ist heute wichtig. Sogar die traditionellen Medienhäuser haben den »Zugang« für sich entdeckt. Zugang zu was? ... Connected eben. Über fremde Kanäle, als Videoformat versteht sich. Glücklicherweise wurde das »fast forward«, der schnelle Vorlauf, als »Feature« implementiert, und es gibt noch die Option, mehrere Bildschirme zu verwenden. Unterhaltung und Konsumscreens laufen durch. »Schauen Sie noch?« Wie bitte?! – Ja, natürlich schaue ich noch ... ein Klick genügt. Handy und Leinwand, Computer und Tablet. Wache Zeit heißt konsumieren und optimieren. Mein Unterhaltungskanal läuft durch, wo ich etwas lernen möchte und etwas Wichtiges habe, kann ich immer pausieren. Vergessen wir Sprüche über Multitasking und Fokus, wir brauchen heute Tempo. Hast du die neue Folge von *Grey's Anatomy* gesehen? Natürlich habe ich das – auf Deutsch und Englisch! Wie, du hast nicht das Tor von Haaland am Wochenende gesehen? Das musst du dir unbedingt reinziehen, Mann!

Also, sprachen die Medien. Stunden nach der ersten und einzigen Eingabe im Suchfeld nach dem durchgerutschten »Nächsten Titel« aus dem rechten Bereich ist Schluss. Der Wechsel von »Das könnte dich interessieren« zu »Nächster

Titel« macht viel mehr Sinn, weil es mich inzwischen interessiert. Ich sehe sie nicht, aber wenn ich in mich hineinhorche, dann spüre ich sie – oh, diese Algorithmen. Die Empfehlungsalgorithmen wissen längst, was mich interessiert. Die Suchfelder werden obsolet. Wann, wo und was – das sagen mir die ausgeklügelten Algorithmen. Mehr vom Gleichen, ein Trieb in Richtung Ähnlichkeit, und dann doch so vielfältig und individuell zugeschnitten. Optimiert auf dem Sprung zum nächsten Themenbereich verlassen wir mit einem einfachen Klick die dritte Interpretation unseres Lieblingslieds, das vierte Video zu unserem Thema, den fünften Clip über die Highlights der schönsten Tore und verrücktesten Momente unseres leidenschaftlichen Hobbys.

In der Sache wiesen medienkritische Analysen der Vergangenheit auf Themenbereiche hin, die wir nicht einmal heute ausreichend bewerten können. Fluch oder Segen? Heilsbringer einer neuen Aufklärung oder Suchterzeuger und Teufelszeug? In vielen Büchern finden wir Verweise auf die Gesellschaftskritik und Technologiewarnungen des Klassikers 1984 von George Orwell.[18] Auch ich selbst habe diesen kontrollierten Informations- und Überwachungsstaat als fast prophetischen Ausblick bezeichnet. Wie wir jetzt aber erkennen, stellt das bereits erwähnte Buch von Neil Postman *Wir amüsieren uns zu Tode* einen viel relevanteren Bezug zu unserer Wirklichkeit her. Im Jahr 1985 erstmals erschienen, bringt es Andrew Postman, der Sohn des Autors, zwanzig Jahre später und nach dem Tod seines Vaters neu heraus. Verbunden mit einem Rückblick, der 2020 – also 35 Jahre nach der Erstveröffentlichung – womöglich sogar noch treffender ist:

Wir haben unser Auge auf 1984 gerichtet. Als das Jahr kam und die Prophezeiung nicht, sangen nachdenkliche Amerikaner leise, um sich selbst zu loben. Die Wurzeln der liberalen Demokratie hatten gehalten. Wo auch immer der Terror passiert war, waren wir zumindest nicht von orwellschen Albträumen besucht worden. Aber wir hatten vergessen, dass es neben Orwells dunkler Vision eine andere gab – eine etwas ältere, etwas weniger bekannte, ebenso erschreckende: Aldous Huxleys Brave New World. Entgegen der allgemeinen Meinung selbst unter den Gebildeten prophezeiten Huxley und Orwell nicht dasselbe. Orwell warnt davor, dass wir von einer von außen auferlegten Unterdrückung überwunden werden. Aber in Huxleys Vision ist kein großer Bruder erforderlich, um Menschen ihrer Autonomie, Reife und Geschichte zu berauben. Wie er es sah, werden die Menschen ihre Unterdrückung lieben, die Technologien lieben und ihre Denkfähigkeit rückgängig machen.

So beginnt das Vorwort zu dem Werk des US-amerikanischen Medienwissenschaftlers mit einem Vergleich: der zukunftspessimistische Roman Schöne neue Welt von Aldous Huxley wird George Orwells 1984 gegenübergestellt. Gern würde ich heute einen Abend mit Postman und Orwell organisieren wollen. Und mit genau jenem Aldous Huxley, der in seinem Roman von 1932 unsere Zukunft im Jahr 2540 beschreibt, in der es durch künstliche Fortpflanzung, Konditionierung und Indoktrination gelungen ist, »Stabilität, Frieden und Freiheit« in einem Weltstaat – ja einer Weltgesellschaft –, eine »perfekt funktionierende Gesellschaft« zu erschaffen. Wie würden diese drei Herren über die Entwicklung der Technologie und Medien heute denken? So vorausschauend Teile ihrer Analysen sind, so unvorstellbar wäre es für sie wohl gewesen, dass wir eine solche Welt wie unsere heutige geschaffen haben – in einem Zeitraum von weniger als hundert Jahren.

Ob wir aufgrund der Entwicklung unseres Verständnisses für eine Endlichkeit, unseres aktiven Handelns und genau solcher dystopischen Vorwarnungen unsere Zukunft selbst gestalten werden, lässt sich natürlich nicht mit Sicherheit sagen. Alte Strukturen sind mächtig und wirken lange. Neue Paradoxien überlagern sie, was die Auseinandersetzung mit den (vermeintlichen) Absolutheiten der Gegenwart erschwert. *Es wirken ambivalente Kräfte, die aber auf fragile bestehende Strukturen treffen. Wir sind also weit entfernt von einer aufgeklärten Weltgesellschaft, weshalb unser Denken, das Denken an sich, als der kritische Faktor für eine Heilung unser essenzielles Thema sein sollte.* Neil Postman beendet sein Vorwort ähnlich. Fast so, als könnten wir diese nostalgische Erstausgabe aus dem Jahr 1985 mit dem lilafarbenen Umschlag als Retro-Neuauflage anno 2020 verstehen. Die inzwischen leicht vergilbten Seiten fassen unsere gegenwärtigen Herausforderungen fast prophetisch zusammen:

Was Orwell befürchtete, waren diejenigen, die Bücher verbieten würden. Was Huxley befürchtete, war, dass es keinen Grund geben würde, ein Buch zu verbieten, denn es würde niemanden geben, der eines lesen wollte. Orwell fürchtete diejenigen, die uns Informationen entziehen würden. Huxley fürchtete diejenigen, die uns so viel geben würden, dass wir auf Passivität und Egoismus reduziert würden. Orwell befürchtete, dass die Wahrheit vor uns verborgen bleiben würde. Huxley befürchtete, die Wahrheit würde in einem Meer von Irrelevanz ertrinken. Orwell befürchtete, wir würden eine gefangene Kultur werden. Huxley befürchtete, wir würden eine triviale Kultur werden, die sich mit einem Äquivalent der Feelies, des Orgie Porgy und des zentrifugalen Bumblepuppy beschäftigt. (...) Kurz gesagt, Orwell befürchtete, dass das, was wir hassen, uns ruinieren würde. Huxley befürchtete, dass das, was wir lieben, uns ruinieren würde.

Fast ironisch erscheint Postmans Kritik am Fernsehen, wenn wir uns die Medienlandschaft von heute anschauen. Dabei erkennt der Gesellschaftskritiker die unterliegenden Wirkkräfte des Wandels, um die es im Kern geht: die Entwicklungen, die durch technologische Innovationen oder externe Impulse beschleunigt werden. So sind wir heute restlos in unserer eigenen Freiheit gefangen. Reaktionismus und der Drang nach Optimierung lassen uns die Irrtümer und Denkfehler nicht wahrnehmen. Das Problem ist aber nicht das Medium als solches, womit der Bezug zu Kant klar wird. Und, warum wir über Postmans Befund hinausgehen müssen, weil er jene Kant'sche Synthese nicht nachvollzog, die ein Nachruf auf den Medienkritiker beschreibt.

Damit hatte Kant das diskursive Denken und das ästhetische Anschauen, Begriff und Bild dialektisch miteinander verkoppelt, um Einseitigkeiten in die eine oder andere Richtung – den Rationalismus des reinen Wortes und den Empirismus der bloßen Anschauungen – zu überwinden. Postman resignierte vor dieser Synthese, von der noch ein Marshal McLuhan optimistisch zehrt, und gab der Arbeitsteilung des Medienkapitalismus auf der kulturkritischen Ebene nach. Das ist die Tragik, bei allem Verdienst im Detail und im völlig überzeugenden medienpädagogischen Engagement: Postman trennt die Welt der Bilder vom ›Diskursuniversum‹ der Sprache und ihrer logischen Differenzierungs- und Verknüpfungskraft völlig ab. Dabei übersieht er, dass der Sündenfall des elektronischen Informationszeitalters nicht nur monomedial, sondern nur intermedial zu erklären ist: mit der korrelativen Verflachung der Text- und der Bildkultur zu einer hybriden Signatur. Postmans Kritik zementiert den Qualitätsverfall selbst noch als kulturelle Asymmetrie der Medien Bild versus Sprache.[19]

Eine kritische Medienanalyse scheint heute nötiger als je zuvor. Zumindest besteht unsere Aufgabe darin – als denkende Wesen –, ein Verständnis für den Umgang mit sozialen Medien, Bots und Trolls, Cancel-Culture-, Me-First-, MAGA- und Woke-Bewegungen zu entwickeln ... Wir haben eine Informationslandschaft, die wir als *fatale Informationsgesellschaft* beschreiben können. Noch nie habe ich mich so bestätigt gefühlt und gleichzeitig so verwirrt. »Noch nie gab es so viel Wissen über Unwissen«,[20] wie Jürgen Habermas es so treffend formulierte.

Medien und wir – die Sklaven der medialen Welt – sind Produkte der Aufmerksamkeitsökonomie, des Attentionalismus. Es geht um einen Kampf um unsere Zeit und eine (Selbst-) Optimierung im Umgang mit Information. Medien und ihre Inhalte fühlen sich für uns gratis an, sie sind es aber natürlich nicht. Bezahlt werden sie von Dritten in Form von Werbung. Nichts wird im algorithmischen Dschungel dem Zufall überlassen. Bezahlt wird mit unserer Zeit. Beiträge und Produktion werden aber nicht entlohnt. *Die Formulierung einer positiven Leitidee klingt nach Werbung für die Utopie, verkauft sich aber schlecht. Negativität dagegen wird belohnt.* Der Shitstorm fördert die »Kommunikation« und je mehr kommuniziert wird, desto kräftiger rollt der Rubel. Es ist eine kapitalistische Kommunikation, in der nur die Menge zählt.

So stehen die Medien vor einem Dilemma. Negation mit Kapitalisierung (Befeuerung der »Brüllgesellschaft«) oder Faktifizierung und Suche nach Aufklärung und Substanz. Einst waren – nicht nur in der Selbstwahrnehmung – die Journalisten Aufklärer und Erklärer. Heute sind sie die Spieler und Sklaven des Kapitalismus. Heute sprechen die Zahlen und nicht die Geschichten. Alles dient dazu, die kapitalistische Maschine am Laufen zu halten. Es fehlt ein Narrativ. So bleibt kein anderer Weg, als sich der Geschwindigkeit zu verschreiben, bis die Technologie einen ersetzt. Wie aber lässt sich diese aufklärerische Rolle in der Medienwelt heute verstehen?

Die Rolle der Aufklärung

Die Menschen sehnen sich heute nach Tiefgang, davon bin ich überzeugt, jedoch ließe sich – zumindest in einer Transitphase – damit nicht kapitalisieren. So fehlt dem eigenen Job jeglicher Tiefgang (übrigens nicht nur ein Phänomen im Journalismus). Quantifizieren statt Qualifizieren – was können wir zählen? Meistgelesen steht oben, meistgelesen heißt Klicks der Klicks wegen und schafft somit eine *self-fulfilling prophecy*: Top-Spaltenplatz wegen Klicks und Shares. Offensichtlicher und einfacher zu begreifen ist dieses Phänomen bei Realitystars, die wegen ihres Bekanntheitsgrades populär sind. Trumps Popularisierung von Fake News führt zu einer Gegenreaktion. Sie verstärkt den Druck auf die Validierung. Das Phänomen lässt uns mehr Masse mit mehr Klasse gleichsetzen.

Alle nicken, wir bestätigen, und es leuchtet uns allen ein, dass historisch gesehen ein ganz anderer Kostenapparat nötig war, nur wenige Zugriff auf Nachrichten hatten und diese konsumieren konnten. Henne – Ei spielt keine Rolle, solange wir Hennen und Eier zählen können, damit müssen/können wir rechnen. Der Abstand zwischen Ereignis und Bericht war größer. Es gab wenige Quellen, darum hatte man Zeit für eine umfangreiche Recherche. Heute bleibt nicht einmal die Zeit, die Fehlaussagen und Unwahrheiten aufzuarbeiten. Durch die Demokratisierung und Technologisierung wurde jeder zum Broadcaster, kostenfrei von überall. Das Problem der neuen Technologien ist, dass News heute vor allem »Skandal« bedeuten. Je größer die Masse, desto lauter, schräger und skurriler muss es sein. Schock = Share, ist folglich die Logik. Negative Schlagzeilen und vor allem Unwahrheiten und Verschwörungsmythen triggern eher den Share:

Mit der Häufigkeit der Behauptung verstärkt sich der Aufschrei »Das kann doch nicht wahr sein!«. Darauf sind die ganzen Belohnungsmechanismen ausgelegt, der Mehrwert steckt im Teilen, in den Views und Likes. So handelt es sich um einen Designfehler. Unwahrheiten werden durch ihre Schockerzeugung und Reaktionserzwingung belohnt und entlohnt.

Es folgt Echtzeit-Validierung. Vertrauensbildung. Zu klären ist: Wer und was falsifiziert Mitteilungen? Wer gibt das Faktische vor? Hier kommt es dann zu offensichtlichen Konflikten der Meinungsfreiheit und Zensur. Die Grenzen sind schwierig, und häufig stecken ethische und moralische Problemstellungen dahinter, die schwer darzustellen sind.

Performance-Druck und politische (»hidden«) Agenda führen zum Anspruch, über Klicks der goldenen Headline die höchstmögliche Verbreitungsgeschwindigkeit zu erreichen. Erfolgreich ist, wer erfolgreich ist, und das misst sich in Klicks, Likes, Comments und Shares, so funktioniert heute Werbung. Konsumenten überwinden die Paywall auch nur, wenn die perfekte Headline lockt. Erst einmal aktiviert – häufig über mühsame Validierung und Registrierungsprozesse –, fühlt man sich in einem Netz des »Klick-mich-mehr« gefangen. Wir sind heute alle Sklaven unserer eigenen Freiheit. Die moderne Sklaverei ist die der Selbstausbeutung. Die der verlorenen Herrschaft in der Herrschaft. Und womöglich finden wir auch einen berechtigten Kritikpunkt in Neil Postmans Werk. Es ist nicht das Problem des Mediums und des Visuellen, sondern wie Kommunikation betrieben wird. Die Rolle und Definition einer neutralen und verständnisvollen Beobachtung ist von der Technologie überholt beziehungsweise fehlt vollends. Journalisten müssen heute *liefern*, nicht verstehen, produzieren oder recherchieren. Vollständigkeit, Verständlichkeit, Sachlichkeit und Neutralität verlieren gegen das Messbare und das Gemessene.

Wir erleben zwei gegensätzliche Facetten der gleichen Geschichte, und uns fehlen schlicht die Werkzeuge, um zu interpretieren. Dabei nehmen wir auch nur die eine Seite wahr. Sie ist absolut. Ein Tweet. Eine Headline. Schnell teilen, Likes und Shares sammeln. Faktizität wird durch Visibilität ersetzt. Hier bin ich. Es lebe die Attention Economy, was besser heute als Brüllgesellschaft beschrieben werden kann: Aus Mehrheit wird Lautheit – und umgekehrt. Die Sichtbarkeit lässt nach, mehr Likes für wenige, ein natürlicher Selektionsprozess oder Darwinismus eben. *Survival of the fittest*, erweitert um Brüste, Pos und optimierte Körper – *survival of the fittest and sexiest* (weil ohne »sexy« kein Euro). Soziale Medien sind in ihrem Kern antisozial. Belohnung des Gleichen, Spaltung der Gesellschaft, für oder gegen, 0 oder 1. Eine Logos-Gesellschaft auf Steroiden auf der Überholspur, doch fehlt die Validierung. Traditionshäuser und renommierte Journalisten kämpfen in der Attention Economy um Key-Performance-Indikatoren (KPIs), Leistungskennzahlen. Likes und Shares zum Wohl der Werbetreibenden.

Nur die Technologie kann helfen. Eine *Wissensgesellschaft* soll es werden. Vordefiniert durch Algorithmen. Eine Art Wikipedia+, wo wir noch als Transitstation für Wissen dienen, das bereits vorgefiltert wurde. So sparen wir uns die ewigen Diskussionen über Fake News. Die Menschheit hat schon immer gelogen, die Geschichten wurden immer verdreht und weitererzählt – man denke nur an das Spiel »Stille Post« in der Kindheit –, in der Wissensgesellschaft müssen wir uns damit nicht mehr auseinandersetzen. Vorvalidiert, basierend auf unseren besten Quellen der Vergangenheit, womöglich erweitert um Echtzeitaufnahmen und Videos. Es lebe der Moment. Wir haben die Zeit abgeschafft. Ich kann jetzt wissen. Ich kann *jetzt* Wissen teilen. Ich kann *jetzt* Wissen konsumieren. Es lebe die Zeitlosigkeit.

Die Paradoxie besteht also darin, dass wir trotz des unglaublichen Zugangs zu Informationen, der vielfältigen visuellen und emotionalen Überarbeitung, ja der Perfektionierung der Rhetorik mit Untermauerung jeglicher Art von Ästhetik es nicht ansatzweise schaffen, so etwas wie eine digitale Aufklärung zu leisten. Es fehlt das Verständnis für das, was wir wollen, eine digitale Bewusstseinsbildung für Technologie. Wir sind gefangen in Begrifflichkeiten – in unseren Selbstverständlichkeiten. Zugang zu Information – das Internet – ist gut, wenn man weiß, wonach man sucht. Es fehlen uns aber die Werkzeuge zur Informationsverarbeitung, es bleibt bei der Headline, der Halbbildung. Zufälliges Stöbern und Erkunden im Internet wirkt wie ein Kultgenerator und Verschwörungsmythenbeschleuniger, trägt aber nicht zum Verständnis bei. Das Vernunftsubjekt bleibt Wissensidiot. Wir bilden eine Wissensgesellschaft, in der wir nicht vernünftig handeln können, da die Aktivierung über den Verstand fehlt. So bleibt ein weiteres Paradoxon: Obwohl wir die identische Validierung von Fakten nutzen und uns im Wissensstand immer weiter annähern, weil wir zunehmend die gleichen Quellen nutzen, global die gleichen Filme sehen, in jeder Ecke theoretisch Zugang zu gleichen Nachrichten und Kommunikationskanälen haben, wächst im Ergebnis die gesellschaftliche Spaltung. Ein Gefangensein in absoluter Meinung. *Ein Gefangensein im Jetzt. Ein Wissen zum Teilen, aber keine Einsicht zum Handeln.* Die Technologie reduziert Abstände und erhöht die Geschwindigkeit, bis die Welt distanz- und zeitlos – absolut – wird. Nähe und Unmittelbarkeit zeichnen die Medienlandschaft im digitalen Zeitalter aus. Für eine digitale Aufklärung ist eine Gesellschaft des Verstandes erforderlich.

DIE VERLORENE SPRACHE DES JOURNALISMUS

Journalismus – faktisch und aktuell. In der aufklärenden Rolle, Öffentlichkeit herzustellen und uns alle mit relevanten Informationen zu versorgen. War einst die Produktion und Verbreitung von News aufwendig und demzufolge kostspielig, so gehen die Grenzkosten heute gegen null. Produktion folgt in Echtzeit. Studioqualität ist Rohstoff, der Zugang wird von der Werbung finanziert. Kaum sind 280 Zeichen erfasst – nachdem der Text um das Doppelte erweitert wurde –, muss er verbreitet werden. Likes und Shares um jeden Preis. Bleibendes hat ausgedient, es zählt der Moment. Die renommierte *Washington Post* hatte einst den Anspruch, Storys zu drucken, die die »erste Rohfassung der Geschichtsschreibung« sind. Heute sind Journalisten und Medien auch dazu gezwungen, auf Tweets zu reagieren. Wer als Erster berichtet, hat gewonnen, Fakt oder Fiktion spielt keine Rolle – es grüßt aus der Ferne der ehemalige *Spiegel*-Journalist Claas Relotius mit seinen 19 Preisen. Es muss schnell gehen, sonst lässt sich der Post nicht monetarisieren. Submission sticht Substanz. Die Verbreitung ist wichtiger als die Botschaft.[21] Automatisiert durch Bots, werden unsere Kanäle gefüllt. Was können wir noch glauben? Was lässt sich lesen? Welche Rolle hat journalistische Arbeit in unserer Gesellschaft heute? Qualitätskriterien verlieren an Wert, Substanz spielt gegen »das Netzwerk« keine Rolle, nicht einmal bei den Traditionsunternehmen.

Sogar der Herr ist heute Teil der Knechtschaft. So wendet er sich seinem neuen Herrn, der Technologie und dem Digitalen, zu und merkt dabei seine eigene Selbstausbeutung nicht. Auch die Rolle der Medien und des Journalismus – zumindest in ihrer traditionellen Form – steht auf dem Prüfstand. Ist eine Unabhängigkeit heute unabhängig? Ist Unabhängigkeit (der Medien) überhaupt möglich, und dienen die Medien heute als Stabilisatoren einer (liberalen) demokratischen Erfolgsgeschichte beziehungsweise eines wie auch immer gearteten Systems des organisierten Lebens – oder können traditionelle Medien eher als Brandbeschleuniger für Politik und die Destabilisierung der Gesellschaft betrachtet werden?

Streng genommen sollen Journalisten Chronisten sein. Als Meinungsmacher werden sie Teil des Systems, das sie kontrollieren wollen, und als Sprachrohr Erfüllungsgehilfen irgendeiner Interessengruppe. Die einst so penibel recherchierenden und inhaltsgetriebenen Journalisten sind heute Reaktionswesen der Twitter-Welt. Aus Multiplikatoren und Erklärern werden so Durchlauferhitzer der (Informations-) Konsumgesellschaft. Einst Quelle von Wissen, Einordnung und Identifikation, stehen traditionelle Medien und Journalisten heute in direktem Wettbewerb mit Meinungsbildnern. Nur in Podcasts und Dialogen sind die Meinungsmacher als Moderatoren objektivierende Treiber eines Diskurses.

Das Phänomen Joe Rogan zeigt die Herausforderung der heutigen Medien. Zu groß, um »gecancelt« zu werden, ausgestattet mit Reichweite, von der ein jedes Medium nur träumen könnte. Kapital und Freiheit, um frei zu sein. Mit Formaten, die völlig konträr zu den Glaubenssätzen der Mainstreammedien sind. Hier dürfen alle mitreden, hier werden neue Stimmen eingeladen und gehört. Teilweise über drei bis vier Stunden schalten Millionen Menschen dazu ein. Der Musik-Streaming-Dienstleister Spotify hat diesen Paradigmenwechsel verstanden und kaufte das Produkt »Rogan«. Vom Musikanbieter zum Aufklärer – eine stille Verlagerung der vierten Gewalt.

Noch heute versuchen Analysten und Experten, diesen Wandel zu verstehen, auch die Betreibenden dieser neuen Formate können die Entwicklung nicht erklären. Es scheint eine Sehnsucht nach intellektuellem Tiefgang zu sein, die auf eine Welt der Kurzfristigkeit und Schnelligkeit trifft. Ohne journalistische Ausbildung wachsen perfekte Kommunikatoren heran. Facilitatoren für Meinungsmache, jedoch reflektiert in der Kommunikation – um eine gewisse Neutralität zu bewahren –, ohne an politische Positionierung des betreibenden Kanals oder an die Geldgeber (Werbepartner) gebunden zu sein. Es spricht und schreibt der andere zum Wohl des einen. Traditionelle Medien haben noch Strahlkraft, aber nur so lange die Werbenden noch an deren Idee glauben und das Geld da ist. Die Substanz findet man beim Substanziellen, und das hat im Medienhaus heute kein Angestelltenverhältnis. Kanal und Kanalisierung, filtern oder gefiltert werden. Politisch korrekt sein, die Länge beachten – das Format gibt es nicht her –, wir gehen jetzt in die Werbepause. Gekauftes und (Vor-)Gekautes. Subjektivität offenbart die gegenwärtigen Grundprobleme des Journalismus – den Mangel an Objektivität und den Hang zum Reaktionismus.

Die Konsequenz? An der Front wird gekämpft. Statt der Medien alter Schule haben wir heute alle das Megafon in der Hand. Nur wer laut brüllt, wird geliked. Marsch zur Masse. Was funktioniert, funktioniert. Wer bezahlt, bestimmt die Musik. Die Musik bestimmt die Stimmung (der Zahlenden): *Die Musik macht die Musik.* Sprachgebrauch und kulturelle Bezüge verlieren so ihre Wirkung. Die Vorteile der Tradition reduzieren sich bestenfalls auf die Produktion, nicht auf die Kommunikation beziehungsweise die Substanz als solcher. Aber da heute raffinierte Handy-Cams oder TV-Studio-To-go sogar die Mobilität und häufig bessere (technische) Qualität bieten, ist der Prosument und das einzelne Individuum auch von der Abhängigkeit der Produktion befreit. Die Talkshows im linearen Fernsehen sind auf Rolle, Formate und Zeit begrenzt. Was ist aber, wenn der Distributionskanal der Meinung nicht mehr die Meinung hergibt? Das *Weltgelaber* kann ich nicht mehr hören. Die Langfristigkeit besteht heute in der Kurzfristigkeit. Politiker sind heute in allem frei, solange sie politisch korrekt sind. Der Journalist als Geistesgestalter ist verloren gegangen. Eine reine informative, jedoch keine aufklärende Rolle ist die Aufgabe.[22] Die In-Formation ist eine De-Formation und zum Teil eine Des-Information geworden.

DIE MODERNE PROSTITUTION

Also, sprachen die Medien ... Die sozialen Medien. Von denen kein Funke sozial ist. Keine Spur von Mitmenschlichkeit ist in ihnen zu erleben, sondern pure »Narzisterie«: eine Hysterie um einen *ichischen* Gefällt-mir-Button – eine Narzissmusmaschine zur Stärkung des Egos. Dabei schwächt die »Narzisterie« das Ego durch die Entfremdung vom eigenen Ich. Die Visualisierung und Optimierung, der Filter-Fuck und die Definition über das »Gefällt mir« ist ein Trieb. Womöglich folgt eine Zukunft, in der wir mit einem Schmunzeln darauf zurückschauen, wofür wir Anfang des 21. Jahrhunderts Zeit aufgewendet haben. Die Gefälligkeit (und Beliebigkeit) des Liken und Ent-Liken, Folgen und Ent-Folgen – wer hat was geschaut und wann. Ich folge dir, bin dein Fan und Freund, aber nur wenn du mir Like und Follow zurückgibst.

Dabei unterliegen die Kanäle denselben Wirkkräften wie die über sie transportierten Inhalte: Die Gefälligkeitsökonomie lässt das große Facebook in Ursprungsform sterben, und ein neuer Kanal wird sich als neuer *heißer Scheiß* der Kommunikation präsentieren und folglich unsere Gesellschaft beeinflussen. Die Nutzung in der Altersgruppe 12 bis 17 geht seit 2016 kontinuierlich zurück.[23] Sie nutzt Adblocker, News-Filter und kennt Serien wie die Netflix-Doku *The Social Dilemma*. So bleibt, wenn der Appetit für Rückwärts-Salto-Katzen-Videos nachlässt, ein sporadisches »Ghosting«: Der vergeblich Angebetete, der ehemalige Lebenspartner oder ein flüchtiger Freund verschwinden hinter einer schlecht designten Wall. Wenn Content von anderen Portalen bespielt wird und die Belohnungsmechanismen die eigene Community statt Relevanz honorieren, so bleibt – ohne die technischen Mechanismen dahinter zu verstehen – nur noch die Frage: »Was zum Teufel soll ich hier? 1 bis 2 Stunden meiner Zeit (oder mehr) für diesen Müll verschwenden? Nein, danke.« Und so greift man nach der Frontalbeschallung aus dem professionalisierten Seniorennetzwerk mit Übermaß an Viagra-Werbung für die ersten Pilotanwender der ersten Phase der sogenannten sozialen Medien inzwischen zu neu entstandenen Alternativen.

Die Befreiung des narzisstischen Ichs hinterlässt in einer Welt der natürlichen Selektion nur eine Frage: Wie werde ich dem *Attentionalismus* gerecht, wenn ich Substanz habe? Wie kann ich entdeckt, gefunden und gesehen werden, ohne zu schreien, ohne Selfies mit Verkaufsbezug? Wenn ich ein Produkt verkaufen möchte, wenn ich was zu sagen habe, wie und wo präsentiere ich die Gedanken? Somit bleibt: Wir können nicht mit, aber auch nicht ohne die sozialen Medien.

So stehen viele heute vor der Entscheidung: Soll ich teilen oder nicht, bin ich relevant oder nicht? Auch wenn wir gegen den ganzen Publikationswahn sind, es fehlt an Alternativen. Teilen und Schreien hat eine existenzielle Dimension erreicht.

»Ich teile, also bin ich«, könnte die pervertierte Form des descartesschen Grundsatzes »Cogito ergo sum« heute lauten. Die nicht geteilte Nachricht bleibt genauso verborgen wie die fantastischen Produkte eines lokalen Tante-Emma-Ladens für die Weltgemeinschaft. *Ohne Aufmerksamkeit, keine Ökonomie. Es sind also der Kapitalismus und der Druck des wirtschaftlichen Daseins – kapitalistischer Existenzialismus in Reinform –, die inzwischen auch reine Künstler in die Gefälligkeit drängen.*

Werke von großartigen Vordenkern, die »zwischen den Paradigmen« lebten und Kunst in reiner – ja zerstörerischer – Form lebten, werden heute ersetzt durch die Daumen-hoch-Kunst. Die Existenz geht der Essenz voraus, heißt es nun: Das Teilen geht der Essenz voraus. Nur dann ist der Mensch jemand. Was posthum zum Ruhm gelang, hat keinen Platz in der optimierten und ökonomisierten Gesellschaft.[24]

So reduziert sich die ganze Gesellschaft auf das »Likebare«, das Konsumierbare, in dem die Wertschöpfung und Wertstiftung der Information, Kreativität und Erstellung frei von bleibendem Wert sind und wir selbst durch unsere Leere zum ausgebeuteten Produkt geworden sind. Wir müssen produzieren und zum »nützlichen« Produkt werden. Die Kompensation für die aufgewendete Zeit der Verbildlichung unseres – suggeriert – perfekten Filterlebens bleibt aber aus. So greift man zu dem einzigen noch verbleibenden Weg: Unser »Paveway« ist der »Payway«. Verkauft wird alles. Die Indizierung hat einen Preis, so lautet die »Gesetzgebung der modernen Medien«. Die Befilterung der inneren Leere erzeugt eine verkaufte Oberflächlichkeit, die innere Unruhe und Substanzlosigkeit überdeckt. Auf dem Weg nach oben wie im Rausch. Wo Likes und Shares jedoch ausbleiben, zeigt sich das Leben von seiner dunklen Kehrseite. Die Perfektionierung und permanente Inszenierung eines imperfekten Lebens erzeugt

Schattenseiten, die verzweifelt aus- und weggeleuchtet werden sollen. Dies trifft vor allem Männer »in den besten Jahren«. Für Männer ersetzen die Verbindungen in der medialen Oberflächlichkeitswelt den letzten Freund und bringen den permanenten Kampf um eine eigene Rolle mit sich. Die Leere wird nicht gefüllt, sondern verdeckt. Depression und steigende Suizidraten des verwirkten ehemals jungen Mannes, der im Digitaldschungel nach Halt und Haltung sucht, das ist das Ergebnis der Sozialen-Medien-Landschaft in heutiger Form.

Die Impotenz(ialität) der Medien

Warum sollen Journalisten noch über das Fußballspiel am Wochenende berichten? Weil sie die Spieler besser kennen? Weil sie mehr vom Spiel gesehen haben? Wohl kaum. Bereits heute werden nahezu alle Daten gesammelt. Subjektive Nuancen in der Berichterstattung mögen eine persönliche Note geben, aber mit den raffinierten heutigen Textgeneratoren lässt sich alles erstellen. Bots, Maschinen, Roboter, Algorithmen, wie auch immer wir sie nennen wollen, besitzen bereits ein nahezu perfektes Wissen über jedes Spiel. Über Sportart und Regeln ebenso. Eine Berichterstattung über den aktuellen Spieltag am Wochenende beruht heute auf erworbener Schreibstärke, Erfahrungen von vielen Spielen, Teilnahme an und Gespräche über Tausende von Situationen. Eine Berichterstattung über ein Sportereignis vom selben Tag setzt Jahre, wenn nicht Jahrzehnte Training und Erfahrung voraus. Bei der Maschine sieht es aber anders aus. Wenn das letzte Update eingespielt ist, kommen Text und Fakten zusammen. Sofort nach Spielende entsteht der erste dynamische Bericht, der fortlaufend verbessert werden kann. Nicht anders funktioniert heute die Berichterstattung auch über den Sport hinaus. Geschwindigkeit ist alles, dann werden Headline und Text angepasst. Die Maschine hat *alle* Spiele im Blick, kann auf *alle* Spieler und Situationen zurückgreifen. Die perfekte und unbeeinflusste Analyse könnte man meinen. Zudem sind heute Bot-generierte Nachrichten überall und inzwischen kaum von den menschengemachten zu unterscheiden. Betrachtet man die rasante Entwicklung, ist also die Frage legitim: Wozu noch die menschliche Berichterstattung von Sportereignissen?

Bei der Börse und im Finanzwesen sieht es ähnlich aus. Die Pressekonferenzen über Jahres- oder Quartalsberichte können in Echtzeit mit allen anderen vorherigen Pressekonferenzen und Aussagen validiert und in allen Feinheiten analysiert werden. Der Vergleich aller Zahlen und womöglich auch die investigative Entdeckung »zufälliger« Implausibilitäten, die von Menschen nicht erkannt werden. Vorsichtig ausgedrückt, dient die Technologie zur Verbesserung der Berichterstattung durch Anreicherung sowie als Impulsgeber und Beschleuniger. Erlaubt sei darum die Frage: Wie kann der im Vergleich zur Technologie teurere Mensch auf Dauer da mithalten?

Zunächst eröffnen sich aber die Möglichkeiten. Geschwindigkeit und Umfang, supplementiert vom kreativen Menschen. So macht die Maschine Dinge, die Menschen wegen ihres Umfangs und des Zeitaufwands nicht machen wollen oder können. Journalisten würden eventuell die Integrität zurückgewinnen. Zumindest kurzfristig. Netzwerk und Klicks zählen. Aber Mensch und Maschine als Zusammenspiel in Perfektion erscheint erst einmal als Wettbewerbsvorteil.

Wissen ist aber nicht Verstehen, könnten wir dagegenhalten. Bei unserer Fähigkeit zu verstehen stimmt aber etwas nicht. Wenn wir die beiden unterschiedlichen Geschichten von Mensch und Maschine rational betrachten – mit einer gewissen Nüchternheit und Abstand kommen wir zu dem Ergebnis, dass beide jeweils wahr sein könnten, sie scheinen beide plausibel zu sein. Folglich stürzen wir uns auf die Botschaft der Technologie. Unser Gehirn ist faul, und es wird der einfache Weg gewählt. Schwarz oder weiß. Welche Wahl treffen wir? Haben wir ein Problem, oder haben wir keins? »Wir sind bestens gerüstet, haben alle Geräte, und es ist nicht so schlimm, wie die Medien schreiben« trifft auf »Wir nehmen das alles nicht ernst genug, uns steht der Tod bevor«.

Wie unterscheiden wir die menschlich kreierte Medienlandschaft von der algorithmischen? Ist die menschliche Sprache und deren Artikulation etwas Grundlegendes, das als Unterscheidungsmerkmal zu nüchternen Fakten stehen kann? Hat die erzählerische Komponente eine Daseinsberechtigung, oder geben wir uns der Welt des absoluten Wissens hin und unterwerfen uns (un)bewusst der technologischen Optimierung? Wenn Sprache eine »Conditio sine qua non« des Menschen ist – etwas spezifisch Menschliches – und sich somit nur in der digitalen Täuschung als etwas Mechanisches offenbart, so liegt die Rolle der Gestaltung der Medien von morgen und somit deren Potenz und Potenzialität darin, den Unterschied zum Digitalen herauszustellen.

Es ist an sich ein Denkfehler, dass eine Diagnose immer absolut sein muss. Betrachten wir sie als einen Wegbegleiter, der sich ändern kann. Mit anderen Worten, wir sollten uns auf nichts verlassen, aber hohes Vertrauen wahren. Unsere eigene Meinung beruht auf *unserem* Wissen, unseren Sinneserlebnissen und Erfahrungen. Kommen wir ins Neuland, schaltet der Krisenmodus ein. Reaktionismus, wo unsere Intuition durch Störfaktoren und teils durch Manipulation beeinflusst wird.

Unser Denken ist infiziert. Wir nehmen uns nicht die Zeit. Hinterfragen nicht unsere eigenen Meinungen und überprüfen keine Quellen. Wir sind gefangen in unseren Selbstverständlichkeiten. Auf welchen Annahmen beruht eine Entwicklung, ein Phänomen? Was können wir überhaupt noch beeinflussen? Das Wetter (vielleicht schon, aber nicht wirklich ...) ist kein Thema für unsere Gedanken. Aber ich kann beeinflussen, wie ich über Wetter denke – frei nach dem Münchner Komiker Karl Valentin: »Wenn es draußen regnet, freue ich mich, denn wenn ich mich nicht freue, regnen tut es trotzdem.« Wir können entscheiden, wie viel und welche Medien wir konsumieren.

Also, sprachen die Medien. Der Zugang zu Information und Wissen scheint heute unbegrenzt zu sein, wir bewegen uns jedoch rasant in Richtung einer Welt der Herdenstupidität. *Wir wollen alle Rad sein, aber kommen unter die Räder.* Der Zufall des menschlichen Daseins offenbart sich in der Dummheit. Geprägt werden wir von einer Welle des Antiintellektualismus.[25] Ein großes Vokabular ersetzt nicht Verstand. Eine Gesellschaft des Verstandes, der Weg zur Heilung unseres infizierten Denkens ist offensichtlich nicht mit der heutigen Medienwelt vereinbar. Sicher ist aber auch, ohne geht es ebenfalls nicht. Die Sehnsucht nach Tiefgang und (digitaler) Aufklärung wird weder gespürt noch geäußert, und folglich nicht gehört. Sie steckt aber in uns. Sind wir zu müde, sie wahrzunehmen, oder haben wir ein Bildungsproblem?

KAPITEL 2

Eingebildete Gesellschaft

In Schuttertal, einer Gemeinde im tiefsten Schwarzwald, gibt es eine kleine Grundschule, die inzwischen zu den besten Schulen Deutschlands zählt. Während in ländlichen Regionen die Schulen um die Schüler kämpfen, kommen hier die Kinder aus der gesamten Region in die knapp 3200-Seelen-Gemeinde in Baden-Württemberg. Was macht diese Schule anders?

Das Philosophieren ist ein unglaublich guter Baustein für demokratisches Lernen. Wenn wir den anderen besser verstehen, sind wir auch toleranter.[26]

In badischem Dialekt erzählt das sympathische junge Mädchen: »Mi habe drei Schulhäuser und gehöre alle zusamme und alle drei Schule philosophiere.« – Was ist Glück? Wer bin ich? Was sind Freunde? Was brauchen wir für ein gutes Leben? Die Schule ist die erste zertifizierte »Philosophierende Grundschule«[27] in Baden-Württemberg und setzt ein *gutes Beisammensein* und *ein wertschätzendes Miteinander* als Fundament der Bildung voraus. Mit dem Projekt »Philosophieren mit Kindern« leitet die Rektorin Susanne Junker die Grundschule der kleinen Gemeinde, zu der drei Standorte, 13 Lehrerinnen und 130 Schüler gehören. »Manchmal denke ich, dass wir jetzt eine echte Auseinandersetzung haben, die uns zusammenschweißt. Dann weiß ich: Ja, das ist es wert«, beschreibt Junker die Entscheidung der Schule, ihrem Philosophiekonzept zu folgen. Treffender als in der Laudatio für den Preisträger des Deutschen Schulpreises 2020 könnte es nicht beschrieben werden:

> Es ist ein kleines Abenteuer, in ein enges, dunkles Schwarzwald-Tal zu fahren – und dort eine höchst lebendige Schule zu erleben: Denn was an anderen Schulen oft mühsam errungen werden muss, geschieht hier selbstverständlich, weil es einfach sein muss: Inklusion, Differenzierung, individuelle Lernwege und -spuren, fördern höchst unterschiedliche Interessen und Eigenarten, Kooperation, förderndes und forderndes Arbeiten und Leisten und eine Schulentwicklung mit rotem Faden.[28]

Jedes Kind aus dem Dorf wird angenommen, jedes wird ernst genommen. Genaues Nachfragen, Zuhören und Weiterdenken wird in dieser Modellschule wertgeschätzt und eindrücklich kultiviert. Das spiegelt sich auch in der intensiven Mitwirkung der Kinder am Schulleben wider. Souverän handeln sie in Versammlungen ihre Interessen aus und übernehmen Verantwortung, regeln ihr Miteinander. Mit ihrem langen Atem und ihrem Optimismus hat die Schule eine große gemeinschaftsbildende Strahlkraft in die Gemeinde hinein und über diese hinaus – sie ist nicht nur Dorfschule, sondern eine Schul-Welt.

12 000 Kilometer entfernt vom dunklen Schwarzwald auf dem sonnenreichen Bali finden wir eine andere, genauso faszinierende Bildungseinrichtung: The Green School.[29] Sie wurde nach zwei Jahren harter Arbeit 2008 von John und Cynthia Hardy eröffnet. Die ersten neunzig Schüler trafen auf einen mehr oder weniger offenen und freien Lehrplan über

Nachhaltigkeit. Das Ziel war die Ausbildung von »Grünen Leadern« für die Zukunft unseres Planeten. Aus der ganzen Welt strömten die neuen ökologischen Hipster-Familien mit ihrem »Überall-Office« zum Herzen der Insel. Hier trifft die Philosophie eines Schmuck-Millionärs auf die natürliche Reinheit der grünen Insel. The Green School ist jedoch alles andere als ein abgehobenes philanthropisches Wohlfühlkonzept, hier steht die Zukunft der Bildung auf der visionären Agenda. Ökonomie und Ökologie gehen Hand in Hand. Ableger gibt es bereits in Neuseeland, Südafrika und Mexiko.

We strive to champion a new model of education that nurtures the whole child, giving them agency in their own lives and learning, so that they can thrive with purpose in our ever-changing world. We invite you to join our global community and discover the difference for your family.[30]

Dass den ersten Absolventen die versprochene Fortsetzung im alten System nicht leichtfiel, lag womöglich zum Teil an den utopischen Vorstellungen sowie an der Trägheit des Systems, in dem wir gefangen sind. Endliche Bildungsmodelle der »alten Schule« treffen auf eine fluide Welt. Als ich 2018 die Schule in Indonesien besuchte, wurde das Curriculum angepasst, um die Adaptionsfähigkeit und eine gewisse Systemrelevanz in der »kaputten alten Welt« zu gewährleisten. Dynamisch wurde hier mit der Starrheit der gegebenen Bildungsstrukturen umgegangen. Aus The Green School ist so eine anerkannte Bildungseinrichtung geworden. Entstanden ist ein Lehrplan für Nachhaltigkeit durch gemeinschaftliches und unternehmerisches Lernen in einer natürlichen Umgebung, in der die Kinder tagtäglich »Food-to-Table« praktizieren. Möchten sie Fleisch zum Mittagessen, müssen sie auch das Schwein selbst töten. Es ist daher nicht verwunderlich, dass sich die Schüler überwiegend für alternative Ernährungsformen entscheiden. Dieses Konzept trifft auf eine große Resonanz, sodass alle Standorte inzwischen jährlich neunhundert Schüler willkommen heißen. Aus der Green School kommen selbstbewusste Changemaker, die Natur leben und denken, die aber auch Kenntnisse in den Naturwissenschaften und in Technologie erwerben. Dies wird nicht erreicht, indem einfach Klassen reaktiv von der Tafel in einen Zoom-Aufruf verschoben werden. *In einer sich schnell verändernden Welt, in der nicht vorherzusagen ist, welche Technologien in Zukunft auf dem Vormarsch sein werden, müssen die Kinder lernen, sich selbst zu unterrichten, in Zusammenarbeit mit den Mitschülern nach Lösungen zu suchen und mit Neugierde den Informationsdschungel zu ergründen.* Die Schüler der Green School werden nicht mit Wissen gefüttert, sondern sie erlernen Fähigkeiten und entwickeln Einstellungen und Werte. Diese bilden die Grundlage für die Gestaltung ihrer eigenen Zukunft in einer stärker verbundenen globalen Gemeinschaft. Solche Lichtblicke und Initiativen wecken Hoffnung. Hoffnung auf einen anderen Weg im Umgang mit Bildung.

DIE UNWISSENDE WISSENSGESELLSCHAFT

Auch wenn zunehmend neue Bildungskonzepte entstehen, haben wir es weltweit größtenteils mit einer Gesellschaft zu tun, die einen traditionellen Ansatz der Bildung verfolgt. In der Absolutheiten manifestiert werden, in der nicht auf das Lernen, das Miteinander oder das Wohl der zukünftigen Generationen, sondern ausschließlich auf die Optimierung des Individuums, die Vorbereitung auf Karriere und Wettkampf gegen »die anderen« Wert gelegt wird. So sind wir *eingebildet*.

Unsere Gesellschaft ist *eingebildet*. Wir meinen, wir seien gebildet. Doch letztlich bilden wir uns das nur *ein*.

Der Begriff *Bildung* ist ausgehöhlt, nichtssagend. Er ist tragischerweise zu einem prätentiösen Begriff geworden. Es wird mit ihm kokettiert und schwadroniert: »Bildungsrepublik«, »Wir müssen mehr in Bildung investieren«, »Bildungsinitiative«, »Bildung ist der Schlüssel zum Erfolg« ... Doch all diese Aussagen führen nicht zu mehr Bildung. Sie haben mit Bildung nichts zu tun. Sie missbrauchen die Vorstellung, die mit dem Begriff Bildung verbunden ist. Die Unwissenheit macht sich deutlich. Wir leben in einer von dem Begriff und dem Verständnis für Bildung und dem damit verbundenen Ideal entkoppelten Gesellschaft.

Nur soweit die Historie dem Leben dient, wollen wir ihr dienen: aber es gibt einen Grad, Historie zu treiben, und eine Schätzung derselben, bei der das Leben verkümmert und entartet.[31]

Das Gegenteil von einer Bildungsgesellschaft ist die gegenwärtige Wissensgesellschaft. Die Wissensgesellschaft führt nicht zu mehr Bildung. Die zunehmende Bedeutung von Wissenschaft hat zu einem Bedeutungsverlust von Bildung geführt. Zitierfähigkeit, Gefälligkeit, populäre und monetär erfolgreiche Hypothesen überschatten die Wahrheitssuche. Das ist die große Paradoxie, mit der wir konfrontiert sind und die unser Denken vernebelt. Doch warum ist es so weit gekommen? Während des Nickerchens wurde eine fatale Informationsgesellschaft geschaffen. Im Dschungel von Informationen und Daten soll die vorvalidierte und faktische Wissensgesellschaft durch die Technologie geschaffen werden. *Unser (Irr-)Glaube ist es, dass mit dem gesellschaftlichen Aufstieg des (wissenschaftlichen) Wissens die Bildung an Bedeutung gewinnt.*

Das Wissen in Form von Fakten, Theorien, Denkschulen und Regeln hat genau das Gegenteil bewirkt. Wir haben uns in der fatalen Informationsgesellschaft verloren, die wir durch Technologie und unsere Absolutheiten des Wissens aufrechterhalten. Jene Einrichtungen, die den Auftrag haben, dieses Wissen zu vermitteln, verstehen wir als Bildungsinstitutionen. Doch diesem Anspruch werden sie nicht gerecht. Längst haben sich die vermeintlichen Tempel der Bildung vom Sinn ihres Daseins gelöst, um als Irrlichter eines verlorenen Bildungsgedankens zu flackern. Auf den Altären der heiligen Hallen der Informationsgesellschaft wird das statische Wissen angebetet, während dem Lebendigen noch nicht einmal Zutritt gewährt wird. Bildung braucht aber beides: das Statische und das, was es überwindet. Die sogenannten Universitäten der Informationsgesellschaft mögen zwar auf der Höhe der Zeit und eine tragende Säule der Informations-/Wissensgesellschaft sein, aber mit Bildung haben sie wenig am Hut.

Statt der Bildung hat sich die Einbildung fest in unseren Institutionen etabliert. Die Begrifflichkeit wird zum Etikett für Institutionen und Menschen. Sie ist zu einem Slogan reduziert worden, der sich festgesetzt hat. Das Label wird wichtiger als der Inhalt. In den mit Hochglanzpapier aufgehübschten Werbebroschüren, in netten Werbeclips oder auf Sweatshirts mit dem Logo der jeweiligen Alma Mater, hat die Einbildung ihren prominenten Platz gefunden. Wir werden zu Litfaßsäulen der »Bildung« – die Visualisierung der Bildung als Kompensation für das Nichtvorhandensein von Bildung. Die Einbildung ist der Todesstoß der Bildung. Statt nachhaltigem Lernen, Wachsen und Verstehen heißt es Verbildlichen und Liken. Gefällt mir, gefällt mir nicht, Schönheit vor Substanz, das Bild zählt. Sogar in der Mathematik und Physik werden ästhetische Modelle und Hypothesen vorgezogen. Wir brauchen diese Kompensation, da sie uns Stabilität und Halt gibt, aber gleichzeitig macht sie uns starr und schafft eine (trügerische) Ruhe. Wir sterben in Schönheit, leben aber nicht den Fortschritt.[32]

Das starre Wissen, das wir in diesen Institutionen vermittelt bekommen, setzen wir absolut. Es wird für den einen (abschließenden) Test gelernt. (Befristetes)Wissen wird zur Qualifikation und Bildung zum (sozialen) Grad. Das heutige Bildungssystem ist ein endliches Modell, das auf Speichern von Daten ausgerichtet ist. Bloß sind wir Menschen als Speichermedium schlecht. Das System stellt den Lernenden in einen direkten Vergleich mit einem heute deutlich leistungsstärkeren Wissensspeichermedium, unserem allwissenden Hosentaschenkameraden mit »Connection«. Wir lernen für die Prüfung und für den Abschluss, für die Endlichkeit, leben aber in der Unendlichkeit, die ausschließlich der Tod beendet. Wir sprechen vom lebenslangen Lernen, verstehen darunter aber die Maximierung der Speichereinheiten – Prüfungen – und nicht den Weg zu einem höheren Verständnis für die Welt, in der wir leben. Speichern von Informationen für die eine Prüfung. Ein kurzfristiges abgespeichertes großes Vokabular ersetzt jedoch nie den Verstand. Die Benotung, der Abschluss, dann der Lebensbeginn.

In einer sich ökologisch wandelnden Gesellschaft entwickelt sich Wissen zum neuen Öl. Die wachsenden Ansprüche an höhere Bildung und Qualifikation begünstigen insbesondere die Hochschulausbildung. Alles zielt darauf ab, Bildungsabschlüsse zu erreichen, und wir meinen damit, wir seien gebildet. Eine Inflation der Akademisierung hat in unseren Gesellschaften Einzug gehalten. In Deutschland können ehemalige Ausbildungsberufe mittlerweile nur auf der Grundlage eines Studiums ausgeübt werden. Dass immer mehr Menschen den Zugang zu Wissen erhalten, ist überaus positiv und erfreulich. Eine Bereicherung für jeden. Und doch: Noch nie war es einfacher, etwas zu wissen, noch nie war es schwieriger, etwas zu verstehen, so die gefühlte Paradoxie.

Die Freiheit zu wissen führt letztlich in die Unfreiheit des Wissens. Wir setzen unser angeeignetes Wissen absolut und sind somit gefangen in unseren eigenen Selbstverständlichkeiten. Normiert durch unsere Denkschule, die uns zu einem akademischen Titel führt, schließen wir unsere (Aus-)Bildung ab und sehen die Welt nur noch mit dieser einen Brille. Wir festigen unser Weltbild. Durch die reduktive Ausrichtung macht uns dieses gefühlte Wissen blind für die Vielfalt der Weltzugänge. Wir halten diese Sichtweise für selbstverständlich und verkennen dabei die anderen Blickwinkel. Eine holistische Perspektive auf die Welt wird damit erschwert, wodurch auch unsere geistige Unabhängigkeit in eine Krise gerät. Wir sind abhängig von unserem angeeigneten Wissen. Dieses gibt uns den Rahmen vor, wie wir die Welt sehen und uns in ihr bewegen – und uns damit auch letztlich selbst sehen. Es herrscht ein Mangel an Weltverständlichkeit.

Auf die zunehmende Differenzierung und Komplexität der Gesellschaft antworten wir im Rahmen der »Bildung« mit ebendieser Differenzierung und Komplexität. Wir können auf die Differenzierung der Welt nur noch kleinteilig beziehungsweise fragmentarisch reagieren.

Wir versuchen, die Komplexität und Differenzierung der Welt mit immer mehr und hochdifferenzierten endlichen Bildungsabschlüssen gerecht zu werden, bei denen es lediglich um das Speichern von Informationen geht. Wir eignen uns, wie der österreichische Philosoph Konrad Paul Liessmann[33] eindrücklich festhält, nur noch Informationsfragmente an.

Gleichzeitig verfolgen Bildungseinrichtungen das Ziel: »mehr Angebot, mehr Geld«. Die Immatrikulation wird kapitalisiert. So hat man mittlerweile das Gefühl, dass es für jeden kleinen Themenbereich einen Studiengang gibt, von Alltagskultur und Gesundheit über Technologie der Kosmetika und Waschmittel bis Spaziergangswissenschaft (Promenadologie).[34] Die Differenzierung geht aber mit in sich geschlossenen Systemen einher, von denen wir in unserem Blickwinkel normiert werden. Wie soll eine solche Heterogenität des abgeschlossenen Wissens die Grundlage für Verständigung bilden?

Wir haben ein Bildungssystem, das mit seinen Abschlüssen fragmentarische Fachidioten ausbildet. In der Polis bezeichnete man als idiotes Personen, die sich aus öffentlichen-politischen Angelegenheiten heraushielten. Auch der gegenwärtige Fachidiot ist eine Privatperson. Er hat es sich in seinem Haus des fragmentarischen Wissens bequem gemacht und beabsichtigt nicht, die Tür zu öffnen, um in die Öffentlichkeit zu treten – ein selbst ernannter Experte, der sich bald zu einer aussterbenden Gattung zählen darf. Er will sich nicht dem Unbekannten des Öffentlichen stellen, da er Angst vor Orientierungslosigkeit hat. Die Welt ist ihm zu groß, zu komplex, zu vieldeutig, zu unklar. Das fragmentarische Wissen mit seinen spezifischen Denkmustern gibt ihm Halt und Orientierung. Diese will er nicht verlieren. Wagt er dann doch einmal den Schritt in die Öffentlichkeit, reagiert er ausschließlich konfrontativ – er ist gefangen in seiner Selbstverständlichkeit. Die durch das fragmentarische Wissen ermöglichte Orientierung führt zur Entmündigung des verständigen Menschen. Das normierte Wissen leitet ihn und schränkt ihn in seinem Denken und Handeln ein. Die Wissensgesellschaft hat folglich gegenaufklärerische Züge. An dieser Stelle sei an Immanuel Kants Definition der Aufklärung erinnert:

> Aufklärung ist der Ausgang des Menschen aus seiner selbst verschuldeten Unmündigkeit. Unmündigkeit ist das Unvermögen, sich seines Verstandes ohne Leitung eines anderen zu bedienen. Selbst verschuldet ist diese Unmündigkeit, wenn die Ursache derselben nicht am Mangel des Verstandes, sondern der Entschließung und des Mutes liegt, sich seiner ohne Leitung eines anderen zu bedienen. »Sapere aude! Habe Mut, dich deines eigenen Verstandes zu bedienen!« ist also der Wahlspruch der Aufklärung.[35]

Dieses Andere, von dem Kant spricht, ist das zu einer Absolutheit erhobene fragmentarische Wissen. »Fachidioten« führen ihre Follower in die Gefangenschaft der eigenen Selbstverständlichkeiten. Diese verleiten zu einem sehr begrenzten Handeln. Die »Filter-Bubble« ist nicht nur ein Phänomen des Digitalen, sondern zeigt sich auch im Analogen, in der »Bildung«.

Die Wissensgesellschaft ist ein Produkt des fatalen Nickerchens, in der trotz der Aktivierung und der Aufbruchstimmung der Sechzigerjahre des vergangenen Jahrhunderts die Menschen im Wesentlichen in starre und vorbestimmte Lebensläufe gezwungen werden. Der Lebensplan steht bereits in der Kindheit fest. Man weiß, was einen im Leben erwartet – der Job wartet. So dient die sich zur Absolutheit gesteigerte Wissensgesellschaft der Förderung der Wirtschaft und des ökonomischen Wachstums. Auf einem kontrollierten und messbaren Bildungsweg begeben sich die Menschen in ein Leben der Konformität. Das ist der radikale Gegenpol zur Idee der Aufklärung. Während Bildung heutzutage gleichgesetzt werden kann mit dem erfolgreichen Bestehen von Tests, ist sie befreit von jeglicher Neugier und Kreativität. Sie tötet persönliches Interesse und das Bedürfnis ab, verstehen zu wollen. Der erfolgreiche und verwertbare Abschluss ist der Motivator auf dem »Bildungsweg«. Wenn Bildung der Ökonomie und der Förderung des Bruttoinlandsprodukts (BIP) dient, zahlt Bildung auf das Humankapital ein – es wird ökonomisch. Die Rolle der Bildung kann aber nicht im Kern darin bestehen, der Wirtschaft zu dienen. Bildung muss vor allem dem Menschen und dem gesellschaftlichen Zusammenleben dienen. Wollen wir die Gesellschaft verstehen, müssen wir die Wirtschaft neu denken. Dafür müssen wir bei der Bildung beginnen.

LOB DER UNBILDUNG

Top-Virologe und »*Playboy*-Mann des Jahres«[36] Christian Drosten wurde über Nacht zum Aufklärer der Nation. Erst keine Grenzen sperren, dann doch, anschließend die Warnung, Kinder seien vermutlich genauso ansteckend wie Erwachsene. Die Zahl der Viren, die sich in den Atemwegen nachweisen lässt, unterscheide sich bei verschiedenen Altersgruppen nicht. Tage später heißt es, die Kinder hätten ein deutlich geringeres Ansteckungsrisiko. Auf neue Kenntnisse muss eine neue Haltung folgen. Christian Drosten hat die Fähigkeit bewiesen, eigene Annahmen zu hinterfragen und zu korrigieren, eine für sich noch zu validierende neue Selbstverständlichkeit zu entwickeln. Dafür verdient er Respekt. Am Ende geht es eben nicht um das Gedachte oder Gesagte, sondern um das Denken an sich. Das Problem: In der Wissensgesellschaft will niemand Fehler zugeben. Es geht um die Manifestierung der eigenen Meinung, um die Verabsolutierung von »Wissen«. Es geht um Ruhm, Rollen, Stimmen und Ego.

Wir müssen die Bedeutung der Wissenschaft zugunsten der Bildung eingrenzen. Das hat, wie der Philosoph Hans Blumenberg sagt, nichts mit Wissenschaftsverachtung[37] zu tun. Wissenschaft ist für unsere Gesellschaft, für unser Leben fundamental wichtig, keine Frage, aber zur Bildung trägt sie nur einen Teil bei. Sie ermöglicht uns einen Zugang zur Welt. Wir dürfen wissenschaftliches Wissen im Rahmen von Bildung deshalb nicht absolut setzen. Denn spezialisiertes Wissen, das sich auf die Aufdeckung von Details konzentriert, kann desorientierende Wirkungen hervorbringen, weil es die allgemeine Richtung aus den Augen verliert. Die Widersprüche[38] der Welt lassen sich mit der Wissenschaft nicht auflösen. Wissenschaftlich fundiertes Wissen kann die Selbstbildung des Menschen nicht ersetzen.[39] Doch was heißt Selbst-Bildung und was brauchen wir dafür? Entweder wir scheiterten und wurden gezwungen, unsere Antworten anzupassen, oder wir stellten fest, dass unsere Annahmen falsch waren. Heute aber geht alles zu schnell.

Bei Krisen wird es aber transparent. Der eigene Wille zur Verbesserung bei gleichzeitigem kritischem Umgang mit dem eigenen Wissen sowie eine große Neugierde für neue Erkenntnisse von internationalen Kolleginnen und Kollegen, das treibt Drosten an. Er ist ein Experte auf seinem Fachgebiet. Er wurde zu einer wichtigen Figur, die mit ihrem Wissen die Regierung berät und auch die gesamte Republik insbesondere während der ersten Pandemie-Welle im Frühjahr 2020 tagtäglich und unermüdlich mit seinem Wissen informierte. Innerhalb kürzester Zeit erreichte sein Podcast bereits am 26. März 2020 mehr als 15 Millionen Aufrufe[40] und wurde zu einem der erfolgreichsten deutschsprachigen Wissensformate überhaupt. Trotz seines geballten Wissens erhebt der Virologe der Charité selbst keinen Anspruch darauf, ein Experte zu sein. Er kommuniziert transparent, was er weiß und was er nicht weiß. Er ist sich der Grenze seines eigenen Wissens bewusst. Damit zeichnet ihn gleichzeitig eine Offenheit für das Nichtwissen aus. Sich die Begrenztheit des eigenen Wissens einzugestehen, charakterisiert den Geist eines *professionellen Anfängers*.

Der Begriff »Shoshin« (A Beginner's Mind) aus dem Zen-Buddhismus beschreibt das Prinzip eines Ungebildeten. Die bodenständige Haltung eines belesenen Menschen, der erkannt hat, wie wenig man absolut wissen kann, oder eines Menschen, der verstanden hat, dass das Nichts als solches sowohl in der Metaphysik als auch in der Epistemologie eine essenzielle Rolle spielt. *Ich weiß, dass ich nichts weiß.* Es darf nicht mehr vorrangig um Weitergabe der gespeicherten Informationen durch selbst ernannte Experten als moderne »Papageien« gehen. Vielmehr muss das Denken an sich in den Mittelpunkt rücken. Ein passendes Antidot hierzu und auch symbolisch für das infizierte Denken war die Verbindung zwischen Glaubensgemeinschaften und der Wissenschaft während der Impfkampagne in den USA. Evangelikale Christen – mit überwiegend Trump'scher Weltanschauung – stellten sich der Wissenschaft. Treffend kommentierte US-Talkshow-Moderator Jimmy Kimmel die mediale Debatte innerhalb der gläubigen Gemeinde mit: »Ich verstehe, dass sie in den Himmel wollen, aber es ist doch kein Wettkampf.« Wenn innerhalb einer religiösen Gruppe eine derartige Diskrepanz aus dem gemeinsam Gelernten entsteht, erkennen wir die Tragweite der Gefangenschaft in den eigenen Selbstverständlichkeiten.

Der Anfänger ist dem Ungebildeten nicht unähnlich. Für Hannah Arendt ist die *Natalität*, die Gebürtlichkeit, als Grundbedingung der menschlichen Existenz zu verstehen und beruh auf ihrer Beobachtung, dass »dem Neuankömmling die Fähigkeit zukommt, selbst einen neuen Anfang zu machen, d. h. zu handeln«.[41] Wir kommen als ungebildete Menschen auf die Welt. Wir wurden noch nicht geformt durch die Welt, durch die Wirklichkeit, in der wir uns bewegen – wir können auch sagen: noch nicht gebildet. Erst in der Auseinandersetzung mit unserer Aneignung der Welt entfalten wir uns und werden zu jemandem. Wir bilden uns. Das versteht Humboldt unter Bildung. Eine Öffnung hin zur Welt: Weltverständlichkeit. Das ist das Versprechen von Bildung – das Versprechen der geistigen Unabhängigkeit. Diese steht in enger Verbindung mit dem Lernen. *Jene Fähigkeit, die uns abhandengekommen ist – oder womöglich nie gelehrt wurde –, ist das Lernen an sich. Geboren werden wir als neugierig und interessiert, gelehrt wird uns der Logos. Statt für Aufklärung zu sorgen – ein echtes Enlightenment –, bewegen wir uns in Richtung eines gefilterten Endarkenment.* Als Ungebildeter haben wir noch keine gefilterte Sichtweise auf die Welt und auf uns. Das ermöglicht eine ganz besondere Freiheit. Drosten ist gebildet. Nicht nur weil er durch die Wirklichkeit geformt wurde, sondern auch weil er eine Haltung repräsentiert, die den Ungebildeten kennzeichnet. Diese Widersprüchlichkeit zeichnet den Gebildeten aus.

In einer Wissensgesellschaft, in der das eigene Wissen für Bildung gehalten und absolut gesetzt wird, ist die Unbildung der einzige Weg zur Bildung. Wenn wir Wissen mit Bildung gleichsetzen, kommen wir nicht darum herum, alle in uns den Ungebildeten zu aktivieren. Die Geistes- und Werthaltung des Ungebildeten zeichnet den Gebildeten in der heutigen Wissensgesellschaft aus. Das Bedürfnis zu wachsen, der kritische Umgang mit dem Bestehenden und die Neugier und Offenheit für das Andere sind die Attribute, die einen gebildeten Menschen charakterisieren. Doch diese Attribute haben in der

Wissensgesellschaft, in der das eigene Wissen absolut gesetzt wird, an Bedeutung verloren.

Das Wissen zu fetischisieren, kennzeichnet Theodor W. Adorno, einer der Hauptvertreter der Kritischen Theorie (auch unter Frankfurter Schule bekannt), den sogenannten *halbgebildeten Menschen*. Der halbgebildete Mensch hat sich zwar dasselbe Wissen angeeignet, über das auch ein Gebildeter verfügt – der halbgebildete Mensch versteht es aber nicht, Phänomene in ihrer Lebendigkeit zu begreifen. Stattdessen geht er mechanistisch an diese heran. Der Halbgebildete ist starr in seinem Denken und Wissen.[42] Er versteht es nicht, das Wissen in größere sinnhafte Zusammenhänge einzuordnen. Stattdessen ist es ein halb verdautes Wissen um seiner selbst willen. Bildung, die sich selbst setzt und verabsolutiert, ist schon Halbbildung geworden, nämlich Geisteskultur als Selbstzweck. *Bildung wird so zur Attitüde, zum bloßen Aushängeschild gesellschaftlicher Zugehörigkeit in unserer Gefälligkeitsgesellschaft der Selbst-Optimierung.* Das bloße fetischartige Sammeln von Highlights geistiger Erkenntnisse ersetzt das durchdringende Verständnis aus konkretem, sachlich motiviertem Weltinteresse. Eine derartige Bildung ist starr, sie entbehrt jeglicher Dynamik, Lebendigkeit.

Der halbgebildete Mensch, der sich an seinem eigenen Wissen ergötzt, ist ein Narzisst.[43] Er ist folglich voreingenommen in seinem Blick auf die Welt. Er betrachtet die Welt nur vor dem Hintergrund seines eigenen Wissens. Das wiederum unterscheidet ihn vom Ungebildeten. Dieser schaut auf die Welt mit einem unvoreingenommenen Blick und ist frei von jeglichem Narzissmus.[44] Das bloße Nichtwissen gestattet ein solches unmittelbares Verhältnis zur Welt. Der Nichtwissende lässt sich auf die Welt ein und wird nicht durch seine Denkstrukturen eingeschränkt. Das Verhältnis zur Welt erscheint dem Ungebildeten freier. Er erkennt die Widersprüche und die Gleichzeitigkeiten, die unsere Wirklichkeit gestalten.

Unsere gegenwärtige Zeit ist jedoch zu sehr auf geistige Anpassung ausgerichtet, die Ressentiments schürt. Der narzisstische Wissende steht dem Anderen mit Abneigung gegenüber. Dieses Andere stellt ihn bloß in seinem Nichtwissen, vor dem er sich mit seinem Kapuzensweatshirt mit Uni-Logo schützt. Daher entwickelt der Halbgebildete ein Ressentiment gegen jegliches Unwissen, gegen das Unbekannte. Diese von Ressentiment geprägte Haltung verhindert die Offenheit dem Anderen gegenüber. Diese Offenheit hat auch etwas mit Mut zu tun, denn sie steht in einem engen Zusammenhang mit der eigenen Verletzbarkeit. Indem ich offen für das Andere bin, für das noch nicht Gewusste, bin ich auch offen für die eigene Veränderung – für die Transformation des Bestehenden. Der vermeintlich Gebildete weist diesen Mut nicht auf, weil er sich aus seiner Perspektive damit nicht nur mit seinem Nichtwissen bloßstellt, sondern vor allem, weil er sich nicht verletzbar machen möchte. Er möchte seine eigenen Selbstverständlichkeiten, in denen er es sich bequem gemacht hat, nicht aufgeben.

Für Adorno bezeichnet Bildung ein Spannungsgefüge beziehungsweise eine Dialektik zwischen den zwei Momenten Geist und Anpassung; zwischen der geistigen Unabhängigkeit von gesellschaftlichen oder natürlichen Zwängen und der wechselseitigen Einbindung der Menschen in die Gestaltung ihrer Lebensverhältnisse. Es besteht aber die Gefahr, dass sich eines dieser beiden Momente vom anderen ablöst, dass Bildung suggeriert wird und zur Halbbildung verkommt. Wir brauchen Wissen, wir brauchen aber auch das Nichtwissen, die Offenheit in jeglicher Hinsicht – die geistige Offenheit. Dieses dialektische Spannungsgefüge wird mittlerweile zutiefst von der Seite der Anpassung überschattet. Es gibt ein grundlegendes Ungleichgewicht.

Bildung ist folglich von einem Streben nach Balance gekennzeichnet. Genauer ausgedrückt: Bildung zielt auf *dynamisches Äquilibrium*. Dies lässt uns werden, ermöglicht Veränderung, den Prozess. Bildung ist folglich ein permanentes Werden. Dafür braucht es die Starrheit und die Dynamik. Wir brauchen das starre Wissen genauso wie den kritischen Umgang mit dem Wissen und die Offenheit für das Neue, das Andere – die Unabhängigkeit. Letzteres zeichnet den Ungebildeten aus. Wir müssen danach streben, uns zu bilden. Aber gleichzeitig dürfen wir die Haltung, die mit der Unbildung einhergeht, nicht verlieren. Nur die Haltung der Unbildung führt letztlich zur Bildung. Unbildung und Bildung stehen somit in einem dialektischen Verhältnis zueinander.

Bildung ist ein offener Prozess, sie ist von einer Weltzugewandtheit durchzogen. Durch die Welt werden wir. In der Auseinandersetzung mit der Welt erfolgt die Entfaltung. Wir bilden uns, erreichen aber nie ein Ende. Wir werden die Welt und uns selbst nie vollumfassend verstehen. Wir sollten es aber versuchen.

Damit wird deutlich, dass allein der Begriff Bildungsabschluss, *den man mit den mittlerweile inflationär vergebenen Bachelor- und Masterabschlüssen verteilt, ein Widerspruch in sich ist. Wie kann man mit etwas abschließen, das gar nicht abgeschlossen werden kann? Das geht nur in einer Welt, in der wir nicht begriffen haben, was Bildung bedeutet.* Humboldts und Arendts Weltverständnis implizieren Bildung als Prozess. Bei beiden kann Bildung nicht zu einem bestimmten Zeitpunkt als erreicht betrachtet werden. Bildung ist ein offenes Modell oder wie Hans Blumenberg sagt: »Bildung ist kein Arsenal, Bildung ist ein Horizont«.[45] Und der Horizont ist die Welt. Da Bildung vor diesem Hintergrund nicht als etwas Endliches verstanden werden darf, wird sie zum Selbstzweck: Bildung muss folglich als etwas Unendliches verstanden werden. Leitbegriffe sind Emanzipation und Autonomie. Insbesondere der Bildungsbegriff der Aufklärung war, als »Motor der Emanzipation (gedacht), Voraussetzung für den Ausgang des Menschen aus einer wie auch immer verschuldeten Unmündigkeit«.[46] Noam Chomsky verwendet hierfür eine treffende Anekdote eines langjährigen MIT-Kollegen, der auf die Frage der Studienanfänger, was sie im ersten Semester alles abdecken müssten, antwortete: »It is not important what we cover, but what you discover.«[47] (Es kommt nicht darauf an, was Sie abdecken, sondern was Sie entdecken.)

WELTBILDUNG

Unsere Bildungsinstitutionen sind nach hierarchischen Modellen der industriellen Revolution gebaut. Militär, Verwaltung, Bürokratie und Rollen/Hierarchie dienten hierfür als Blaupause. Die Gebäude haben ihre Vorbilder in Kasernen, Gefängnissen und Fabriken als Strukturierungsprinzip für das Handeln der Menschen. Das Bildungssystem ist auf Mittelmaß sowie Standardisierung und Nummerierung ausgerichtet. So werden allerdings nicht die Offenheit, die Neugier und das Interesse jedes Einzelnen gefördert, die grundlegend für Bildung sind. Es macht keinen Sinn, dass alle Schülerinnen und Schüler heute in der Schule mit gleicher Geschwindigkeit und auf dieselbe Art und Weise Mathematik und Sport, Musik und Kunst lernen ... Doch so scheinen wir heute Bildung zu verstehen. Als Vater einer Tochter, die mittlerweile auf dem Gymnasium ist, stelle ich mir häufig nicht nur die Frage, *warum* so gelernt wird, sondern auch *warum* überhaupt bestimmte Stoffe, die in der Schule gelehrt werden, gelernt werden müssen. Es muss doch um viel mehr gehen als um das Aneignen von Wissen? Wir brauchen zwar Wissen, aber das reicht nicht aus, wenn wir es unseren Kindern ermöglichen wollen, sich zu bilden.

Wir müssen Bildung radikal neu denken. Radikal deshalb, weil Bildung in der Wissensgesellschaft auf Wissen reduziert wird. Wir brauchen dringend die Haltung des Ungebildeten. Mehr Unbildung für die Bildung. Unsere Bildungsinstitutionen müssen den Mehrwert der Unbildung für sich erkennen. Einen auf den ersten Blick größeren Widerspruch kann es nicht geben. Letztlich ist es nur ein vermeintlicher Widerspruch, den wir leben müssen, um den Weg zu dynamischem Äquilibrium einzuschlagen. Es muss Aufgabe der sogenannten Bildungsinstitutionen sein, diesen Weg der Balance aus Bildung und Unbildung zu ermöglichen.

Letztlich geht es um das *Lernen an sich* – wir müssen lernen zu lernen, aber auch lehren zu lehren. Bildung ist frei und offen auf die Zukunft hin ausgerichtet. Der Einzelne muss dazu befähigt werden, selbstständig zu lernen. Das ist die Grundlage, sich der Zukunft zu öffnen. Bildungsinstitutionen müssen den einzelnen Menschen befähigen, diesen Weg des Lernens zu gehen. Und das heißt, es muss gelernt werden, zu verstehen, zu denken, zu reflektieren. Der Weg des Lernens ist der jeweilige Lebensweg beziehungsweise, was wir heute unter lebenslangem Lernen verstehen.

Das lebenslange Lernen nach antiker Tradition hinterfragt immer das eigene Wissen und ist offen für Veränderungen. Es stellt sich somit selbst zur Disposition. Das Verstehenwollen und das Reflektieren sowie Revidieren von Bestehendem sollten wir als unseren Antrieb begreifen. Das sollten Bildungsinstitutionen als ihren Zweck verstehen und vermitteln, denn sie müssen sich als humanistisch begreifen. Ihr Auftrag hat das Leben des einzelnen Menschen als Grundlage. Doch durch ein »Reförmchen« können wir unsere Bildungsinstitutionen nicht dazu bringen. Wir müssen bei o beginnen. Der amerikanische Philosoph Richard Rorty plädiert für einen bildenden, anstelle von einem erkenntnistheoretischen Ansatz. Diese Einteilung stellt das Problem dar, mit dem wir uns, wenn es um Bildung geht, konfrontiert sehen. Die erkenntnistheoretische Philosophie ist auf Begriffsklärung aus, während die bildende Philosophie in der Auseinandersetzung zwischen unterschiedlichen Perspektiven und Denkhorizonten angesiedelt ist. Sie ermöglicht die Fähigkeit zur Duldung von Vielfalt. Sie ist von einem offenen Blick für das Andere charakterisiert. Sie blickt auf einen weiten Horizont. Dieser ist die Welt, in der wir leben. Dabei ist das Interesse an Erkenntnis immer schon gegeben. Es grenzt also den Anspruch der erkenntnistheoretischen Philosophie nicht aus. Stattdessen integriert sie diesen Anspruch. Denn in der bildenden Philosophie geht es um das Verstehen. Aber das Verstehen ist viel weiter gefasst als im Rahmen der erkenntnistheoretischen Philosophie. Es sieht die Vielfalt der Welt. Richard Rorty schreibt:

> Das Unternehmen, (uns und andere) zu bilden, kann in der hermeneutischen Tätigkeit bestehen, Verbindungen zwischen unserer eigenen Kultur und irgendeiner exotischen Kultur oder Geschichtsepoche herzustellen oder zwischen unserem eigenen Fach und einer anderen Disziplin, die mit einem inkommensurablen Vokabular inkommensurable Ziele zu verfolgen scheint.[48]

Bildung soll uns damit, so Rorty, »aus unserem alten Selbst herausführen, dazu beitragen, dass wir andere Wesen werden«. Bildung wird hier folglich als ein Prozess, als ein Weg verstanden. Ein Weg, der nicht abgeschlossen werden kann. Das unterscheidet auch den bildenden Philosophen von den systematischen Philosophen:

> *Große systematische Philosophen bauen wie große Wissenschaftler für die Ewigkeit. Große bildende Philosophen zertrümmern um ihrer eigenen Generation willen. Systematische Philosophen möchten ihr Fach auf dem sicheren Pfad einer Wissenschaft führen. Bildende Philosophen wollen dem Staunen seinen Platz erhalten wissen, das die Dichter manchmal hervorrufen können – dem Staunen, dass es etwas Neues unter der Sonne gibt, etwas, das nicht im genauen Darstellen des schon Vorhandenen aufgeht, etwas, das (zumindest im Augenblick) nicht zu erklären und kaum zu beschreiben ist.*[49]

Wir brauchen deshalb – wie Rorty postuliert – die bildende Philosophie,[50] deren Horizont die Welt ist mit all ihren Widersprüchen, Gleichzeitigkeiten und dem Unbekannten als Grundlage unserer Bildungsinstitutionen. Bildung erfolgt vor dem Hintergrund unserer Welt. Bildung ist daher immer gekoppelt mit der Welt. Wir brauchen einen Neustart. Einen Ansatz, der die Diversität der Welt in den Fokus nimmt. Oder für den Anfang zumindest ein Besuch in Schuttertal oder auf Bali ... Nur mit der Befreiung von unseren eigenen Selbstverständlichkeiten und der Akzeptanz und Auseinandersetzung mit gegebenen Systemen können wir zur Weltverständlichkeit gelangen. Bildung ist immer die Befreiung aus der Selbstverständlichkeit. Bildung ist folglich Weltbildung.

KAPITEL 3

König Kapitalismus

Kapituliert der Kapitalismus, oder wird er durch weiteres Kapital bis in die Unendlichkeit katapultiert? Oder gibt es womöglich einen anderen und neuen Weg? Thesen und Theorien über Grenzen des Wachstums und die Absolutheit des kapitalistischen Systems gibt es genauso viele wie Meinungen über das Wetter.

Kapitalismus macht Fortschritt möglich, so die Schilderung eines Erfolgssystems. »Wohlstand für alle«, versprach die Politik in den Nachkriegsjahren der Bundesrepublik. Mit einem »rheinischen Kapitalismus« sollten alle Bundesbürger vom deutschen Wirtschaftswunder profitieren, so die damalige Regierung. Die auf dem Kapitalismus basierende soziale Marktwirtschaft führt Gesellschaften zum Wohlstand – so zumindest die Herleitung. Durch die eurozentrische Brille betrachtet, lässt sich die Geschichte des Kapitalismus als die einer erfolgreichen (Dauer-)Entwicklung beschreiben, ausgehend von der industriellen Revolution. Der Kapitalismus ist ein System, das Wohlstand generiert und durch eine *unsichtbare Hand* so etwas wie ein perfektes Äquilibrium schafft, solange man es laufen lässt. Das ist zumindest die Vorstellung, die seit Adam Smith kursiert.

Die Geschichte lässt sich aber genauso mit einem ganz anderen Unterton erzählen, der eine völlig konträre Sichtweise eröffnet. Die Reichen werden immer reicher und die Armen immer ärmer. Ihre Erzähler reichen von Karl Marx bis Thomas Piketty.[51] Auch wenn inzwischen Milliarden aus der absoluten Armut geholt wurden und auch die Ärmeren reicher werden, steigt seit Jahren die ökonomische Ungleichheit. Stabilität und Ruhe sind nichts für den Kapitalismus, somit ist Ungleichheit möglicherweise der Motor des Wachstums. Bekommen zu wollen, was andere bereits haben, ist die antreibende Kraft. Während der Corona-Pandemie schien es, als könnten sich die Reichen vor Geld nicht retten, während die weniger Begüterten aufgrund der verschiedenen Lockdowns mit ihren allumfassenden Schließungen von Kurzarbeit und Arbeitslosigkeit bedroht – und vielfach auch betroffen – waren.

Noch nie stieg das Vermögen der Vermögenden so schnell im Vergleich zum Rest der Gesellschaft. Wenn das Pandemie-Jahr 2020 eine Konsequenz hat, dann ist es genau jener Selektionsprozess, der durch einen externen Faktor – das Virus (als Wohlstandspandemie) – beschleunigt wurde. Wenn es aber auf den Pfarrer regnet, so tropft es auch auf den Glöckner. So wurden durch die Technologie auch die Armen reicher, Armut wurde in vielen Regionen bekämpft, und neue Möglichkeiten für Menschen sind entstanden. Dennoch: Wir verzeichnen derzeit eine zunehmende Spaltung, Verlagerung und Zentralisierung von Vermögenswerten. Immobilienkäufe, Aktienanlagen, neue Profite durch Tech- und Kryptomärkte. Anlagen in neuen Feldern wie Cannabis und Psychedelika, Quanten- und Biotechnologie, überall positionieren sich die <10 Prozent, die späteren <1 Prozent und irgendwann <0,1 Prozent der Wohlhabenden. Was das bedeutet, wissen wir nicht, aber mit der fast perversen Geschwindigkeit müssen sogar die konservativsten Beobachter dieser Entwicklung zumindest anerkennen, dass es in irgendeiner Form zu einer gesell-schaftlichen Veränderung führen wird. Schauen wir optimis-tisch auf die Entwicklung, so stellt sich die Frage: Wie können wir aus alldem etwas Positives für die Menschheit gewinnen, oder tun wir das vielleicht schon?

Während die »sozial schwächere Schicht« ihre letzten Euros in Monatsabos diverser Online-Medienanbieter inves-tiert und mit neuen (Verbraucher-)Krediten die digitalen Shoppingmalls leer räumt, wandert und reist die Elite rund um den Globus und wählt offensichtliche zusätzliche Anla-gestrategien für das Hamstern von Luxustaschen. So zeigt sich die Pandemie-bedingte Wirtschaftskrise zum Beispiel in Zürich in der Bahnhofstraße, wo Kunden trotz Pandemieauf-lagen stundenlang in Schlangen standen. »Es isch birreweich, aber mer machts halt trotzdem« und »Wir müssen ein wenig Geld loswerden, mindestens 2000 Stütz'«[52] waren die O-Töne der Profiteure der größten Spaltung und des größten Selek-tionsparadoxes der menschlichen Geschichte. Aber es war nicht nur in Zürich so. Als Kanzler Sebastian Kurz die Bürger in Österreich zum zweiten Mal »einsperrte« und Kanzlerin Angela Merkel Anfang Oktober 2020 härtere Maßnahmen bis Weihnachten verkündete, genossen freigestellte Finanzakro-baten und bummelwillige Latte-macchiato-Mamis die Gunst der Stunde und starteten ihre Weihnachtseinkäufe. Ein Zei-chen einer weltumspannenden Krise und Pandemie in neuer Tracht – eine Wohlstandspandemie.

Das System, das harte Arbeit belohnen sollte, hat weder einen Belohnungsmechanismus für »die Schlauen und Krea-tiven« noch per se für die hart Arbeitenden. Das Problem wurde so reguliert, dass die Wertschöpfung der arbeitenden Klasse nicht entsprechend entlohnt wurde. Ging es zu weit, folgte die Korrektur oder eben die Revolution, bis es nichts mehr zu balancieren gab. Schlau ist heute, wer reich ist – so könnte man es formulieren. Darauf folgt: Reich ist heute, wer schlau ist.

Führen das einseitige unermessliche Wachstum des Kapitals und die damit verbundene Spaltung zu einem neuen Lumpenproletariat, entkoppelt von den Top-1-Prozent? Werden wir einen Kollaps erleben? Die kolportierte Reaktion von Marx und Piketty blieb bisher aus.

Die Geschichte hat somit mindestens zwei Seiten mit ganz vielen Narrativen. Neben utopischen und illusionären Träumen eines perfekten Systems mit ewigem Wachstum gibt es auch ein anderes Narrativ des Kapitalismus. Eine Geschichte, die das rasante einseitige Wachstum des Kapitals und die damit verbundene Spaltung in den Blick nimmt. Dass Technologie diesen Prozess über den mittlerweile exponentiellen Effizienzgewinn dynamisiert, nehmen die Erzähler dieser Geschichte als Beleg für ihre These von der Überlegenheit des Kapitals (zu dem in der Sicht von Marx auch die Technologie gezählt hätte). Die Produktionsfaktoren Kapital und Arbeit sind inzwischen nach allgemeinem Verständnis um den Faktor Umwelt ergänzt worden. Die Ausbeutung der Natur und der mögliche ökologische Kollaps wären demnach Beleg für ein weiteres fatales Ungleichgewicht der kapitalistischen Wirkkräfte. The winner takes it all.

Adam Smith und seine Jünger haben die technologisierte und globale Welt des 21. Jahrhunderts in dieser Form nicht kommen sehen. Ludwig Erhard, der Vater der sozialen Marktwirtschaft, an die wir uns in Deutschland klammern, hatte in seiner Ressourcenberechnung nicht ansatzweise die finanziellen Folgen eingepreist, die bei der Schaffung von Wohlstand auf Kosten von Mutter Natur entstehen. Ganz zu schweigen von den Konsequenzen einer digitalen Welt und den Folgen für diejenigen, die nicht Teil der Glücksspermiengesellschaft sind. Also jene, die nicht in den westlichen Wohlstandsregionen geboren werden.

Aber auch die Vertreter einer kritischen Kapitalismuserzählung wie Karl Marx, Friedrich Engels oder Max Weber hätten sich nicht vorstellen können, wie die Weltgesellschaft nach zwei epochal erschütternden Kriegen und dem darauf folgenden fatalen Nickerchen im Jahr 2020 aussehen wird und wie die Menschheit beginnt, langsam aufzuwachen. Es war – wie in jeder Epoche – nicht möglich, sich von den Absolutheiten völlig zu befreien, um zu erkennen, dass Kapitalismus kein absolutes System ist. Vor allem nicht, dass erst die unterliegenden Krankheitssymptome der letzten fünfzig Jahre womöglich ein ganzes, nicht definierbares System zum Zusammenbruch bringen können. So wäre die marxistische Lehre in ihrer Konsequenz heute richtig, aber die Herleitung falsch.

Die evolutionäre Entwicklung unseres altbewährten Systems trifft heute auf eine neue Struktur, die sich herkömmlichen Einordnungen entzieht. Was Adam Smith mit seiner Metapher der »unsichtbaren Hand des Marktes« gemeint hatte, ist bis heute nicht ganz klar. Sollte diese als natürlicher Stabilisator einen wie auch immer definierten *fixen Markt* darstellen, so sehen wir spätestens heute, dass es weder eine Hand gibt noch einen fixen und absoluten Markt, der zu stabilisieren wäre. Heute zeigt sich: Stabil ist anders. Wir leben inzwischen in einer globalen Weltgesellschaft, die bereits heute von der Technologie kontrolliert wird und auf dem direkten Weg in die größte Dysbalance der Geschichte rast.

Andererseits sind wir von dieser Entwicklung, insbesondere von neuen Technologien – die vermutlich aus einem wie auch immer gearteten kapitalistischen System kommen werden – abhängig, um organisiertes menschliches Leben auf diesem Planeten zu verlängern. Die Ökonomisierung ist heute total, und die Abhängigkeit von der Technologie ist nicht mehr wegzudenken. Dabei ist klar, es gibt nicht (mehr) so etwas wie eine stabilisierende Kraft.

Die Welt, in der wir heute aufwachen, wo wir alle ein Teil des großen Ganzen sind und beeinflussen können, wie wir künftig leben werden, ist größer, umfassender als das Wirtschaftswunderland nach dem Zweiten Weltkrieg. Stichworte wie Kreislaufwirtschaft und Nachhaltigkeit waren kein Teil des erhardschen Vokabulars. Auch Artikel 3 des »rheinischen Jrundjesetzes – Et hätt noch emmer joot jejange« – symbolisiert einen Glauben an ewiges Wachstum für die Glücklichen, und stellt für viele noch immer das Fundament jeglicher Herleitung von Marktwirtschaft und Kapitalismus dar. Ein Fundament, das bröckelt. Es funktioniert so lange, bis es nicht mehr funktioniert. Steht uns ein kapitalistischer Kollaps bevor? Ist Sozialismus 2.0. mit brutalen kollektivistischen Lösungen eine Antwort auf die gegenwärtige Herausforderung?

KAPITALISMUS: EINE NEUE ERZÄHLUNG

Im 18. Jahrhundert, als der Kapitalismus als System Fuß fasste, gab es so etwas wie fundamentale regulierende Faktoren, die es ermöglichten, sich systemtechnisch über eine Wirtschaftsform auf Basis freien Wettbewerbs Gedanken zu machen. Gedanken, die frei waren von jeglichen Restriktionen für den Kapitalbesitz einzelner Menschen und die als Betriebssystem für unsere Gesellschaft funktionierten. Die industrielle Revolution war geprägt von klaren Grenzen – *Nationalstaaten* – und der Bindung von Kapital und physischen

Produktionsmitteln in einem Markt. Es gab so etwas wie »echte« – zumindest physikalisch greifbare – »Dinge«, und diese gaben Halt für die Definition eines fixen Systems: *des Kapitalismus.*

Die Entwicklung der industriellen Revolution lässt sich aus technologischer Sicht mit einem Modell beschreiben, das verschiedene Stufen beinhaltet und mit der ersten beginnt (Einsatz von Wasser und Dampf mit neuer Technologie), sich weiterentwickelt zur zweiten (Fließbänder, Massenfertigung und elektrischer Energie), um mit der dritten abzuschließen (Digitalisierung und Einsatz von Computertechnologie). Inzwischen spricht man von der vierten industriellen Revolution (vollumfängliche Vernetzung, Sensoren, Dezentralisierung von Entscheidungen und technische nahtlose Integration in unseren Alltag). Ebenso lässt sich diese Entwicklung als eine Geschichte der großen Erfinder und des Unternehmergeistes erzählen.

Mit unterschiedlichen Ausprägungen haben wir die Theorien von historischen Vordenkern über Kapital und Kapitalismus in den vergangenen Jahren auf den Kopf gestellt oder wohl besser beschrieben: Inside-Out. Das Zusammenspiel und die Berechnung von physischen Ressourcen und eingesetzter konkreter Arbeit – sowie die damit verbundenen Limitierungen wie Handel- und Produktionskrisen bezüglich Ressourcen wie Pflanzen, Tiere und (endliche) Rohstoffe – wurden zunächst durch eine Gesellschaft ersetzt, in der nur der individuelle Nutzen den Preis bestimmt und in welcher der Nutzen nur noch im Medialen, Digitalen oder Virtuellen und Fiktiven definiert wurde.

Dieser Markt kennt keine Grenzen mehr, und somit wird er brutal, selektiv und zerstörerisch. Durch die Befreiung von der Physikalität und durch das Lösen von nationalen Grenzen ist der Kapitalismus in freiem Lauf. Während zu Anfang der industriellen Revolution das Kapital trotz internationalen Handels hauptsächlich im Land blieb – eine nationale Ökonomie mit Landesgrenzen und damit verbundenen Gesetzen –, sind die Gesetze heute Teil einer regionalen Natur, und das Kapital fließt in digitaler und fiktiver Form relativ frei um die Welt. Mit immer schneller werdenden Computern dominieren die Finanzmärkte das Geschehen. Spekulative Transaktionen machen derzeit nahezu das gesamte Kapital am Markt aus. War es in den Nachkriegsjahren bis in die Siebziger hinein eine Glanzzeit des theoretischen Kapitalismus, so änderte sich mit dem quasi Zusammenbruch des internationalen Währungsabkommens »Bretton Woods« das globale ökonomische System. Ob es die starke Expansionspolitik der USA unter Präsident Nixon war, die das ganze Finanzsystem in Dysbalance brachte, das Übel der Zinseszinsen oder die Globalisierung und der stärkere Einfluss der Technologie, die den Druck erhöhten, kann nicht zwingend ausfindig gemacht werden. Die Frage lässt sich nicht einfach auf eine Ursache herunterbrechen.[53] Die rasche Entwicklung in den Achtziger- und Neunzigerjahren hat aber dazu geführt, dass die Ökonomisierung zu einer reinen Finanz- und Transaktionswirtschaft geworden ist, wo vermutlich nur 1 Prozent des Volumens wirklich durch Produkte und Dienstleistungen generiert wird.[54]

Über allem wabert ein »Wohlstand für alle«-Begriff, der suggeriert, dass in der Geschichte des kapitalistischen Systems Fortschritt mit Zuckerbrot und Peitsche erreicht wurde. Kapitalismus belohnt Aktivierung und Aktivität, so lautet die Devise; mehr führt zu mehr. Es ist keine Sklaverei, denn wir sind vom Produktionsband befreit. Durch Homeoffice und eigenes Zeitmanagement sowie durch das Streben nach einer

Zwanzigstundenwoche sind wir von den Zügeln der industriellen Revolution und vom historischen Kapitalismus befreit. Dabei sind wir in der Freiheit durch die Selbstausbeutung gefangen. Ausbeuter und Ausgebeutete sind wir selbst. Es gibt keine Negation – das Andere –, die zu Widerstand motivieren könnte.

Nach allgemeinem Verständnis ist im Kapitalismus das Privateigentum an Produktionsmitteln – von den Maschinen über die Rohstoffe bis zum Know-how – die Grundlage für Effizienz, Leistung (Arbeit) und Wachstum. Wenn heute von der vierten industriellen Revolution die Rede ist, kann man ersehen, welch gewaltige Entwicklung die vergangenen 250 Jahre geprägt hat. Vor lauter Euphorie und vor allem nach den rasanten Entwicklungen der letzten Jahrzehnte dürfen wir bei unserer Erzählung aber nicht vergessen, dass es sich hierbei um eine sehr kurze Epoche in unserer Geschichte handelt. Wenn wir wirklich unsere Vergangenheit als Spiegelbild unserer selbst nutzen wollen, um Voraussagen über eine mögliche Zukunft zu machen, müssen wir Epochen betrachten, die genauso höchst ökonomisch geprägt waren – und vorangegangene Gesellschaften vielleicht viel länger prägten als bislang die Perioden des Kapitalismus: zum Beispiel das Osmanische Reich – das sich über 600 Jahre hielt – oder andere Zivilisationsepochen wie die der Ming- und Qing-Dynastie, die als Vorläufer der heutigen Entwicklung in China gelten. Dass die technische und technologische Entwicklung rasant an Geschwindigkeit zugenommen haben, beruht auch auf Ereignissen aus Tausenden Jahren von organisiertem menschlichem Leben auf unserem Planeten, beschleunigt durch die maschinelle Zähmung von Naturressourcen und die Ausbeutung menschlicher Arbeitskraft im 18. und 19. Jahrhundert. Es ist zwar wichtig, die Geschwindigkeit des Wandels mit einer gewissen Demut zu betrachten, jedoch darf man auch nicht die Zeitperspektive und die Geschichte unberücksichtigt lassen, die aus einer anderen Sichtweise betrachtet werden müssen.

Ein freies kapitalistisches System, wie historisch beschrieben, ist in einer technologischen Welt wie heute eine selbstzerstörerische Maschine. Historisch gesehen ist er ein von den starren Nationalstaaten und ein von Grenzen beeinflusstes und kontrolliertes System. Ein *Staatskapitalismus* eben.

Die Epoche der *Aufklärung* mit einer Trennung von Staat und Kirche – die sich bis heute nicht vollends durchgesetzt hat – ist nur ein Beispiel von Erzählungen, die rückblickend nicht als Absolutheiten verstanden werden dürfen, sondern höchstens als das Zusammenfließen von vielfältigen Faktoren und Zufällen, die unseren heutigen Kapitalismus prägen. So ermöglichte das magische Dreieck aus Staat, Kirche und Kapitalismus den Aufstieg einer eurozentrischen Erfolgserzählung und eines westlichen Wohlstandswahns, den in der Neuzeit ein Donald Trump mit einer verkehrt herum gehaltenen Bibel repräsentiert. Das Bild symbolisiert die alten Bindungen des staatlichen Kapitalismus in seinen Aufstiegsjahren, in denen die Religion mit Politik und Wirtschaft verwoben war. Mit der »modernen« Welt ist diese alte Form nicht mehr kompatibel.

Wir können ebenso gut eine Geschichte über einen adaptiven Kapitalismus erzählen, der einer technischen Evolution unterliegt, die nur in ihrer Geschwindigkeit und den damit verbundenen Ereignissen heutige Formen annehmen konnte. Ein Kapitalismus, der mit einer autoritären, disziplinär-hierarchischen und stark maschinellen Phase begann, gefolgt von einem Kampf um die Freiheit. Mit dem Berliner Mauerfall kam die Krönung der sozialen Marktwirtschaft und des Neoliberalismus. Der Sieg der liberalen Demokratien schien das Erfolgsmodell zu sein.

Waren es einst die Autorität und hierarchischen Modelle, die die Menschen vorangetrieben haben, so waren es in den Neunzigerjahren mit der kommerziellen Ankunft vom World Wide Web und die darauf folgende *Höchstleistungsgesellschaft* zum Einstieg des 21. Jahrhunderts die Motivationsgurus und die inspirativen Leader, die die alten Chefs ersetzten. Für ein wenig Leben wurde irgendwann der Kampf um die Freiheit begonnen. Aber das Kapital bewegt sich: Je mehr Aktivität, desto mehr fließt das System. Also folgte der Attentionalismus. Kapitalismus, Darwinismus und natürlicher Selektionismus in freier Wildbahn. Likes und Posts sind wie Öl für das Feuer, bis der Punkt erreicht ist, an dem die Flammen nicht mehr zu kontrollieren sind. Angekommen ist somit der Kapitalismus in einer Form von künstlicher Realität in einer erneuten historischen Dysbalance.

Die dritte Phase erreichte uns Anfang des 21. Jahrhunderts, als der Mensch zum Produkt wurde. Aber anders als erwartet, wurde die Freiheit zur Gefangenschaft. Das Ideal von Max Weber – die Trennung zwischen »Leben« und »Arbeit« – mit einer produktiven, arbeitenden Klasse, die irgendwann ausstempelte, wurde verworfen. Geregelte Arbeitszeiten wurden durch Träume von Technokraten und »erleuchteten« Visionären ersetzt, die über schnelleren Erfolg berichteten und von einer Zwanzigstundenwoche und unglaublichem Reichtum sprachen. »Es geht alles einfacher«, so die Erfolgreichen des Erfolgs wegen und die Berühmten der Berühmtheit wegen. Gefangen in der Gegenwart, wurde die Trennung zwischen Arbeit und Leben wegradiert, aus der Work-Life-Balance wurde die Life-Life-(Dys-)Balance, ein Leben in Balance, jedoch fehlt die Balance.

Im Umgang mit unseren Selbstverständlichkeiten ist ein Perspektivenwechsel hilfreich. Denn unsere reflektierten Geschichten – die wir seit Jahrhunderten in den Schulen lernen – sind geprägt durch eine einseitige Erzählung, die von seinerzeit sicherlich unterbezahlten Historikern geschrieben und mit der das Ziel verfolgt wurde, jene Erfolgsgeschichte mit der europäischen Brille zu erfassen, um machtgetriebene Kapitalisten möglichst gut »historisch« in Szene zu setzen. Demzufolge wird ein Bild über den Erfolg des kapitalistischen Systems gezeichnet, getrieben von der Genialität der handelnden Akteure zur Zeit der industriellen Revolution. Dieses Bild prägt uns bis heute, es ist zur Selbstverständlichkeit geworden.

All diese Erzählungen lassen aber einen Akteur immer am Rand stehen. Der Staat wirkt wahlweise wie ein Statist oder bestenfalls ein Stichwortgeber. Drehen wir aber das Narrativ ein weiteres Mal, so finden wir einen Hidden Champion. Einen vermögenden und starken Staat, der über gewaltige Infrastrukturprojekte die Entwicklung des Kapitalismus erst angetrieben hat – vom Aufstieg der alten Griechen, von den chinesischen Dynastien, dem Osmanischen Reich, den Ursachen der industriellen Revolution bis hin zum technokratischen Weltaufstieg der USA. Losgelöst von Führungsform und Struktur, prägten Investitionen mindestens genauso stark die Initialzündung wie die Erzählung über die zerstörerischen Kreationen durch Innovationsschübe von verrückten Vordenkern, deren Ergebnisse aus offenen und freien Ideen stammen. Selbstverständlich findet man radikale Vordenker, die die Geschichte prägten und auch derzeit prägen. Aber häufig sind es eher »fehltastische« Ausnahmen, die Genialität aus Fehlern schöpfen, oder Lügner/Lügen kombiniert mit teilweise radikalem Klauen und Kopieren mit entsprechender

Weiterentwicklung, die zu historischen und historisierten Erfolgsstorys elaboriert werden. Hinter dem durch die industrielle Revolution bedingten Aufstieg in Großbritannien finden wir auch Geschichten über totalitäre Strukturen in den Kolonialstaaten mit (unbegrenztem) Zugang zu Kapital beziehungsweise Aneignung von Vermögensgegenständen. Auch die strategische Wasserführung und die Zähmung der ruhigen Flüsse, die erheblich leichter war als die viel stärker saisonbedingten Unterschiede mit den großen Überflutungen in Regen- und Schmelzzeiten in Asien ist eine andere Herleitung als die eines genialen Erfinder- und Unternehmergeistes als Ursprung der Mechanisierung mittels Wasser- und Dampfkraft.

In meinem Heimatland Norwegen finden wir »großartige Vordenker«, die verwechseln, dass sie eher zufällig das Öl gefunden und es nicht erfunden haben. Auch eher zufällig blieb überhaupt das dunkle Gold im Staatsbesitz, und wie viel der norwegische Erfinder und Erfindergeist dazu beigetragen hat, sei dahingestellt. Hier kam vielmehr die Henne zuerst, und die Norweger lernten, nachdem sie zufällig die Konzessionen im Land behielten, mit den Eiern etwas anzufangen.

Auch Silicon Valley, der Schmelztiegel der Freiheit, ist im Grunde ein natürliches Ergebnis staatlicher Investitionen in Forschung und Entwicklung. Denn auch hier lässt sich die Geschichte anders aufziehen. Staat und Militär bilden historisch gesehen mit hohen Investitionen die Grundlage für den heutigen Innovationsgeist. Das MIT und andere renommierte Elite-Bildungseinrichtungen wurden mit Milliarden vom amerikanischen Staat unterstützt, um Programme zu entwickeln und Forschung zu betreiben, die häufig initial zur Sicherung des Staates und zur militärischen Aufrüstung dienten. Heute finden wir Abwandlungen solcher initialen

Forschung als Grundlage für die Entwicklung vieler großer Tech-Unternehmen, die in einer innovativen neuen technologiegetriebenen Welt von solchen (staatlichen) Anfangsinitiativen profitieren. Raumforschung, künstliche Intelligenz, die Konsum- und Mediengesellschaft – der ganze Grundrausch aus dem Valley – lässt sich also genauso auf Staatsinvestitionen zurückführen wie die vielen freien Tüftler und Denker einer wie auch immer gearteten neoliberalen Gesellschaft.

Der Rückgang der »satten« Elite der westlichen Wohlstandsregionen, wo politisches Risiko fehlt, um in neue Technologien zu investieren, trifft heute auf gewaltige Staatsprojekte aus dem Osten, bei denen Fortschritt und Innovation Hand in Hand mit eher kommunistischen und planwirtschaftlichen Strukturen gehen. Zumindest zeigt sich heute, dass auch hier die Geschichte mindestens aus zwei Perspektiven erzählt werden kann. Kapitalismus in Gestalt von sozialer Marktwirtschaft ist gestalterische Freiheit und ermöglicht Innovation, so das Narrativ. Dabei erkennt man heute durch den rasanten Aufstieg Chinas auch eine andere Seite. *Planwirtschaft* beißt sich offensichtlich nicht mit Innovation und Fortschritt. Der serbisch-amerikanische Ökonom Branko Milanović[55] sieht darin weniger Paradoxon als vielmehr den Beleg, dass China längst im Kapitalismus angekommen ist – einem politischen Kapitalismus, der die liberale Variante aushebeln kann, weil der Staat die Rahmenbedingungen für die Wirtschaft diktiert und diese zur Not mit Handlungsvorgaben lenkt.

Kapitalismus heute ist mehr eine Religion, schreibt Walter Benjamin: »Im Kapitalismus ist eine Religion zu erblicken, d. h., der Kapitalismus dient essenziell der Befriedigung derselben Sorgen, Qualen, Unruhen, auf die ehemals die sogenannten Religionen Antwort gaben.«[56] Es geht aber nicht um den Glauben, vielmehr geht es um die Verschmelzung von Ökonomie und einer immer gleicher werdenden Weltanschauung. Die Grenzen des Staates und der Rahmen der Religionen verschmelzen derzeit in einer weltumfassenden Gefälligkeitsökonomie, in der alles gleicher wird und die Menschheit dogmatisch, süchtig und hoffnungsvoll unterschiedliche Sub- und Objekte anbetet. Alle Lebensformen, sogar Kunst und Kultur müssen in dieser neuen Welt konsumierbar gemacht werden.

Mit dem Einzug der Superrechner, und der (baldigen) Entwicklung der Quantencomputer schießen heutzutage Transaktionen mit Auf- und Abschlag in Nanosekunden um die Welt. Geschwindigkeit und Volumen sind alles, und die Grenzen der Technologie können nur von Menschen definiert werden – technisch gibt es keine. Wir werden mit einem Paradigmenwechsel des gesamten Finanzsystems konfrontiert, wo Blockchain- und Kryptowährungen sowohl die Asset-Verwaltung wie beispielsweise von Gold herausfordern und auch die globalen Währungshüter dazu zwingen, völlig neue Wege zu gehen.

Manche dieser Systeme sind bereits heute »too big to fail«, auch wenn es sich nicht voraussehen lässt, wie die weitere Entwicklung ist. Träume von Dezentralisierung treffen auf Realität. Marktmanipulation und Einfluss durch Personen, die Entscheidung über Entwicklung und Umgang mit Macht, Nationalbanken/Nationalstaaten, die kampflos die alte Struktur nicht aufgeben, wenn in Zukunft die Bank auf einem kleinen Dongle zu Hause liegt. Eine absurde Welt, in der niemand wirklich erkennen kann, wohin die Reise geht. Wie auch? Das Papiergeld ist genauso echt oder unecht wie das digitale. Nur weil ein paar Zahlen und ein wenig Tinte auf dem Papier sind, hat es keinen Wert. Ob Tulpenkrise, Diamanten, Gold, Bitcoin und ihre Nachfolger – wenn das Narrativ geschätzt wird, ist es wertvoll. Entweder es setzt sich durch oder eben nicht.

Die Wirtschaft und folglich der Kapitalismus beruhen auf der Geschichte, an die wir Menschen glauben und an der wir festhalten. Das Papier und die Edelsteine haben sich lange gehalten. Jetzt entstehen Träume vom neuen schnellen »Geld« in der neuen (armen) Mittelschicht, die die Hoffnung auf harte Arbeit und Langfristigkeit aufgibt, um am neuen Goldrausch teilhaben zu können. Inflationäre oder deflationäre Korrekturkonsequenzen, niemand wird es heute abschätzen können. Die Geschichte flüstert uns aber zu, die Korrektur wird kommen. Je größer die (Über-)Spannung, desto radikaler die Konsequenz.

Die wirkliche »Ware«, die gehandelt wird, ist heute der Mensch mit seiner Zeit, seinem Beitrag zur digitalen Weltgesellschaft und seiner Produktion von Daten und Inhalten. Dies ist alles ein kostenfreier Beitrag zur Finanz- und Transaktionsgesellschaft. Somit wurde das Produkt Mensch – das Leistungssubjekt – die einzige Limitierung, die ausgebeutet werden kann. Du und ich sind das Produkt, das gehandelt wird. Gleichzeitig sind wir aber auch die Produktion. Als Prosumenten bauen wir die digitale Welt, während Medien- und Datenwert durch einen Dritten finanziert werden. Die hiermit verbundene Gefälligkeit und der Trieb führen zu einer Selbstausbeutung des Menschen.

Die Zeitigkeit von Kunst und Kultur, also die Verortung im Kontext von Vergangenheit, Gegenwart und Zukunft, geht verloren zugunsten des Moments und des Strebens nach einem kapitalisierbaren Zeitgeist. Die Transaktionsschaffung steht über dem medialen Wert. Es geht nicht um die Nutzbarkeit und den Gebrauch, sondern um den Konsumenten und die Genießbarkeit. Ästhetisch, kulturell und erzählerisch werden Dienstleistungen und Produkte aufgeladen. Nicht das Physische, die Ressourcen wie Bäume, Pflanzen und Tiere bilden die Grundlage, sondern das Produkt ist längst die Definition von Mensch. Menschen produzieren die kulturellen und kreativen Werte (umsonst) und konsumieren die Inhalte, während der Dritte (Werbung) zahlt. Menschen sind Prosumenten, und in der Gefangenschaft der eigenen Freiheit findet die Selbstausbeutung statt. *Im 21. Jahrhundert wird die Geschichte sogar recycelt, und es entsteht eine neue Form des Nihilismus.*

Was *Kapitalismus* ist oder sein könnte, ist also schwieriger zu definieren, als was er *nicht* ist: das absolute und fixe System, worüber in allen möglichen Formen und Facetten gelehrt und geschrieben wurde. Auch wenn es häufig so wahrgenommen und mit pseudowissenschaftlichen Aussagen untermauert wird, gibt es keinen Kapitalismus als System, dem physische Gesetze untergeordnet sind. *Es gibt nicht den Kapitalismus für uns zu greifen und zu verstehen. Der Kapitalismus ist etwas Fluides, Elastisches und Dynamisches.* Er verändert sich mit der Zeit und entwickelt sich. In freiem Lauf brutal und zerstörerisch, gehegt und gepflegt wie ein schöner Garten, ist er ein möglicher Weg zu mehr Prosperität für alle.

Wachstum kann in einem ökonomischen System im 21. Jahrhundert nicht auf Gier reduziert werden. Die Herausforderung für die Menschheit – denn wir können unsere Zukunft selbst wählen – besteht darin, soziopathisches Verhalten durch das Grundfundament eines menschlichen Daseins zu ersetzen. Das Streben nach einer bestmöglichen Version des eigenen Selbst ist demzufolge holistisch – eine Verbindung zwischen interner und externer Welt in Relation zu unserem Planeten und anderen Menschen, wo Inklusion und Kollaboration den absoluten Wettkampf ersetzen.

Es ist schwer, sich eine *andere* Welt oder ein *anderes System* vorzustellen, weil es nichts Klares gibt, was man zerstören oder ersetzen kann, wenn alles miteinander zusammenwächst und verschmilzt. Das andere zu ersetzen, setzt voraus, dass erst das eine definiert ist. Vielmehr macht es Sinn, sich eine Weiterentwicklung – ein mögliches Upgrade, wenn man so will – oder ein organisiertes menschliches Leben in einer digitalen und ökonomischen Welt vorzustellen. Eine Ökonomie, die die Grundlage der Menschen – alle Stakeholder – miteinschließt. Aber ist denn eine solche Welt überhaupt möglich?

Woke me up, before you go-go – Vollökonomisierung und Gefälligkeit

Während einer kurzen Verschnaufpause des rasanten Aufstiegs der Technologiedominatoren zu Beginn des 21. Jahrhunderts konnte sich 2015 der ZARA-Gründer Amancio Ortega[57] mit seinem Bekleidungsimperium als der reichste Mann der Welt bezeichnen. Die stetige Entwicklung seines Unternehmenskonsortiums *Inditex* ging bis zum Börsengang an den Medien vorbei. Seit der Eröffnung der ersten ZARA-Filiale in A Coruña im Jahr 1975 gab es kein Interview mit Ortega. Glamour und Fashion gehören nicht zu seinem Lebensstil, sie hatten ihn aber zum reichsten Mann der Welt gemacht.

Heute symbolisiert ZARA so etwas wie die Vereinigung von Gegensätzen zu einem Ganzen. High Fashion zu Low Price, hohe Qualität (auch wenn viele vielleicht darüber streiten) trotz des niedrigen Preises und einer nahezu global angepassten Warenauswahl, die dynamischen Trends folgt, die angesagtesten Models der Fashionwelt engagiert und sich in Premium-Lagen mit Brandstores präsentiert – neben der Fashion-Elite und anderen Flagship-Stores. Die Entwicklung der vergangenen Jahre symbolisiert, wie Alltagsprodukte durch medialen Wert, Marke, PR und Prestige aufgeladen werden. ZARA setzt auf ständige Neukreationen, Premium Prêt-à-porter für *kleines Geld*, wird aber gleichzeitig auf dem roten Teppich und auf den Premium-Shoppingmalls akzeptiert und genauso als Marke wahrgenommen, anerkannt und »angebetet« wie die exklusiven Labels und Techstores. Der Erfolg war eine direkte Attacke auf alte Denkmuster von Regionalität, Saisonware und kurzfristigen Trends. Es war ein Angriff auf die sakrosankte Brand-Hierarchie im Fashion Business mit Abstandsgebot zu den teuren Labels, die genau jene Widersprüchlichkeit in der neuen ökonomisierten Welt repräsentiert. Symbol dafür ist, dass man ZARA auch unter einer New Yorker Adresse auf der 5th Avenue findet – nicht weit entfernt von einem durchsichtigen Glaswürfel, in dem nicht ein Kreuz, sondern ein überdimensionierter Apfel angebetet wird, das Gebetshaus des modernen Kapitalismus.

Wie der Einstieg von ZARA war auch derjenige des damaligen Steve-Jobs-Konzerns ein Angriff auf die Konventionen. Geboostet durch eine radikale Simplifizierung konnte Apple im undurchsichtigen MP3-Dschungel mit einem genialen Produkt Aufsehen erregen: ein Button, zwei Farben und zwei Größen zum Premium-Preis. Über Nacht wurde das »i« magisch aufgeladen und steht seitdem für Lebensstil, Image und Prestige, gepaart mit unschlagbaren Möglichkeiten und Qualität. Mit dem iPod begann der Aufstieg von Apple zum wertvollsten Unternehmen der Welt. Alleine zwischen dem 1. Januar 2019 und dem 1. Januar 2021 stieg der Wert des Unternehmens um 350 Prozent auf 2,30 Billionen (2300 Milliarden) US-Dollar. Damit man ein Gefühl für die Größenordnung und die rasante Entwicklung bekommt, muss man sich vor Augen führen, dass das mehr als die gesamte Wirtschaftsleistung von Italien, Kanada oder Brasilien ist. Apple läge nur knapp hinter Indien, der Nummer sieben der weltgrößten Volkswirtschaften.[58] Gemessen in Nationalökonomien, ist Apple also die achtgrößte Volkswirtschaft der Welt. Die Geschwindigkeit der Entwicklung spricht auch für sich. War General Electric 1995 mit 100 Milliarden Marktkapitalisierung das wertvollste Unternehmen der Welt, so erreichte bereits 1999 Microsoft die 500-Milliarden-Marke.[59] Ehe Apple sich von den Folgen der DotCom-Blase im Jahr 2000 erholte, knackte das Unternehmen am 2. August 2018 die 1-Billion-Dollar-Bewertung (1000 Milliarden). Von der ersten 1-Milliarde-Bewertung durch die United States Steel Corporation Anfang 1900, dauerte es über hundert Jahre, bis die 1000-Milliarden-Marke geknackt wurde. Im August 2020 erreichte Apple dann – nur zwei Jahre nach der 1000-Milliarden-Marke – die 2000-Milliarden-Marke. Eine fast absurde Entwicklung, die uns die Macht und die Geschwindigkeit der *Technokomie* verdeutlicht, einer von (jungen) Technologiekonzernen getriebenen Ökonomisierung der Welt.

Eine solche (gesellschaftliche) Entwicklung wird nicht einmal durch einen externen Faktor wie eine Pandemie gebremst. Im Gegenteil, sie wird eher in vielen Bereichen verstärkt durch ein unterliegendes Sammelsurium von Faktoren. Konzerne wie die Inditex-Gruppe, die von physischer Präsenz abhängig sind, werden natürlich in Zeiten von Lockdowns härter bestraft als ihre Techno-Konsumfreunde mit Onlineservices. Daran lässt sich erkennen, dass sich der natürliche Selektionsprozess hin zu mehr für die wenigen brutal durchsetzt. So explodierten die Börsen zum Jahreswechsel 2020/21 mit neuen Rekordwerten für die Königinnen der digitalen Welt. Es gibt nicht die eine Formel für den Attentionalismus, aber beide Konzerne – Apple und ZARA – repräsentieren auf ihre Art den paradoxen Trend der Gleichheit bei einem gleichzeitigen Gefühl von Individualität und Vielfalt. Und dieses Phänomen verbreitet sich global. Diese Entwicklung von ZARA und Apple ist eine Art Transitphase in Richtung einer globalen Struktur, in der Individualität innerhalb des Standards die globale Richtlinie ist und die Gleichheit und Gefälligkeit unsere Ökonomie und unseren Alltag, und somit auch den Kapitalismus an sich, dominieren wird.

Wir leben in einer Welt, in der alles gleicher wird und der mediale Wert der Kern der Konsumgesellschaft ist, wo sich zwangsläufig auch Werte und Nachhaltigkeit in Produktionsketten wiederfinden werden. Die einen bestellen online, die anderen bummeln in den fashionablen 1-A-Lagen, jeder, wo er sich zu Hause fühlt, am Ende sind die Produkte aber gleich. Eine suggerierte Homogenität, die sich in vielen Bereichen widerspiegelt. Eine Teilhabe und Integration, ein Miteinander und eine Zugehörigkeit trotz Spaltung. Getrieben von Technologie und Empfehlungsalgorithmen, haben der Attentionalismus und die Gefälligkeitsökonomie ein existenzielles Ausmaß.

Einst diente die Wirtschaft der Problemlösung, »das gute Produkt« sollte unser Leben besser machen. Im Dschungel der zunehmenden Vielfalt setzte sich die Qualität durch (Made in Germany), die Forderung nach Weltklasseprodukten war geboren. Während des Nickerchens wurde das Produkt zur bloßen Ware, die Sichtbarkeit setzte sich durch: Hier bin ich! Jahrzehntelang lebten die starken Marken mit ihren hochqualitativen Produkten von PR und Marketing. Sie dienten der Aufladung des Produkts hin zum Attentionalismus:

sexy, sichtbar und problemlösend (Qualität), so die Erfolgs-
formel. Mit der rasanten Entwicklung der Technologie folgte
die Vollökonomisierung, in der Sex-Appeal, die Sichtbarkeit
und das Produkt zum Nullkostenpreis den Sklaven-Kunden
angeboten wurde. Das Alleinstellungsmerkmal manifestiert
sich nur im Moment der Wahrnehmung des Produkts.

Was ist meine Aufmerksamkeit wert? Wenn ich mir heute
einen Werbespot anschaue, liegt die Entlohnung bei etwa
2 bis 3 Euro pro Stunde.[60] Das Geld landet beim Werbetreibenden und nicht bei der arbeitenden Klasse. »Wenn ich mir
das anschauen soll, dann musst du mich bezahlen«, wird das
neue Paradigma sein. Es ist fast irrsinnig, dass Payment-An-
bieter hohe monatliche Beiträge für ihre Sport-Live-Events
von ihren »Kunden« verlangen und sie dennoch durch 2 bis
3 Werbespots führen, bevor sie überhaupt in das Live-Event
einsteigen können. Die Reaktion wird kommen. Wir als Individuen werden für unsere Aufmerksamkeit Kompensationen
(Geld) verlangen. Sobald die Erkenntnisse darüber da sind,
wie günstig wir unsere Zeit und Aufmerksamkeit hergeben,
werden neue Modelle entstehen müssen. Influencer sind der
erste krampfhafte Versuch. Eine Dezentralisierung der Werbung. Keine Werbetreibenden, sondern direkt zum Kunden.
Man zahlt für die Richtigen. Auch beim Thema Kreation.
Statt großer Marketeers die eigene Produktwerbung. Dafür
wirst du bezahlt, du machst für ein Produkt die Werbung, und
sie geht viral. Crowd Advertising. Erfolgreiche Plattformen
wie Netflix, YouTube und Amazon leben heute alle von der
»echten« Empfehlung.

Wir werden irgendwann auf eine konfuse Zeit zurückbli-
cken, in der es Phänomene gab, die wir soziale Medien nann-
ten, die Modernisierung der Prostitution (das ist keine Abwer-
tung der Sexindustrie ...), wobei der Preis für das Tragen des

Produkts rein ökonomisch ist. Wir Menschen werden als gestalterische Wesen Teil des kuratorischen Prozesses. Wir kuratieren unser eigenes Aufmerksamkeitserlebnis und sind somit Prosumenten. Wir sind Kapitalisten und kapitalistische Puzzleteile. Alles ist ökonomisch und wird über Transaktionen und mediale »Werte« definiert, die im Kern mitunter auch substanzlos sind. Es ist eine Prestigegesellschaft, in der Andersartigkeit in der Gleichheit nicht nur durch Gefälligkeiten in Form von Likes und Shares belohnt wird, sondern als Lebensform und sogar als eine Form der Religion angesehen werden kann.

Liken und geliked werden, darüber definieren wir in der Social-Media-Ära Status und Erfolg. Das gilt auch für Unternehmen. Sie reagieren auf ein mehr oder weniger vages Gefühl, dass in den vergangenen Jahrzehnten viel fehlgelaufen ist – allerdings ohne den Ursachen auf den Grund zu gehen: Für (mit) uns oder gegen uns. Entweder-oder. »Stay woke«!

»Stay woke« meint das permanente Aufspüren und Bekämpfen tatsächlicher oder gefühlter Ungerechtigkeiten. Die *Neue Zürcher Zeitung* bezeichnete dies als »Dogma du jour« und klassifizierte »Wokeness«[61] als Statussymbol mit zunehmend schwindendem Inhaltsbezug: Es gehe (bloß) darum, »den sozialen und medialen Erwartungen mit großspurigen Lippenbekenntnissen zu entsprechen«. Wokeness trage in der Konsequenz zur verschärften Tonalität des öffentlichen Diskurses bei, entpuppe sich als Intoleranz mit umgekehrtem Vorzeichen. Dieser Woke-Kapitalismus kann also nur ein Zwischenschritt sein. Das angestrebte Wachstum kann nur erfolgen, wenn eine von innen heraus motivierte und aktivierte Umverteilung stattfindet. Und nicht nur eine suggerierte, eine der externen Gefälligkeit, die der Woke-Kultur entspricht.

Was während des Nickerchens passierte, ist die mangelnde (positive) Vision vom Neuen und eine Bewegung hin zu einer Vernichtung des Anderen, die sich mit dem »Purpose«-Mantel schmückt. So formte sich eine »Cancel Culture«, bei der das Ziel ist, Menschen durch Bloßstellung und Angriffe auszugrenzen und gleichzeitig eine Kultur von »Purpose« zum Wohle des Wachstums – eine kapitalistische Sinnvermarktung, wenn man so will. Der Woke-Kapitalismus ist der neue Versuch, Marken und Wachstum weiter zu befeuern. Suggerierte Sinnstiftung mit Kaufauflage. Prestigekapitalismus zur Unterstützung sozialer Konflikte und gesellschaftlicher Probleme mit dem Zweck des Vertrauensgewinns der Konsumenten. *Purpose ohne Sinn, der Unsinn.*

Diese Entwicklung ist einer der größten Widersprüche, den die Menschen je hervorgebracht haben, aber im Kapitalismus liegt der Zwang zum »Mehr«. Und vielleicht ist es ein Teil des erforderlichen Upgrades und der Weiterentwicklung. Genau jene elastische und fluide Entwicklung hin zu einem Streben nach mehr Gerechtigkeit und Balance, eine Vorstufe zu einer neuen Version des alten guten Kapitalismus. Vielleicht ist es die einzige Möglichkeit, sich durch neue Bilder und Geschichten ein wenig – zumindest für eine sehr kurze Zeit – von den anderen zu differenzieren. Denn im Kern der Kommunikation steckt ein Grundprinzip der Aktivierung von Menschen. Bilder erzählen Geschichten und bieten ein Gefühl. Visualisierungen über Geschichten vom Scheitern, Wiederaufstehen, Siegen. Die Heldenreise – ein altbewährtes Mittel. Die Lippenbekenntnisse werden mit Hochglanzbildern verstärkt, die letztlich nur Werbung für Werbung in der Werbung sind. Auf Reaktionismus und Emotionalität folgen lediglich neue gesellschaftliche Herausforderungen, weil sie die bestehenden Problemlagen nicht im Kern aufarbeiten.

Die Politisierung der Marke befeuert somit die Spaltung. Wollen wir den gesellschaftlichen Kollaps vermeiden, braucht es mehr als eine Marke, die wie andere Marken auch aus purem Opportunismus dem »Dogma du jour« folgt und sich als »Wokeness Brand« stilisiert. »Wokers of the World Unite« wäre dann der neue Slogan des Kommunistischen Manifests 2.0. Und somit entsteht eine Bindung. Diese Entwicklung symbolisiert so etwas wie eine Vermischung von Gesellschaftsschichten und Empfindungen, die durch die Zentralisierung zu mehr Ungleichheit und Spaltung führen, eine große Paradoxie. Winston Churchills Aussage über die Demokratie[62] trifft heute genauso auf den Kapitalismus zu: Er ist zur schlimmsten Form des Wirtschaftens geworden, außer allen anderen, die probiert wurden und uns zur Verfügung stehen. Ein Upgrade und die Weiterentwicklung scheinen also der einzige Weg nach vorne zu sein.

ENDE DES CHRISTENTUMS – DER KAPITALISMUS WIRD BUDDHISTISCH

Wir befinden uns in einer Zeit des blinden Optimismus, die Gefahr birgt. Hoffnung und Glaube an ewiges Wachstum machen dekadent, müde und ja, in gewisser Weise auch arrogant. Wäre unendliches Wachstum und Konsum für alle möglich, hätte die Geschwindigkeit und die aktuelle technologische Entwicklung keine Kehrseite, hätten die Spaltung, Schulden und Eingriffe in die Ökologie keine Bedeutung, dann müssten wir nicht über den Kapitalismus diskutieren.

Was wir brauchen ist ein bewusster und aufgeklärter Optimismus. Wir brauchen einen *anderen* Weg, eine positive Leitidee. Aber unser Denkfehler besteht darin, dass unser gewünschtes Wachstum etwas Echtes und Festes ist, das aus alten Werten des vorindustriellen Kapitalismus definiert wurde. Was im Kern auf Endlichkeit – die vorhandenen Ressourcen – ausgelegt ist, hat per se Grenzen. Wir leben in einer Gesellschaft, in welcher der Mensch sich optimiert, um mitzuhalten, zumindest innerhalb der aktuellen physischen Gesetze und Grenzen sowie unseres metaphysischen Verständnisses. Wir können Bücher in zweifacher Geschwindigkeit hören, während wir einen digitalen Meditationskurs anschauen und das nächste Meeting planen oder uns mit den Kindern beschäftigen. Auch wenn eine solche Optimierung zu mehr Effektivität und Effizienz führt, sind wir als Menschen dennoch durch die zeitliche Begrenzung in unserem Tun limitiert.

Die unvorhersehbare Entwicklung der Technologie durch unser mangelndes Verständnis und die fatalen Konsequenzen der ökologischen Umwälzungen bieten uns nur ein ganz kurzes Zeitfenster für einen kollektiven Einsatz und Kurswechsel. Wenn beispielsweise wegen der Eisschmelze im Himalaja Wassermengen ganze Regionen Indiens und Chinas überfluten[63] und dadurch die Lebensgrundlage mehrerer Hundert Millionen Menschen zerstören; oder umgekehrt, wenn die Erderwärmung zum Austrocknen lebenswichtiger Gewässer führt, die existenzgefährdende Dürren bewirken, dann folgt schlagartig ein geopolitischer Richtungswechsel: neue Spannung auf globaler Bühne. Konsequenzen klimatischer Veränderungen und deren politische Folgen werden auch zukünftig die Gesellschaft prägen. Wir können jedoch bereits heute die Fragilität und die Spannung erkennen und gemeinsam abfedern – durch die Sensibilisierung für solche bekannten und möglichen Auswirkungen.

Der Weg führt zu *dynamischem Äquilibrium*. Das (immer

wiederkehrende) Streben nach mehr Ausgewogenheit, Genügsamkeit, Gerechtigkeit und Solidarität. Eben Wohlstand für alle. Können wir den Kapitalismus so weiterentwickeln, dass er den Menschen und nicht nur Entitäten wie Firmen dient? Können wir vielleicht ein System, oder »das System« so formen und weiterentwickeln, dass es mehr auf das Allgemeinwohl einzahlt? Die endlichen Spiele sind gespielt. Wettkampf führt nicht zu Wohlstand (für alle). Der einzige Weg ist ein Streben nach Balance, und dies kann nur über Kooperation mit einem nachhaltigen und humanen Wettbewerb funktionieren. Dies schließt jedoch nicht Qualität und Einsatz zu be- und entlohnen aus. Starre Modelle werden durch Ansätze der »Unendlichkeit« abgelöst.

Dass so etwas funktionieren kann – auch in einem kapitalistischen Modell –, zeigen Unternehmen wie der Biozid-Hersteller Reckhaus,[64] das durch eine künstlerische »Erleuchtung« zur Erkenntnis kam, dass das Töten von Insekten unsere Lebensgrundlage zerstört. Aus einem Traditionsunternehmen mit giftigen Sprühdosen wurde so ein Kämpfer für die Rettung von Insekten und Gestalter von gesunden sowie natürlichen Lebensräumen. Auch die Investmentholding Franz Haniel & Cie. GmbH treibt mit dem neuen CEO, Thomas Schmidt, seit Jahren einen Kurswechsel voran. Aus der 270-jährigen Firmengeschichte heraus wurde der Begriff »enkelfähig« als Synonym für Unternehmertum im 21. Jahrhundert geprägt. Enkelfähige Unternehmen verfolgen laut Schmidt unternehmerische Ansätze, die auf Generationen ausgelegt sind, bei denen es nicht darum geht, zu vernichten durch Gewinnen oder Verlieren, sondern vielmehr darum, möglichst lange mitzuspielen. Es sind nicht ideologische und Nonprofit-Schauplätze der Philanthropen – die wir natürlich auch brauchen –, die eine andere Welt denken, sondern Unternehmen, die holistisches Stakeholder-Management betreiben statt Maximierung für die Shareholder. Gewinne erwirtschaften, sich um die Menschen kümmern und nachhaltig im Sinne des Planeten zu handeln, ist nicht widersprüchlich, und wenn man CEO Schmidt glaubt, der einzige Weg für unsere Zukunft.

Auch wenn die Impulse der Gestaltung und Entwicklung aus der Wirtschaft kommen können oder vielleicht sogar müssen, ist das Streben nach dynamischer Balance die Grundlage von allem. Vereinfacht gesagt: Politik ist Bewahren und Verwalten, Wirtschaft ist Gestalten. Für die weitere Entwicklung spielen aber natürlich die politischen Rahmenbedingungen auch eine Rolle. Da wir es mit einer ebenso paradoxen Zeit in der Politik zu tun haben, ist es nicht das System an sich, das wir heilen und weiterentwickeln müssen, sondern es setzt eine fortlaufende Adaption äußerer und unvorhersehbarer Ereignisse voraus. Auch wenn wir mehr und mehr Wissen haben über das, was wir nicht wissen, so werden die nächsten fünfzig Jahre genauso eine Überraschung werden wie die Erkenntnis, dass vieles von dem, was wir uns heute erträumen können, auch tatsächlich wahr geworden sein wird. Aber eben genauso viel, was wir uns bis heute nicht erträumen können.

Die Welt muss anders werden – darüber sind sich inzwischen viele Menschen einig. Sie muss besser werden. Dazu zwingt uns spätestens die Digitalisierung: eine über uns rollende Schockwelle technologischer Umwälzungen. Aber was meinen wir mit »besser«? Die Digitalisierung ist Lösung und Herausforderung zugleich. Technologie kann – und wird – die Menschheit retten.

Durch künstliche Intelligenz sollen uns die Maschinen das Denken abnehmen. Es steht uns eine Welt bevor, die von mächtigen Quantencomputern gesteuert wird, mit verdrahteten Gehirnen an der Schnittstelle zwischen »objektiver Realität« und »transzendentaler Subjektivität«. Die Fehlerquelle Mensch wird einfach ausgeschaltet. Mit Blick auf Ressourcenverschwendung und Klimakatastrophe hat diese eine Erzählung über die künstliche Intelligenz durchaus Charme. Dennoch hinterlässt dieser Gedanke bei vielen ein mulmiges Gefühl. Doch bereits jetzt sind wir mit einer Welt konfrontiert, in der nicht eine Pandemie das Problem ist, sondern die fatalen Auswirkungen des infizierten Denkens. Eine Welt, die uns als denkende Wesen radikal infrage stellt.

Wir stehen am Beginn eines digitalen Tsunami, dessen alles verändernde Wucht noch niemand wirklich erahnt. Unser Verständnis von dem, was Subjekt und was Objekt ist, steht auf dem Spiel. Indem wir versuchen, menschenähnliche, digitale, kognitive Systeme (oder eine externe angewandte künstliche Intelligenz) mit Fähigkeiten zu erschaffen, die weit über die eines »normalen« Menschen hinausgehen, experimentieren wir mit den philosophischen Grundlagen dessen, was uns als Menschen auszeichnet.

Für Sigmund Freud, den Entdecker des Penisneids und des Ödipuskomplexes, hat Nikolaus Kopernikus die Eitelkeit des Menschen verletzt, indem er nachwies, dass die Erde nicht der Mittelpunkt des Universums ist. Charles Darwin hat uns die Überzeugung genommen, dass wir als Gottes Ebenbild geschaffen wurden. Und er selbst, der Begründer der Psychoanalyse, wies nach, dass unser Seelenleben der Vernunft größtenteils unzugänglich ist. *Nun droht uns gottlosen, vom Unterbewusstsein getriebenen Wesen die ultimative Entzauberung: Die Menschheit steht vor ihrer letzten narzisstischen Kränkung – der massiven Verletzung unseres Selbstwertgefühls durch eine posthumane Hypertechnologie, die alles besser kann als wir.*

Diese Kränkung lässt sich nur überwinden, indem wir ein neues Verständnis von uns entwickeln. Hier liegt die Herausforderung. Derzeit begegnen wir den (gesellschaftlichen) Problemen unserer Welt mit den erprobten Antworten voriger Jahrhunderte und mit dem entschiedenen Entweder-oder unserer Like-Kultur. Tweets, Headlines und Woke-Zustimmung führen nicht dazu, dass wir verstehen. Sie stehen für eine Flut von Nachrichten und ihre emotionale Sofortbewältigung. Und der Informationsmüll hindert uns daran zu verstehen. Wir benötigen die Vita contemplativa und die Vita activa. Der derzeit übliche Umgang mit Informationen hindert uns daran, versetzt uns in eine Art Narkose.

In einer Welt, in der das Denken infiziert ist, müssen wir unsere Reaktionsweisen von isolierter Emotionalität befreien und auf Handlungskompetenz und Partizipation bauen. Wir brauchen eine neue Synthese aus dem denkenden *und* handelnden Menschen. Das ist die Kraft, die Berge versetzt. Eine Kraft, die Selbstverständlichkeiten infrage stellt und zu einer Weltverständlichkeit führt, die uns wiederum zu neuen Selbstverständlichkeiten leitet. Die Kraft, die uns eine Perspektive eröffnet. *Wenn Technologie die Menschheit rettet, rettet Philosophie den Menschen.* Dies gelingt jedoch nicht, wenn eine Politisierung von Marken, Medien und Produkten erfolgt, und ebenso wenig, wenn wir versuchen, durch immer leistungsstärkere und größere Computer, durch sogenannte künstliche Intelligenz und eine suggerierte Wissensgesellschaft die Welt zu errechnen und berechnen.

Kapitalismus ist eine dynamische und elastische Form, die die Fähigkeit zur Adaption an die Gesellschaft mitbringt. So bewegt sich bereits der Kapitalismus in einer gestalterischen Rolle, in der durchaus wir Menschen die Kontrolle zurückgewinnen können. Gesucht werden heute Kulturingenieure.

Menschen, die Kunst, Psychologie und Philosophie mit den Ingenieurwissenschaften verknüpfen können. Nur wo wir uns noch selbst verstehen werden, kann der Kapitalismus geformt werden. Die Frage ist naheliegend: Welches ideologische Selbstverständnis passt heute zum Kapitalismus?

Die Zeit ist reif für den *buddhistischen* Geist des Kapitalismus. Wir stehen vor fundamentalen Veränderungen in Richtung einer vollumfänglichen Ökonomie, die der Dalai-Lama bereits als eine Verbindung zwischen Kapitalismus und »compassion« (Mitgefühl) beschrieben hat. »Social Entrepreneurship«, wie es Mikrokreditinitiator und Friedensnobelpreisträger Muhammad Yunus bekannt gemacht hat, findet derzeit nicht nur bei Leuchtturm-Initiativen statt, sondern auch in der breiten Masse: Nennen wir es also gern eine Grassroot-Bewegung. Heute erleben wir in den westlichen Wohlstandsregionen Selbstreflexion, interne Verarbeitung, Meditation und eine radikale Veränderung – auch eine Evolution – im Umgang mit dem Ich. *Die jungen Generationen nehmen sich die Freiheit und den Luxus und klammern sich an eine neue holistische Weltanschauung. Von dem ursprünglich definierten protestantischen Kapitalismus sind wir auf dem Weg zu einem neuen, eher buddhistischen Kapitalismus. Es ist kein glaubensstrenger Buddhismus, eher eine atheistische-gläubige-pop-westliche Ausprägung, die in ihrer Form und Ästhetik Strukturen des Buddhismus nachahmt.* Die Fragilität im alten, starren westlichen System wurde erkannt, und somit bewegt sich »das System« auf eine adaptionsfähige Form einer traditionsreichen östlichen Philosophie zu, mit der gestalterische Kriterien und Wohlstandsvorstellungen der ökonomisierten Gegenwart verschmelzen.

Würde Max Weber heute sein Werk *Die protestantische Ethik und der Geist des Kapitalismus*[65] verfassen, so würde er nüchtern erkennen, dass wir es nicht mehr mit einem okzidentalen Kapitalismus, sondern mit einem globalen und von gegenseitigen Abhängigkeiten geprägten Kapitalismus zu tun haben. Webers Definition vom Charakter des unternehmerischen Antriebs und Kapitalbesitzes folgt einer protestantischen Ethik. So waren es die asketischen Protestanten und nicht die prunkliebenden Katholiken, die die Wirtschaftsentwicklung in Deutschland vorantrieben. War für Weber die protestantische Ethik die Grundlage für den Erfolg des industriellen Kapitalismus, so würde er heute eine daoistische Ethik in einer Weltgesellschaft beobachten können – den Spirit einer globalen Ökonomie der Interdependenz.

Siddhartha Gautama wäre sicher nicht glücklich mit der Entwicklung, aber da die Weltgemeinschaft jetzt den Fokus verändert – auch wenn zum Teil sehr oberflächlich –, beginnt eine neue Ära. Eine Ära, in der die Menschheit erkennt, dass harte Arbeit und Wohlstand eine neue Definition brauchen. Internalisierte Zustände müssen in Verbundenheit zur (Außen-)Welt ganzheitlich betrachtet werden. Von der protestantisch asketischen Arbeit Max Webers bis zum intelligenten und von innen her motivierten Arbeiten der ersten Jahrzehnte der Internetära ist es ein Irrtum, die harten und die intelligenten Arbeiten in die Technologie zu verlagern. Ein Irrtum, der für die Menschheit sogar eine existenzielle Bedrohung sein kann. Die ersten Entwicklungen zu Diversity in der Arbeitswelt, die LGBT+-Bewegung, sozialer Fortschritt über »Self-Expression« in voller Blüte: der Mensch – das Individuum – als Mit-Mensch. Wenn wir hier über einen solchen Wandel und eine solche Beobachtung sprechen, ist es wichtig, den folgenden Gedanken zu verstehen: Es handelt sich nicht nur um einen »inhaltlichen« Buddhismus, sondern auch um Aspekte der Energie und des Bewusstseins, die mit der Kategorie »Leere« (空) in der buddhistischen Weltanschauung oder

»Nothingness« (无) im Daoismus zentrale Elemente sind. Wir finden sie in der heutigen »Seinsbetrachtung« wieder in Form der Ergründung der Quantenmechanik bis hin zur Bewusstseinsforschung. In Bezug auf unsere voll ökonomisierte Realität beginnen wir mit einem Verständnis für respektvolle Interdependenz (Abhängigkeit), Genügsamkeit und Kooperation. Sollte es aus heutiger Sicht schwer sein, diesem Gedankengang und diesen Beobachtungen zu folgen, so reicht es für den Anfang, wenn wir uns von dem christlich-westlich geprägten Verständnis von Kapitalismus befreien und eine Weltverständlichkeit anstreben beziehungsweise offen sind für eine neue Sichtweise. Wollen wir damit zunächst schon einmal – ohne uns sofort in eine neue spirituelle Dimension zu katapultieren – in Dialog treten und an einem Upgrade des Kapitalismus arbeiten, bevor wir und der Kapitalismus kapitulieren müssen?

KAPITEL 4

Polemische Politik: Die Trump-Karte

Es ist der 9. November 1989, kurz nach 21 Uhr abends: Völlig unvermittelt erheben sich parteiübergreifend die Abgeordneten des deutschen Bundestags von ihren Sitzen, während die dritte Strophe des Deutschlandlieds erklingt. Nach diesem geschichtsträchtigen Moment der Einigkeit ergreift Bundestagsvizepräsidentin Annemarie Renger das Wort: »Meine Damen und Herren, es fällt schwer, in die Tagesordnung jetzt wieder einzutreten.« Dann beendet sie die Sitzung mit dem Ergebnis, dass eine Rückkehr zur Beratung nicht möglich ist. Die Sitzung endet um 21.10 Uhr: »Mit diesem großen Ereignis ist die Sitzung heute beendet.

Tage zuvor hatte Hans-Dietrich Genscher, der Übervater der deutschen Liberalen, vom Balkon der bundesdeutschen Botschaft in Prag einen ersten Sieg der Freiheit verkündet: »Wir sind heute zu Ihnen gekommen, um Ihnen mitzuteilen, dass heute Ihre Ausreise ...« Die letzten drei Worte »... möglich geworden ist« gingen unter im unbeschreiblichen Jubel von fünftausend DDR-Flüchtlingen, die seit Tagen, Wochen, einige sogar seit Monaten auf einen solchen Satz gewartet hatten.

Der Anfang vom Ende, das schließlich mit der verstolperten Verkündung eines »DDR-Reisegesetzes« und einer unbedingten Reisefreiheit durch den SED-Funktionär Günter

Schabowski unumkehrbar wurde: »Nach meiner Kenntnis gilt das ab sofort, unverzüglich.« Der Fall der Mauer.

Politik (...) ist etwas, was für menschliches Leben eine unabweisbare Notwendigkeit ist, und zwar sowohl für das Leben des Einzelnen wie das der Gesellschaft.[66]

Das Folgejahr 1990 – das Jahr der großen Freiheit und Einheit. Es war mehr als die Vereinigung von Ost und West und dem Ende der Sozialistischen Einheitspartei Deutschlands (SED) – die Demokratisierung der DDR –, es war ein Symbol für das Ende der kommunistischen Ideologie. Das erhoffte Ende vom Kampf für eine liberale Welt. Der 3. Oktober 1990 repräsentiert mehr als einen *Tag der (Deutschen) Einheit*, es ist das Versprechen auf Demokratisierung, ein Siegeszug eines stabilen Systems. Freiheit und Mitspracherecht für alle. Dreißig Jahre später erkennen wir die Konturen einer neuen Freiheit. Einer Freiheit, die nun selbst von einer Dysbalance gekennzeichnet ist.

HOCH SOLL SIE LEBEN – DIE PIPPI-LANGSTRUMPF-DEMOKRATISIERUNG

Die Demokratie steht auf dem Prüfstand. Meine Heimat Norwegen gilt als »Full Democracy« und führt die Liste des Demokratisierungsindex an. Auf der Liste der Top Zehn finden wir die benachbarten nordischen Länder. Der Demokratisierungs-Index könnte uns zu der einfachen Erkenntnis bringen: Wohlstand = Freiheit. Wohlstand = »perfekte« Demokratie. Für Norwegen sei aber dann die Frage erlaubt, was kam zuerst: das Öl oder die »Full Democracy«?

Der Vorreiter in Innovation, Export und Gestaltung ist

heute ein anderer. Der Siegeszug des Einparteienkonstrukts in China setzt sich fort. Kontrollierter Kapitalismus? In einem kommunistischen Regime? Das sollte doch nicht möglich sein. War das nicht genau jenes Oxymoron, gegen das sich der Westen dauerhaft durchsetzen wollte/sollte? Wohlstand und Innovation, so das Credo, sind nur in den freien Demokratien möglich. So steht die Europäische Union/Europa und die westliche Leitidee vor einem ganz neuen Härtetest: Was ist dir deine Freiheit wert, wenn auf Wohlstand womöglich verzichtet werden muss? The New Kid on the Block macht es vor. Management in der Technologie – auch wenn es Überwachung sein muss –, Hauptsache, das Streben nach Wohlstand wird vorangetrieben.

Der westliche Exportschlager – die vermeintlich universalpolitische Antwort auf alle Probleme – bekämpfte Kommunismus-Klone und totalitäre Ansätze wie Stalinismus und Maoismus. Das Ergebnis war ein in zwei Teilen gespaltenes »pseudodemokratisches« Parteiensystem im Westen, repräsentiert durch die USA, und ein Einparteienstaat im Osten in Gestalt der Sowjetunion. Der Fall des Eisernen Vorhangs hat an dieser globalen Machtgestaltung nichts ändern können. Statt der Sowjetunion ist der Gegenpol des liberalen Westens nun das chinesische Modell mit dem Monopol der kommunistischen Partei. Diese ermöglichte mit marktwirtschaftlichen Öffnungen den heutigen Systemdualismus zwischen dem liberalen Kapitalismus und dem Staatskapitalismus östlicher Prägung.

Die mit der Präsidentschaft Joe Bidens verbundene vorläufige Rückkehr der (zumindest dem Namen nach) Vereinigten Staaten von Amerika auf die Weltbühne wurde gekrönt mit der Repräsentation des politischen Weltgeistes in Form von Strickhandschuhen und einem Klappstuhl: Bernie Sanders, der mit seinen Forderungen nach gesundheitlicher Grundversorgung im »Land der Freiheitsgöttin« als Linksradikaler beschimpft wird, während er in Europa – Deutschland oder Skandinavien – eher als Sozialdemokrat eingeordnet werden würde. Er gilt in den USA als Counterpart zur Macht und in Europa als Establishment – eine ambivalente Stimmung zwischen Revolution und Status quo. Die Fragilität »im System« wurde offengelegt. Wir leben in einer Welt voller Gleichzeitigkeiten und Widersprüche, die nicht erkannt und mit einer anästhesistischen Besänftigung durch Fehldiagnosen behandelt werden. Wir stehen vor einem Clusterfuck, einem Riesendurcheinander, einem gordischen Knoten. Die politische globale Stimmungslage lässt sich am besten in einer Problembeschreibung zusammenfassen, in der Verhaltensmuster, vertraute Denkmuster und Vernunftmuster versagen.

Wir leben in einer Krise, heißt es. Wir hören das täglich, dabei ist es unklar, welche Art von Krise wir erleben und vor allem, was genau das Problem ist. Wir lesen über die Ungleichgewichte des Finanzsystems und die Bankenkrise 2007/08, schauen auf 2019 zurück und fragen uns, ob die zwölf Jahre Prosperität nach der »Krise« wirklich der zerstörerische Moment war. Die *Neue Zürcher Zeitung* berichtet über das »Erfolgs-Paradox« des US-amerikanischen Wirtschaftswissenschaftlers Barry Eichengreen. Sein Vergleich der Finanz- und Wirtschaftskrise mit der Weltwirtschaftskrise 1929 hat sich nicht bestätigt, da, anders als befürchtet, die Systeme einer solchen Krise widerstanden haben.

Aber wie sieht es heute aus? Stehen wir vor einer ewigen Blüte oder eher vor einem ähnlichen Kollaps wie in den Dreißigerjahren des vergangenen Jahrhunderts mit damit verbundener Depression und Krise? Dass eine große Korrektur der perversen Entkopplung von Finanzwirtschaft und Realwirtschaft – der Börsenwahn – erfolgt, ist wahrscheinlich. Der Transit zu einem digitalen (krypto/blockchain-basierten) Finanzsystem wird nicht spurlos vorbeigehen. Wir tanzen heute, wie wir es schon 1999 taten. Wir stehen vor einem mindestens genauso großen Paradigmenwechsel wie zu Zeiten der Dot-Com-Blase. Ökonomische Veränderungen treiben die Politik. Es kommt die Krise, es folgt die politische Reaktion. Es sind fundamentale Veränderungen im Gange, die das organisierte menschliche Leben auf unserem Planeten beeinflussen werden. Steht uns der Sozialismus oder antidemokratische und rechtsradikale Bewegungen mit nationalistischer Flagge im Stil des italienischen Faschismus von Mussolini bevor? Immer wieder verfallen wir bei der Diagnose in bewährte Denk- und Verhaltensmuster. Heute leben wir in einer völlig anderen Welt. In einer Welt, in der unsere Denk- und Verhaltensmuster auf eine Krise nicht mehr hinreichend und folglich keine Option mehr sein könnten. Es muss vorher gestaltet werden. Die Politik muss von Bewahren und Verwalten zu *proaktivem Gestalten* kommen. Im Beschluss zum Klimaschutzgesetz vom 24. März 2021 hat das Bundesverfassungsgericht die Politik zum Handeln aufgefordert, auf Kosten von Abwehrrechten die Anspruchsrechte künftiger Generationen zu stärken:

1. Der Schutz des Lebens und der körperlichen Unversehrtheit nach Art. 2 Abs. 2 Satz 1 GG schließt den Schutz vor Beeinträchtigungen grundrechtlicher Schutzgüter durch Umweltbelastungen ein, gleich von wem und durch welche Umstände sie drohen. Die aus Art. 2 Abs. 2 Satz 1 GG folgende Schutzpflicht des Staates umfasst auch die Verpflichtung, Leben und Gesundheit vor den Gefahren des Klimawandels zu schützen. Sie kann eine objektivrechtliche Schutzverpflichtung auch in Bezug auf künftige Generationen begründen.

2. Art. 20a GG verpflichtet den Staat zum Klimaschutz. Dies zielt auch auf die Herstellung von Klimaneutralität. (...)

e) Art. 20a GG ist eine justiziable Rechtsnorm, die den politischen Prozess zugunsten ökologischer Belange auch mit Blick auf die künftigen Generationen binden soll.[67]

2016 erlebten wir die Krönung der politischen Verwirrung in der demokratisierten Welt, als mit dem Aufstieg neuer populistischer Bewegungen die Emotionalisierung eine neue Blüte erlebte. Die Fünf-Sterne-Bewegung in Italien mit ihrem Wahlversprechen »reddito di cittadinanza«, dem bedingungslosen Grundeinkommen, oder der Kampf für Gesundheit und Bildung bei Recht und Gerechtigkeit in Polen, waren historisch gesehen eher das Therapeutikum gegen populistische Leitideen. Es ist eine andere Dynamik, die die politische Meinungsbildung prägt. Auch wenn durchaus fortschrittliche Ziele auf der Liste stehen, so prägen sie nicht die gesamte Agenda; es geht vielmehr um die Entfesselung der Negativität. Eine Welt, in der gegen etwas zu sein das neue Normal ist. Die Negation wird mit Titel und Macht belohnt, und die Ausrufung von Krisen gehört zur neuen Normalität. Wir erleben heute nicht nur eine politische Verwirrung, sondern vielmehr eine zunehmende Spaltung – auch oder vor allem in vermeintlichen stabilen Demokratien. So stehen wir aus westlicher Sicht vor der permanenten Bedrohung des Aufstiegs von »Demokratien« (in moderner oder alter Tracht je nach Betrachtung) wie Polen und Ungarn innerhalb der EU. Ihre politischen Agenden stellen einen Angriff auf und nicht eine Lösung für die Menschen dar. Der BREXIT in Großbritannien bis hin zum Aufstieg autoritärer Staatsoberhäupter und narzisstischer Medienmogule mit ihrer Vorstellung einer »kontrollierten Demokratie« prägen das öffentliche Bild. Donald

Trump war auf dem Weg, eine Richtung einzuschlagen, die Justiz auf Parteilinie zu bringen, was politischen Akteuren wie Jarosław Kaczyński in Polen bereits zum Teil geglückt ist. Wir leben in einer Zeit von Verfassungskrisen. Orbán in Ungarn, Marine Le Pen in Frankreich, und die selbst ernannte Alternative für Deutschland (AfD) sorgen für Verwirrung.

»Die AfD arbeitet an der Zerstörung der Demokratie«,[68] so lautete der Tenor der Schlagzeilen, als die Partei ihre bisherigen Höchstwerte Ende des letzten Jahrzehnts erreicht hatte Die AfD ist aber ein Missverständnis und eine zerstörerische Reaktion auf das politische System, dem eine tief sitzende Ironie innewohnt. »Wir haben keine Staatskrise«, sagte Wolfgang Schäuble im *Handelsblatt*, »sondern eine Krise der Volksparteien.«[69] Ich teile viele seiner Gedanken, es handelt sich jedoch um eine Krise des parteipolitischen Systems auf Ebene der Nationalstaaten. Während wöchentlich neue Kapitel in dem großen Buch »Sagen der Selbstzerstörung der Volksparteien« geschrieben werden, lautet die Antwort der Experten, wenn es um Neuausrichtung und Positionierung geht: »Politik ist etwas für Profis.« Die Profis werden es aber nicht richten. Wir brauchen jetzt professionelle Amateure. Die Alternative für Deutschland könnte sich in diesem Sinne begreifen, sind deren Akteure erklärtermaßen doch politische Amateure. Aber sind sie professionell?

Es ist egal, welches Parteiprogramm man in den Blick nimmt. Alle verdeutlichen das Problem. Alle sind nicht stringent und auch nicht strukturiert, decken aber jegliche Punkte ab, mit denen man Emotionen triggern kann. Wäre »sommerliche Wespenplage im Erdbeermüsli« dabei gewesen, wäre sogar ich vielleicht hellhörig geworden. Der Erfolg Trumps zeichnete sich durch ein einfaches Prinzip aus: Die anderen sind schuld. Klingt verlockend, ist aber weder klar noch wahr, noch bietet es eine Alternative. »Hol dir dein Land zurück«, aber was heißt hier »dein Land« und was bedeutet »zurück«? Viele Fragen, wenige Antworten liefern Trumps Befürworter und mögliche »Alternativen«. Gemeinsamer Nenner ist: Über Ökologie wird nicht gerne geredet, und wenn es um Technologie geht – na ja, dann wird es interessant. Ein Besuch auf den Webseiten der Alternative für Deutschland hat für vollständige Verwirrung gesorgt. Mit einem großen Button und Banner eines Zahlungsanbieters aus dem Silicon Valley folgt die Weiterleitung auf US-amerikanische Seiten zur Aufnahme und Speicherung von Daten. Es ist schwer nachzuvollziehen, wohin die Daten wirklich wandern, aber zumindest werden Gebühren fällig, und diese wandern aus Deutschland hinaus. Spenden – verständlich, aber ein Teil des Geldes in andere Länder zu verlagern, muss das wirklich sein? Dies wäre eine naheliegende Fragestellung, wenn es um »Deutschland first« geht. Dass die Söhne von Trump mit Steuergeldern durch die Welt jetten, ist wie ein Kindergeburtstag im Vergleich zu dem, wenn die Deutschland-(first)-Alternative »ihr Land« zurückholen will. Die Prägung der Negativität, die vermeintlichen Lösungsansätze, die in sich widersprüchlich sind, lassen die »Wünsch-dir-was-Demokratie« hochleben. Nach dem Vorbild von Pippi Langstrumpf machen sich die Protagonisten »ihre Welt, widde widde wie sie mir gefällt«.

Wir wollen aber fair bleiben. Auch die Volksparteien nehmen Spenden auf ihren Webseiten an. Eine Unterscheidung sei dennoch gestattet: Statt auf Silicon-Valley-Unicorns zu setzen, bieten die Christlichen Demokraten eine Lösung von Spendino an. Klingt vielleicht exotisch, ist aber ein Berliner Start-up. Tech aus Deutschland, so was soll es auch geben. Ist also die CDU die Alternative für Deutschland? Vernunft, Verstand, Miteinander: Das ist die echte Alternative für Deutschland. In Europa dürfen wir nicht dem Trump'schen Wahn folgen, denn dann droht vermutlich die endgültige Auflösung der europäischen Leitidee.

Würde sich ein SWEXIT anbahnen, würde die EU einen weiteren signifikanten strukturellen Schaden nehmen. Des Weiteren würde es eine mögliche neue (wirtschaftliche) Koalitionsbildung von EU-Staaten wie Dänemark, Finnland zusammen mit Großbritannien und Norwegen nach sich ziehen. Nehmen wir Island und Irland dazu, wäre das eine starke Nord-Gesellschaft von relativ stabilen demokratischen Ländern. Ein Wohlstandsparadies für multilateralen Austausch und Handelsgemeinschaften. Demgegenüber steht die Neugeburt von »kontrollierten Demokratien« in Ungarn, Polen oder der Türkei. In Österreich strebt die Freiheitliche Partei Österreichs (FPÖ) nach Ibiza-Partys ein Comeback an, bei der AfD sucht man nach einer charismatischen Führungsperson, um populistische und dogmatische Weltanschauungen voranzutreiben, und Marine Le Pens Rassemblement National nutzt die fragile politische Lage in Frankreich aus. Das Versprechen von 1989 war unter anderem die ökonomische Freiheit und Unabhängigkeit. Fragil ist, wer keinen Wohlstand bieten kann. Paradoxerweise ist der Wohlstand an die globale Verbundenheit und Befreiung von Nationalstaaten gebunden, und dennoch stehen Nationalismus und Protektionismus auf der Agenda. Die Europäische Idee hat zwar eine gewisse Stabilität erreicht, ist aber äußerst fragil. Wenn das Wohlstandskonstrukt Brüche erleidet, muss es kommuniziert werden, dabei scheitert das Grundfundament der Europäischen Union bereits an einer gemeinsamen (Amts-)Sprache. Krisenresistent sieht anders aus.

Der demokratische und kollektive Liberalismus steckt in der Krise wegen des individuellen Liberalismus. Es muss einen Liberalismus geben, der die Schwächeren nicht allein lässt. Die Chance populistischer Bewegungen liegt darin, die Schwächeren zu mobilisieren. Wir brauchen eine echte Opposition, die die arbeitende Klasse ernst nimmt. Die Paradoxie ist, die Volksparteien erkennen die Dysbalance seit dem Fall der Mauer und dem Ende der kommunistischen Leitidee, es fehlt ihnen aber an Ansätzen. Warum können die Zentrumspolitiker beziehungsweise die Volksparteien dem Volk die Welt nicht erklären? Europa stehen radikale Jahre bevor. Das Nichtvorhandensein einer gemeinsamen Sprache, die fehlende (ökonomische) Ausgewogenheit der beteiligten Nationen und der Mangel an einer bindenden (positiven) Leitidee zeigen, dass wir uns an einem zentralen Punkt in der Geschichte befinden.

Warum es nicht zur Revolution kommt

»Die Geschichte wiederholt sich nicht, aber sie reimt sich«. Ein Satz, der symbolisch für das Nickerchen der vergangenen fünfzig Jahre steht, denn es gibt hierfür keine verbindliche Quelle. Das sagt viel aus über eine Welt voller Selbstverständlichkeiten. Was dieses Mark Twain zugeschriebene Zitat so bedeutsam macht, ist die hohe Relevanz, die es bei verschiedenen Ereignissen, wie zum Beispiel bei der Wirtschaftskrise 2008, erhalten hat. Es wurde daran erinnert, dass die Weltwirtschaftskrise von 1929 zum Aufstieg Hitlers um 1933 geführt habe. Wir müssen aus der Geschichte lernen. Nicht weil sie sich genauso wiederholen wird, sondern weil ähnliche Wirkkräfte zu anderen Konsequenzen und Reaktionen führen können. Die Geschichte wiederholt sich nicht, aber sie reimt sich.

Ist es also wieder so weit, dass wir eine Dysbalance eines

defekten Systems erleben? Oder befinden wir uns mitten in einer »nachholenden Revolution«,[70] wie Jürgen Habermas sie bezeichnete, also auf dem Weg zur Balance? Oder ist die von Habermas beschriebene Revolution gar eine der Dysbalance? Überall auf der Welt zersplittert der liberale Status quo unter dem Druck des Populismus. Aber wieso? Womöglich ist es so, dass ein Donald Trump seine Aussagen und Thesen selbst glaubt. Dass es eben mehr als Macht und Narzissmus ist, mehr als ein Appell an Emotionalität und Polarisierung – eben eine manifestierte Weltanschauung, die einen Absolutheitsanspruch erhebt. Wenn dem so ist, erleben wir nicht die Nachwehen von 1989 und des Endes vom Kampf gegen die Dysbalance, sondern wir stehen wieder vor einer viel tiefgreifenderen Dysbalance, die Ähnlichkeiten hat mit den Jahren vor 1933. Die Krönung der bisherigen Dysbalance war 2016. Neil Postman hatte recht. Er sagte Trumpolitiko voraus:

> We were keeping our eye on 1984. When the year came and the prophecy didn't, thoughtful Americans sang softly in praise of themselves. The roots of liberal democracy had held. Wherever else the terror had happened, we, at least, had not been visited by Orwellian nightmares.[71]

Diese politische Entwicklung trifft aber auf eine zunehmende Säkularisierung, ein Wachstum an Bildungsangeboten, einen rasanten Anstieg an globalen Unterhaltungsangeboten, Massenveranstaltungen (virtuell oder physisch, mit oder ohne Maske), Sportereignissen im Minutentakt. Eine gefühlte Stabilität zeigt sich in der Verkörperung des liberalen Weltgeistes bei gleichzeitiger erlebter Spaltung und Spannung. Dennoch, die Marschroute bleibt stabil. Sie hat in ihrer Ausprägung durch die rasante Entwicklung der Technologie an Kraft und Dynamik gewonnen. Es wäre also daraus zu schließen, dass eine durch Technologie ermöglichte und bisher nie da gewesene gesellschaftsübergreifende Verbundenheit und Stabilität das Ergebnis sein wird. Wir haben historisch betrachtet eine stabile Welt, in der zugleich eine kindisch-erwachsene Gesellschaft von Machthabern mit ihrem Egozentrismus und ihrer Halbbildung die Stabilitätszerstörer sind. Die gefühlte Krise ist jedoch keine echte und erlebte, wenn wir in der kurzfristigen Sichtweise die langfristige Perspektive oder in unserer Kurzsichtigkeit nicht die Weitsichtigkeit aus den Augen verlieren. Wenn der Abstand zwischen »Habenichtsen« und »Habewas« weiter zunimmt, wenn jene, die auf der Wohlstandsleiter runterfallen und nicht durch soziale Netze, Familie und intellektuellen Tiefgang aufgefangen werden, da unser Halt im Leben auf Konsumismus und Materialismus aufgebaut ist, was passiert dann? Folgt dann die Reaktion? Die Revolution? Mangels einer neuen Erzählung – einer neuen Leitidee – ist es nicht klar, wohin eine Revolution führen soll, es fehlt das »Andere«.

> Die Tatsache, dass das Wort »Revolution« ursprünglich Restauration bedeutete, ist mehr als nur eine semantische Kuriosität. Selbst die Revolutionen des 18. Jahrhunderts lassen sich nicht begreifen ohne die Erkenntnis, dass Revolutionen erstmals ausbrachen, als Restauration ihr Ziel war, und dass der Inhalt dieser Restauration die Freiheit war.[72]

In der Stabilität des liberalen Weltgeistes erkennen wir die eigentliche Krise des Liberalismus. Sein freiheitlicher Siegeszug hat zu weniger Freiheit geführt beziehungsweise dazu führen müssen. Eine Gesellschaft der »Untätigkeit« und »Untoten« hat sich etabliert. Wir leben in den westlichen Wohlstandsregionen nicht in der Aktivierung und Gestaltung, sondern sind ermüdet – und dennoch tätig, so ist sie unvernünftig und ermüdend. Dies führt zu einer Gefangenschaft in der eigenen Freiheit. Mehr Freiheit führt also womöglich zu weniger Freiheit.

Warum? Entgegen der rasanten technologischen Entwicklung gab es für die liberalen Demokratien kein 21. Jahrhundert-»Update«. Eine Art Zeitlosigkeit und Zukunftslosigkeit bedrückt das permanente Krisenkind. Es fehlt etwas Bejahendes, eine Perspektive, eine Zukunft. Das kennzeichnet den Tenor der Politik. Unser Freiheitstraum aber – wie die Musikgruppe De Randfichten es singen würde – lebt noch. Im Kampf zwischen den Sozialdemokraten und den Konservativen erleben wir eine suggerierte Agenda des Handelns und Anpackens. Dabei liegt ihre scheinbare Stärke in der Negation der anderen und im Angreifen der Opposition. Zurückzuführen ist die Krise des Liberalismus auf eine kognitive Disharmonie. Wenn die Kämpfe gegen Unfreiheit schwinden, verschwindet die Klarheit, für was und wen man handelt.

Nun sind sicher beide Sätze wahr: Der Mensch ist ein Gott für den Menschen, und: Der Mensch ist ein Wolf für den Menschen; jener, wenn man die Bürger untereinander, dieser, wenn man die Staaten untereinander vergleicht. Dort nähert man sich durch Gerechtigkeit, Liebe und alle Tugenden des Friedens der Ähnlichkeit mit Gott; hier müssen selbst die Guten bei der Verdorbenheit der Schlechten ihres Schutzes wegen die kriegerischen Tugenden, die Gewalt und die List, d. h. die Raubsucht der wilden Tiere, zu Hilfe nehmen.[73]

Der Liberalismus war von Beginn seiner Entstehung im Rahmen der Aufklärung und der englischen Revolutionen im 17. Jahrhundert mit der Antithese der totalitären Regime konfrontiert. Er war geprägt vom Kampf gegen die Unfreiheit. Zwar wurde der Begriff Liberalismus nach dem aktuellen

Wissensstand erstmalig 1812 in Spanien verwendet, er geht allerdings auf den Freiheitsanspruch und die Vision und die Arbeiten der britischen Philosophen John Locke und Thomas Hobbes zurück. Es war aber die industrielle Revolution ab Ende des 18. Jahrhunderts und die Globalisierung im 20. Jahrhundert, die die Grundlage für den späteren Erfolg und das Durchsetzungsvermögen der Traumkombination aus Kapitalismus und Liberalismus hervorbrachten. Die Globalisierung – Waren und Ideen in der Welt verbreiten – und das Streben nach Freiheit bilden eine Vision, eine für etwas stehende Erzählung. Eine Aktivierung und Gestaltung.

Wir sind heute an einen ähnlichen Punkt der Dysbalance gelangt wie 1990 die früheren Ostblockstaaten. Fragilität und Dysbalance treffen heute jedoch die hochgelobte liberale Demokratie. Die Resilienz dieses gewählten Systems wird in den »neuen zwanziger Jahren« unseres Jahrtausends auf den Prüfstand gestellt. Unsere eurozentrischen »Selbstverständlichkeiten« (westlichen Werte und Institutionen) wie ein funktionierender Rechtsstaat, Individualität, Toleranz und Marktwirtschaft sind eben keine Absolutheiten und damit keine Zukunftsgarantie. Schwören wir auf einen solchen Weg, muss er immer wieder neu verteidigt und begründet werden. Anders als 1989 gibt es jedoch heute keine Alternative. Rolle rückwärts oder Rolle vorwärts, oder geht es heute um das Ausrollen einer neuen Sichtweise? Was wäre rückwärts, und was wäre vorwärts?

Die liberalen Ideen, von denen wir reden, sind ja seit der industriellen Revolution die gleichen geblieben, bis auf die Stadienerlebnisse und die Verbundenheit durch die Technologie. Wir sprechen zwar inflationär von Paradigmenwechsel und Revolutionen, wenn wir uns aber genauer die einzelnen Epochen und Beschreibungen anschauen, sind sie Teil ein und derselben Geschichte. Was wir suchen, ist dynamische Balance. Damit gemeint ist keine simplifizierte hegelsche dialektische Entwicklung zur neuen Synthese, wie oft propagiert, sondern ein Grundverständnis für das *Denken an sich*, dass es keine vereinfachte Erkenntnis geben kann. Denn der Prozess, der zur Erkenntnis führen soll, ist unmittelbar mit der Erkenntnis selbst verbunden. Das entspricht dem prozesshaften Weiterdenken im hegelschen Sinne, das sich gegen die Absolutheit-Fetischisierung in Politik-Talkshows und Rückwärtsromantik stellt. Es gibt weder *den* Sozialismus noch *die* Demokratie. Der marxistische Traum vom »Weitergedachten« aus der historischen Beschreibung des »Nichtvorhandenen« könnte wahr werden. Oder eben das dynamische Äquilibrium.

Wir dürfen das Misstrauen in die liberale Demokratie nicht unterschätzen. Mit Stabilität und einer stabilen Ökonomie lassen sich von populistischen und emotionalen Reaktionen getriebene Gegenkräfte der liberalen Demokratie beruhigen oder eingrenzen. Aber wie sieht es aus, wenn der Wind sich dreht und die Wirtschaft nicht mehr floriert? Zudem ist es so, dass die zu beobachtenden Veränderungen nicht nur auf die Ökonomie zu reduzieren sind: Ihnen liegen auch andere fundamentale Wirkkräfte zugrunde, die wir selbst geschaffen haben. Es geht unter anderem um Würde. Die Menschen fühlen sich nicht genug gehört, nicht wertgeschätzt. Aus dieser Missachtung der Menschen entsteht eine Dysbalance. Wo unterscheiden wir zwischen denen, die gehört werden müssen, und denen, die etwas zu sagen haben?

Die »Macht« und Kraft der Technologie, so könnte man meinen, würde einen revolutionären Widerstand vereinfachen. 2021 – jeder junge Mensch hat mehr Macht in der Hosentasche (wir sprechen hier vom Smartphone) als viele Präsidenten, um eine Bewegung zu initiieren. Zum Revolutionieren ist jedoch keiner imstande, lautet die traurige Erkenntnis. Als vor zehn Jahren der ägyptische Internetaktivist Wael Ghonim im Magazin *Time* zu den hundert einflussreichsten Persönlichkeiten der Welt gezählt wurde, erkannten wir die Problematik. Die Revolution, als »Arabischer Frühling« bezeichnet, leitete er ein und trug maßgeblich zum Sturz des neuzeitlichen Pharaos Husni Mubarak bei. Zehn Jahre nach der Mobilisierung der Massen und dem Zelebrieren von Facebook als Demokratisierungsplattform ist die Hoffnung auf Demokratie und Meinungsfreiheit in Ägypten begraben. Ghonim lebt im politischen Exil in den USA, und Facebook steht vor dem Kollaps. Als Ghonim die Regierung mit seiner Facebook-Bewegung in Ägypten stürzte, war das eine Sensibilisierung, aber keine Revolutionierung. In einer suggerierten freien Demokratie war es eher ein Zustand der Anarchie, der zurückblieb. Bald darauf erwiesen sich Militärs und totalitäre Strukturen als mächtiger. Bis auf wenige Ausnahmen wie Nordkorea im Osten und die sich wandelnde Karibikinsel Kuba im Westen, wo »revolutionierende Bürger« statt Waffen und Visionen Musik und Rum erhalten, befindet sich die Menschheit nicht in einem revolutionären Kampf. Trotz zunehmender Kluft und Spaltung folgt also in einem globalen Weltdorf kein organisierter Widerstand. Sogar die liberalen Kräfte, die Trump und Johnson attackieren, sind selbst nicht stark genug, um eine populistische Bewegung dauerhaft zu mobilisieren und aufrechtzuerhalten. Es geht in Zukunft nicht um liberale Demokratien versus autoritären Populismus. Populismus verhindert keine Veränderung. Er schiebt sie höchstens zeitlich auf durch eine Verlangsamung. Verschwörungsmythen verpuffen in einer technologisierten Gesellschaft, da sie auf Dauer keinen Halt bieten. Es ist Dogmatismus, der Veränderung verhindert.

Anders als in den Neunzigerjahren gibt es heute kein »Gesellschaftsmodell«, das alle übernehmen und implementieren wollen. Man könnte meinen, dass eine Spannung wie heute zwangsläufig – spätestens bei Überspannung und ausbleibender Korrektur der Ökonomisierung – zu einem möglichen Kollaps des Finanzsystems führen würde, was eine Revolution auslösen könnte. Am Ende erhielte man die mögliche Entspannung. Aber auch wenn der Stabilisator – die Ökonomie – fehlt, eine Revolution wird es nicht geben.

Freiheit, Gleichheit, Brüderlichkeit. Ein Bürgerkrieg in den USA? Fehlanzeige. In einem System, das die arbeitende Klasse – das Dienstleistungsproletariat – ausbeutet, gibt es eine klare Struktur. Doch diese Struktur ist nicht mehr vorhanden. Die heutigen Gewerkschaften dienen als ein altes Überbleibsel der industriellen Revolution. Heute gibt es keine konkreten Gegner und Feinde, die einen unterdrücken, denn die Unterdrückung findet in der Selbstausbeutung statt. Dabei sind wir uns der eigenen Selbstausbeutung und Gefangenschaft nicht bewusst. Einerseits treibt uns eine gefühlte Freiheit, die uns mit der Muttermilch mitgegeben wurde – du kannst alles werden (nur weil du es kannst) –, andererseits erleben wir eine Unterworfenheit, die sich in ihrer ausbleibenden subjektiven Wahrnehmung auszeichnet. Wir erfahren zumindest in westlichen Wohlstandregionen die Entkopplung von Herrn und Knecht bei einer technokratischen Elite, die sich selbst ebenso ausbeutet wie die noch zu definierende arbeitende Klasse. Die »Technologietreibenden« sind als Ausbeuter sowie als Ausgebeutete technologisch getrieben. Es ist ein permanenter Kampf gegen einen einzelnen Gegner, nämlich sich selbst. Somit steht die Frage im Raum: Gegen was soll ein Aufstand gemacht werden, wenn die Aufhebung und Negation nur im Aufstand gegen sich selbst erfolgen kann?

Die Macht der Macht

Worum geht es bei Politik überhaupt heute? Macht? Führung? Bewahren und Verwalten? (Versuchtes) Gestalten? Macht ist (sehr) präsent. Dient sie aber der Gestaltung für die Menschen, oder ist sie Selbstzweck? Wir sehnen uns nach einer neuen Kraft. Einer gestalterischen Kraft. Einer Kraft der Umsetzung. Die Stabilisierung (das Management) werden wir am Ende gerne der Technologie überlassen, wenn die Gestaltung, die Visionierung, das Leadership an jemanden abgegeben wird, der uns *für* und *mit* etwas überzeugen kann.

Es darf heute nicht mehr ausschließlich um Macht um der Macht willen gehen, ein Weg der Gestaltung muss gefunden werden. Früher bedeutete Macht, Zugang zu Information/Daten zu haben, ein Wissensvorsprung. Heute bedeutet Macht, zu wissen, was man ignorieren kann. *Die Politik muss zukünften.* Da die Politik aber diese Rolle nicht wahrnimmt, wird diese ausschließlich von einem anderen System ausgeübt: der Wirtschaft. Aus systemtheoretischer Sicht kann ein System dem anderen System nicht helfen. Die Politik öffnet gegenwärtig also nur die Geldhähne und kann hoffen, dass ihr Plan funktioniert. So ist die gefühlte Stabilität der westlichen Wohlstandsregionen eine ökonomische und keine politisch aktiv gestaltete. Dies legt eine Fragilität offen, eine Angriffsfläche und eine mögliche selbstzerstörerische Entwicklung, wenn die Ökonomie die einzige Grundlage für Stabilität ist. Charles W. Calomiris und Stephen H. Haber analysieren in ihrem Buch *Fragile by Design: The political origins of banking crises and scarce credit* die internationale Makroökonomie und die Geschichte des Finanzsystems. Calomiris und Haber richten den Fokus auf die Politik. Beide sehen das Problem in der Verflechtung von Politik und Wirtschaft, die letzten Endes dazu führt, dass auch die Wirtschaft in ihrer Gestaltung gelähmt wird.

Institutionen, die an ihren altbewährten Glaubenssätzen und Strukturen sowie an ihren Rollen, Titeln und Hierarchien festhalten, kommen derzeit immer mehr in Bedrängnis. Sie finden keine Antworten mehr auf die gesellschaftliche, politische und wirtschaftliche Lage der 2020er-Jahre. Sie stellen noch nicht einmal die richtigen Fragen. Traditionelle Medien, Bildungseinrichtungen und vor allem der Politikbetrieb stehen vor einer unerlässlichen Umstellung. Das erfordert Intelligenz, Glaubwürdigkeit und die Fähigkeit, den Menschen eine Vision zu vermitteln.

In einer Welt der nicht mehr zeitgemäßen und folglich widersprüchlichen Institutionen gerät die Politik in eine Rolle des Bewahrens und Verwaltens und nicht in die des Gestaltens. Also geht es doch ausschließlich um Macht?

Lass andere für dich arbeiten, doch streiche immer die Anerkennung dafür ein ... Bedienen Sie sich der Intelligenz, des Know-hows und der Beinarbeit anderer, um Ihre eigene Sache voranzubringen. Solch ein Beistand spart nicht nur Zeit und Energie, er gibt Ihnen auch eine gottgleiche Aura der Effizienz und des Tempos. Ihre Helfer wird man irgendwann vergessen, an Sie aber wird man sich erinnern. Nehmen Sie nie selbst in die Hand, was andere für Sie erledigen können.[74]

Besser kann man kaum den Unterschied zwischen Management und Macht sowie Leadership und Stärke beschreiben. Das Buch *Power: Die 48 Gesetze der Macht* von Robert Green ist rasch zum internationalen Bestseller geworden und dient als Nachschlagewerk für den schnellen Weg nach oben in der Politik, der Wirtschaft und der Gesellschaft. Auch wenn das Buch das Ziel verfolgt, »das Spiel mit der Macht« als »Naturgesetz« unter Menschen zu durchschauen, stellen wir uns heute die Frage: Ist »Macht« tatsächlich ein Naturtrieb des Homo sapiens, und wenn ja, muss es so bleiben? Das Management? Ego und Kontrolle? Was wollen wir als Bürger denn eigentlich haben? »Vernichte deine Feinde vollständig«, lautet das 15. Gesetz oder etwa »Mache um jeden Preis auf dich aufmerksam« (Gesetz 6) oder »Versetze andere in ständige Angst: kultiviere die Aura der Unberechenbarkeit« (Gesetz 17). 25 Jahre später erfüllen die Gesetze immer noch ihren Zweck für kurzfristigen Aufstieg, endliche Siege und Spaltung.

Es kann weder um Parteien noch um Macht oder Politik gehen, es muss um Menschen gehen. Nicht »The business of business is business«, wie der Wirtschaftsnobelpreisträger Milton Friedman sagte, sollte der Leitspruch sein, sondern es muss heute mehr als je zuvor, wie die Managementlegende Herb Kelleher sagt, heißen: »The business of business is people-yesterday, today and forever.« Der große Lackmustest ist es also nicht, die Resilienz der Demokratie in Zeiten der Sicherheit und Stabilität zu prüfen. Die Resilienz der Demokratie wird dann geprüft, wenn die Hoffnungslosigkeit kommt, die Müdigkeit und sogar der Frust und die Depression zunehmen. Herr und Knecht sind entkoppelt. Wenn die arbeitende Klasse wach wird und merkt, dass die Arbeit nicht mehr da ist, dann stehen wir vor einer der größten Herausforderungen dieses jungen Jahrhunderts: Es geht um die Aktivierung von Menschen. Das Mobilisierende für das »Zukünften«, die Bereitschaft zum Engagement und das Einzahlen in die Gemeinschaft, wie Hannah Arendt es formuliert hat:

> Was uns bevorsteht ist die Aussicht auf eine Arbeitsgesellschaft, der die Arbeit ausgegangen ist, die einzige Tätigkeit, auf die sie sich noch versteht. Was könnte verhängnisvoller sein?

Wie kann es gelingen, aus bewährten Traditionen und überkommenen Strukturen von Macht und (Best-)Herrschaft zu Institutionen zu gelangen, die *für* etwas, ein »Für die Menschen sind«? Wie können wir ein politisches System entwickeln, das Urbania und Landalia dient? Die Mehrheit in der voll ökonomisierten und vernetzten Welt will in Wohlstand und stabilen Verhältnissen (Sicherheit) leben und sich dafür ein Stück weit auf Kontrolle und Überwachung auch durch Technologie einlassen, so meine feste Überzeugung. Worauf würdest du verzichten? Freiheit, Sicherheit oder Wohlstand? Ist die Überwachung an sich also nicht das Problem, sondern vielleicht das System?

Liegt es an der Demokratie als Form? Seit Jahrzehnten kann man die Friktionen und Herausforderungen in der Gestaltung beobachten. Die auf Wachstum und Wohlstand einzahlenden staatskapitalistischen Strukturen in China werden ermöglicht durch »das Beste der beiden Welten«. Die liberalen westlichen Demokratien gewähren Einblicke in Bildung, Offenheit und Innovation, und der Riese im Osten trumpft mit Geschwindigkeit und Exekution. Erneut steht man vor dem Paradoxon: Was ist wichtiger? Offenheit und Freiheit oder Sicherheit und Wohlstand? Die chinesische Geschwindigkeit und Wachstumssteigerung lassen sich mit liberalen Strukturen wie in Europa oder den USA nicht vereinbaren. Die gefühlte Unzufriedenheit und die merkliche Fragilität zeigen sich dann in der westlichen Welt, wenn der Wachstumsmotor stottert und wenn »vereinte« Regionen eine fundamentale Missrepräsentation in ihren politischen Gremien zulassen. Die vom Wachstum und der gesellschaftlichen Repräsentation abgehängten Gelbwesten in Frankreich sind hier nur ein Beispiel unter vielen. Eine Bewegung *gegen alles* und ein Aufruf, wie schlimm die Gesellschaft geworden ist. Die Einladung zur Debatte und Konkretisierung dieser Probleme initiiert von Präsident Macron führte allerdings dazu, dass sich die Bewegung auflöste und die Botschaft »alles läuft hier falsch« verschwand.

Häufig sind es auch die Millennials und die junge Generation, die mit ihrer Kritik an den gegenwärtigen demokratischen Verhältnissen gehört werden wollen. Sie haben auch valide Punkte. Sie übernehmen eine Welt der Spaltung und der Fragilität, doch gelingt es ihnen, weder die Probleme klar zu benennen noch eine wirkliche Alternative zu präsentieren. Es fehlt die Negation, das Andere. Es bleibt somit bei einer fundamentalen Instabilität der liberalen Demokratie. Wir bringen diese beiden Sichtweisen nicht in Einklang. Auf der einen Seite haben wir die gefühlte Unzufriedenheit, auf der anderen das mangelnde Gestalterische.

Einerseits kann man den Vorwurf erheben, wir haben keine Alternative. So fühlte es sich in den USA an. Pest oder Cholera. Die letzten fünf Kandidaten der letzten Präsidentenwahl waren über siebzig, die Silbergeneration. Es geht nicht mehr um moderat links oder moderat rechts, also um Demokraten oder Republikaner. Bei den Wahlen in den USA ging es um die Frage: Trump oder nicht Trump. Bei den Wahlen ging es nicht um eine Lösung, es ging um ein Problem, ohne das Problem zu lösen oder sogar lösen zu wollen. Es ging nicht um eine demokratische Auseinandersetzung zwischen unterschiedlichen Parteien und deren Programmen, sondern es ging schlicht um Trump.

Andererseits ist Trumps Aufbegehren der vergangenen Jahre aber auch Teil der Entwicklung, die vielleicht für die Gestaltung erforderlich ist. Ohne Trump, keine kritische Auseinandersetzung mit den liberaldemokratischen Selbstverständlichkeiten. Ohne Sanders, keine Entwicklung der Demokraten. So bewegt sich Biden trotz seiner Wahl mit einer eher konservativen Vizepräsidentin deutlich in Richtung einer inkludierenden Politik. Die umfasst den Abzug der US-Truppen aus Afghanistan nach dem längsten Militäreinsatz der Geschichte, Geldgeschenke an die Bürger zu Beginn seiner Amtszeit, Einsatz für Ökologie, Gesundheit und Bildung sowie die Verschärfung von Waffengesetzen. Opa-Joe ist 2021 ein anderer, als wäre er 2016 der nahtlose Nachfolger eines Barack Obama gewesen. Eine weitere Amtszeit mit Trump und die Dysbalance zwischen Bewahren und »Zukünften« wäre vermutlich noch größer geworden. Trump hätte eine Dysbalance kundgetan. Das Ungleichgewicht zwischen Bewahren und Verwalten sowie »Zukünften« und Gestalten hätte am Ende zu einer brutalen Eskalation führen können. So macht sich das infizierte Denken in der mangelnden Reflexion über Langfristigkeit in der Kurzfristigkeit sowie über Spannungen in der Welt bemerkbar.

Die Macht ist in einer demokratischen Gesellschaft (theoretisch) ein Mittel fürs »Zukünften«. Heute ist Macht allerdings zum Selbstzweck geworden, sie dient der Stabilisierung der Demokratie an sich. Die Demokratie widerspricht sich damit selbst. Indem sie einseitig die Macht fokussiert, missachtet sie einen zentralen Baustein einer funktionierenden Demokratie: die Gestaltung. Etwas ist aus dem Ruder gelaufen. Indem die Macht überhandgenommen hat, haben wir es mit einer Dysbalance zu tun. Sie überschattet die Stimme für das Andere, das Gestalterische, das »Zukünften«. Die Macht und ihre Rollen werden stattdessen absolut gesetzt. Das ist die *Macht* der Macht. Allerdings wird die demokratische Macht durch ihre Macht selbst fragil. Sie trägt zur eigenen Destabilisierung bei. Die Erlangung demokratischer Macht wird heute vor allem durch den Angriff auf das Bestehende ermöglicht und nicht in der Visionierung einer (positiven) Leitidee für eine bessere Zukunft. Damit gefährdet die demokratische Macht längerfristig die Demokratie und folglich sich selbst. Ohne das »Für etwas«, das Gestalterische, kann keine Zukunft entstehen, sondern höchstens eine Optimierung des Bestehenden. Stattdessen bedarf es einer dynamischen Balance. Sie ist die Basis einer »Demokratie im Kommen«.

EINE KOMMENDE DEMOKRATIE

Kevin Kühnert als rebellischer »Gestaltungsminister und ›Zukünfter‹« zusammen mit (starken) Technologieexperten. Angela Merkel als Bewahrerin und Verwalterin. Mit dem vorhandenen Systemfehler des parteipolitischen Systems liegt auch eine Verschmelzung der Volksparteien nahe. Blicken wir auf die vergangenen Jahre zurück, wäre ein klassisches Joint Venture eine spannende Idee, bei der sich Kühnert und Merkel intern über die Gestaltung und Verwaltung Deutschlands austauschen könnten. Chaos und Stabilität vereint, mehr von beidem, sowohl als auch. So lebt eine Demokratie, das ist »Demokratie im Kommen«. Hinterkämmerchen-Verteilung von Rollen, Mandaten und Macht funktioniert nicht, dennoch spielen Persönlichkeiten und Visionäre in der Gestaltung eine essenzielle Rolle.

Die meisten Menschen sind so subjektiv, dass sie bei allem, was gesagt wird, sogleich an sich denken, und jede zufällige, noch so entfernte Beziehung auf irgendetwas ihnen Persönliches ihre ganze Aufmerksamkeit an sich reißt.[75]

Politiker dürfen (auch) narzisstische Züge haben, jedoch muss es in der Außenwahrnehmung um die Sache und nicht um das Streben nach Rollen gehen. Es gibt viele junge Talente, die mit Euphorie, Meinungen, Kompetenz und Tatendrang Politik betreiben, jedoch nicht in den Parteien. Politik muss sexy sein fürs »Zukünften«. Damit das gelingt, müssen die Rahmenbedingungen angepasst werden, und es muss eine umfassende Umstrukturierung des gesamten parteipolitischen Systems stattfinden.

Ist liberale Demokratie gepaart mit Kapitalismus vielleicht doch nicht das beste System? Churchill hatte recht: Vielleicht ist es nur das am wenigsten schlechte in der heutigen Zeit. Der linke Ansatz des Sozialismus scheint auch keine Alternative zu sein. Wir haben Fehler im System oder sogar das falsche System. Womöglich ist die Idee eines Systems selbst der Fehler, unabhängig davon, ob es sich um eine liberale Demokratie, Sozialismus oder einen kommunistischen Kapitalismus nach chinesischem Muster handelt. Das Denken in starren Absolutheiten – die Gefangenschaft in Selbstverständlichkeiten – scheint in allen Systemen ein integraler Bestandteil des Kernproblems zu sein: Damit wäre der Kardinalfehler, *unser infiziertes Denken*, identifiziert.

Was also tun? Wenn wir unser Betriebssystem im Kern hinterfragen, so hat das die Wirkung eines Sprengstoffs für das gesamte demokratische System und die damit verbundenen Parteien. Also investiert der Staat mit teuren Beraterverträgen lieber in Glanzfolien und Buzzwords – nach dem Motto: »If you can't convince 'em, confuse 'em.«

Doch das Hinterfragen des demokratischen Ist-Zustands muss eigentlich konstitutiv für die Demokratie sein. Man kann es auch anders nennen: *Das ist gelebte Demokratie.* Sie kann sich gar nicht auf dem Gegenwärtigen ausruhen, sie sucht die Veränderung, den gestalterischen Prozess. Die Entscheidung für die Demokratie ist daher die Umsetzung einer Demokratie im Kommen/Werden. *Démocratie à venir*, wie Jacques Derrida es beschreibt. Die Aufladung der Demokratie mit unterschiedlichen Adjektiven soll eine Eingrenzung vornehmen – die liberale, repräsentative, radikale, partizipatorische oder halt wenig partizipatorische »kontrollierte Demokratie«. Die versuchte Verdinglichung des Subjekts, also in diesem Zusammenhang die Gleichsetzung von organisatorischen Einheiten in einem demokratischen Gemeinwesen mit der Demokratie selbst, ist das Problem. Jacques Derrida verwendet die Begrifflichkeit, ohne konkret zu beschreiben, welche Institutionen und Strukturen behalten werden sollen. Das Versprechen der Demokratie ist also die Umsetzung einer Demokratie, die nie schon da sein kann. Demokratie ist nie gesetzt, sondern befindet sich immer im Werden. Eine kommende Demokratie.

Eine Demokratie, die sich absolut setzt, verunmöglicht die Freiheit, die sie verspricht. Somit kann »die Demokratie« keine Staatsform sein, in der absolute Freiheit herrscht, weil sie nicht absolut sein kann, ohne gleichzeitig Unfreiheit zu produzieren. Demokratie ist eine dynamische Balance, eine Balance aus dem Bestehenden und dem Offenen, dem noch nicht Existierenden. Dieses Verhältnis ist immer von einem Streben nach Entwicklung und Fortschritt geprägt.

Die Herausforderung, der wir uns in unserer gegenwärtigen liberalen Demokratie stellen müssen, ist, dass wir Freiheit neu denken müssen. Unsere Aufgabe ist es, einen zeitgemäßen Liberalismus zu gestalten, der Antworten auf die Zukunft findet. Er muss offen sein für das Neue, für Veränderungen. Dieser muss das Soziale, die Weltgemeinschaft und die Lokalität, die Technologie und die Ökologie überdenken.

Eine Verwirklichung einer neuen (globalen) politischen Leitidee ließe sich nur mit einer Befreiung von Selbstverständlichkeiten und mit einer Weltverständlichkeit in einer neuen Selbstverständlichkeit verwirklichen. Gemeinsame Werte müssen von Glauben und Religion entkoppelt werden und in einen neuen historischen Kontext gesetzt werden, das Leben im 21. Jahrhundert.

Wir müssen nicht hinten beginnen bei den Regierungsformen und politischen Methoden, sondern wir müssen vorn anfangen, beim Bau der Persönlichkeit, wenn wir wieder Geister und Männer haben wollen, die uns Zukunft verbürgen.[76]

Wir brauchen eine grundlegende und radikale Zukunftsoffenheit bei der Gestaltung einer Vernunftweltgesellschaft, in der die staatliche Zugehörigkeitsgemeinschaft durch eine wirtschaftliche, ökologische und technologische Interdependenzgesellschaft ersetzt wird. *Wir brauchen Mut zu neuer Führung* und müssen ein passendes Betriebssystem für unsere Gesellschaft entwickeln, mit dem wir im technologischen Wettrennen mithalten können. Ein Upgrade des Vorhandenen, in dem Macht nicht mehr der Zweck ist, sondern das Mittel. Wir brauchen ein verändertes Verständnis von Macht. Sie ist eine Kraft für Aktivierung und Gestaltung. Macht ist das Mittel, Aktivierung und Gestaltung ist der Zweck. Das zeichnet eine lebendige Demokratie aus. Nur so können wir unsere geschätzten gesellschaftlichen Werte – die Basis für Humanismus – behalten. Wir müssen uns frei machen von den alltäglichen Routinen und unserem Reaktionsmodus. Wir brauchen *Gestalter des Wandels*, und jeder von uns sollte die Rolle als Gestalter des Lebens annehmen. Wir brauchen eine echte Elite. In der Gestaltung unseres gesellschaftlichen

Zusammenlebens brauchen wir echte *Handlungshelden*, Menschen, denen wir hinter verschlossenen Türen vertrauen können. Kontrolle und Transparenz, ja, aber Transparenz schafft Vertrauen ab. Technologie wird somit zum Management. Wir brauchen *Leadership*. In der Politik der Zukunft entscheidet sich, was die Menschen machen, wenn keiner hinschaut. Das Problem sind nicht die Technologie und unsere geschaffenen »Plattformen«, sondern sind wir. *Wir sind das Problem*. Mit unserem infizierten Denken sind wir das Produkt der eigenen Schöpfung. Trump ist ein Produkt des Menschengeistes.

Wir müssen uns mit den Themen in der Tiefe auseinandersetzen. Zurückkehren zu einer zivilisierten Debatte und uns von unseren Selbstverständlichkeiten befreien mit dem Ziel, nach Weltverständlichkeit zu streben. Die Grundlage für Politik ist eine Welt, in der es in Ordnung ist, unterschiedliche Meinungen zu vertreten, und in der wir verstehen wollen. Dann lass uns zunächst damit beginnen, uns mit unserem Nachbarn auseinanderzusetzen. Lokalpolitik in reinster Form. Die Mobilisierung muss jetzt erfolgen. Welche Zukunft ist für uns erstrebenswert? Welche Form der Gesellschaft wollen wir unseren Kindern hinterlassen? In der Seele Europas finden wir diese Weitsicht, die unglaubliche Kreativität der Künste und die Fähigkeit, sich über die eigenen Grenzen hinaus auf- und auszurichten. Um die individuelle Freiheit genießen zu können, müssen wir in das Allgemeinwohl einzahlen. Was ich für mich für richtig halte, setzt eine Verständlichkeit von der Welt voraus. Organisiertes menschliches Leben braucht Aktivierung. Spaltung und Frustration muss mit *Handlungshelden* begegnet werden. Wir müssen etwas tun. Es darf nicht erneut dazu kommen, dass wir es uns gemütlich machen, die Negativität und die Opposition stellen und die Trump-Karte spielen – eine Karte, die scheinbar das Lokale bedienen möchte, aber das unendliche Spiel global aus dem Gleichgewicht zu bringen droht, weil sie der Maximierung endlicher Interessen langfristig die liberale Ordnung opfert. Eine Karte, deren innerer »Wert« das infizierte Denken ist.

KAPITEL 5

Globalisierung zu Ende? Von wegen!

»Schreiben wie Hesse«, postete meine Frau, als sie für mich
einen neuen Schreibtisch in den Niederlanden bestellte. Jetzt
sitze ich daran. Doch es ist keine niederländische Produktion.
Aus den benachbarten Niederlanden wurde für den Norweger
in Deutschland türkisches Handwerk geliefert. Der Schreibtisch sieht aus wie ein Originalstück aus dem 16. Jahrhundert.
Wie nennen wir das jetzt? Import? Billigware? Kopie? Ist es
Teil der Lösung oder Teil des Problems? Zwischen den Reflexionen über Medien, Bildung, Kapitalismus und Politik als
diagnostische Aufarbeitung unserer Paradoxien und Selbstverständlichkeiten machen wir jetzt einen kleinen Abstecher
zu einem heiß diskutierten Phänomen: der Globalisierung.

Beim Ausdruck Globalisierung denken wir unmittelbar an
einen klar zu definierenden Entwicklungstrend oder sogar an
ein abgrenzbares System. Das Ziel ist jedoch Entgrenzung.
Vergrößerung. Dabei muss die »Globalisierung« in den Kontext gesetzt und holistisch interpretiert werden. Es geht um
lokale Zugehörigkeit, Identität bei gleichzeitiger Verbundenheit zu einer Welt- und Konsumgemeinschaft – um unsere
Interdependenz, unsere gegenseitige Abhängigkeit – und zu
all dem, was uns prägt und formt.

Ich bin davon überzeugt, wir brauchen jetzt mehr davon.
Mehr Globalisierung. Aber ich bin genauso davon überzeugt,

dass wir mehr Lokalisierung bekommen und auch brauchen werden. Besser könnte man wohl kaum Zustand und »Temperatur« der Weltgesellschaft beschreiben als mit einem Unternehmen aus Mainz – mit der passenden Adresse »An der Goldgrube« –, das den Durchbruch in der Impfstoffentwicklung schaffte. Ein bis dahin unscheinbares deutsches Biotech-Unternehmen,[77] das von Wissenschaftlern türkischer Herkunft gegründet wurde, zieht Investitionen eines chinesischen Konglomerats an und schließt sich mit einem US-amerikanischen Pharmakonzern zusammen, der von einem griechischen Geschäftsführer geleitet wird. Einer der essenziellen Rohstoffe wird von einem winzigen Familienunternehmen auf dem österreichischen Land bezogen, während die Produzenten BioNTech-Pfizer mit ihren Partnern Fließbänder in den USA und Belgien aufbauen und das »Produkt des Jahres« herstellen. COVID-19 lehrt uns also, dass wir eine interdependente Weltgesellschaft sind.

Seit fünfzig Jahren – historisch gesehen natürlich länger, jetzt aber mit beschleunigter und fast grundlegender Intensivierung – werden physische Produkte durch die Welt verschickt. Sie müssen günstiger und effektiver produziert und vertrieben werden, damit die Kosten gesenkt werden können und Weltklasseprodukte überall auf unserem Planeten gleichzeitig zugänglich sind. Märkte müssen vergrößert werden – Wachstum und Profitjagd im klassischen Sinne eben – oder in der Wirtschaftssprache ausgedrückt: »Die Supply-Chain muss optimiert werden.« Das Streben nach Wachstum und Gewinn hat in den letzten Jahrzehnten insbesondere durch die Explosion der technologischen Entwicklung eine nie da gewesene Qualität erreicht. Technologische Vollautomatisierung schlägt Billiglohn. Die Maschinen machen es möglich. Logistik wird nahezu überflüssig. Mit anderen Worten, abgesehen von ökologischen Fußabdrücken macht es ökonomisch keinen Sinn mehr, physische Güter um die halbe Welt zu versenden.

Das Moore'sche Gesetz, das uns seit fünfzig Jahren (auch wenn es auf traditioneller Computertechnologie basiert und sich aufgrund physischer Gesetze verlangsamt) zeigt, wie sich alle achtzehn Monate die Leistungsfähigkeit eines Computers verdoppelt.[78] Vereinfacht gesagt: Die Computer wurden in einem Zeitraum von 30 Jahren um eine Million Mal leistungsstärker, über 60 Jahre wird es eine Milliarde Mal sein. Ein solcher Effizienzgewinn wird in den nächsten Jahrzehnten, im Zeitalter der Exponentialität, durch den Einstieg der Quantentechnologie weiter beschleunigt. So bleibt es (auch) hier an uns zu verstehen, wie diese Entwicklung unsere Gesellschaft und unsere wahrgenommene Realität beeinflusst. Im digitalen Bereich gibt es keine Grenzen, im physischen Raum durch unser derzeitiges meta-physisches Verständnis schon. So sind die Kosten für »die letzte Meile« bei der Zustellung vergleichsweise die größte Herausforderung. Große Industrien im Print- und Textilbereich haben angesichts der geforderten Aktualität in der Produktion und der Termingebundenheit längst Anpassungen für globale und lokale Strukturen geschaffen. Bereits seit den Achtzigerjahren wird der Begriff Glokalisierung für die physische Verbindung der Welt verwendet und prägt in den letzten Jahren verstärkt Unternehmen, denen es gelingt, lokal herzustellen und sich anzupassen an kurze Wege in einem globalen Ökosystem. Sie setzen erfolgreich eine Dezentralisierung um. Damit gestalten sie sowohl eine interdependente als auch eine dezentrale Welt.

Mit Hermann Hesses Schriften strebe ich hier an meinem Schreibtisch keinen Vergleich an, aber nach inzwischen fast zwanzig Jahren Leben und Arbeiten vor den Toren der Main-metropole Frankfurt, fühle ich mich zumindest ein Stück weit wie ein Hesse. Auch wenn ich mich nicht als Dichter verstehe, repräsentiert Hesse *globale Lokalität*. Die Werke des deutsch-schweizerischen Schriftstellers und Malers wurden durch die großen Widersprüche *seiner* Zeit geprägt, und genau mit jenen Widersprüchlichkeiten müssen wir uns auseinandersetzen, wenn wir *unsere* globalisierte Zeit verstehen wollen. Trotz der damaligen ebenfalls erlebten rasanten technologischen Entwicklung und den Erfahrungen aus zwei Weltkriegen, sucht Hesse nach einer Auflösung und Verbindung der Gegensätze. Globalisierung und eine zivilisierte Gesellschaft. 1911 brach Hesse mit dem befreundeten Maler Hans Sturzenegger zu einer Reise nach Indien auf,[79] und diese Reise prägte nicht nur sein Lebenswerk, sondern auch seine Vision der Verbundenheit. Die Idee der Globalisierung war für ihn eine humanistische Notwendigkeit, um Frieden und zivilisatorischen Fortschritt innerhalb der Menschheit zu befördern und zu sichern. Hesse suchte Weltverständlichkeit und Weltethos in einer Zeit, in der die Lobeshymnen der Globalisierung eingestellt wurden. Stehen wir erneut an einem zentralen Wendepunkt in der Geschichte der Menschheit? Sind wir nicht an dem Scheideweg angekommen, wo wir die Interdependenz erkannt haben, jedoch auf unseren alten Selbstverständlichkeiten beharren? Oder kann es sogar sein, dass wir das Projekt Globalisierung nicht richtig verstanden beziehungsweise definiert haben?

Hesses Werke und die Zeit der Kriege sollen uns eine Lehre sein. Wir leben heute in einer Welt, in der eine klare lokale Zugehörigkeit oder eine Identität in Relation zum »Anderen« stehen, dies lässt sich aber nicht abgrenzen in abgespaltene Muster für eine deglobalisierte Welt. Es kann und wird nur alles ein Teil des Ganzen sein. Dies schließt jedoch nicht aus, dass es weitere Ebenen geben kann in unserer Erzählung, aber das Lokale kann ohne das Globale nicht, ebenso wenig kann das Globale ohne das Lokale – das liegt in der Natur der neugierigen Menschen als soziale und verbundene »Stammesangehörige«. So ergibt sich das Globale durch die Interdependenz und Verbundenheit wie auch durch die Lokalität. Wir brauchen somit ein *Sowohl-als-auch*-Denken, wenn wir versuchen wollen, zu mehr Verständnis zu gelangen – mehr global *und* mehr lokal.

»Die Deutschen rücken von der Globalisierung ab«, war im *Spiegel* vom 20. 05. 2020 in fetten Lettern zu lesen, gefolgt von der Behauptung: »Die Mitte der Gesellschaft denkt um.«[80] So einfach ist das nicht. Zwar handelt es sich dabei um eine Momentaufnahme während einer globalen Pandemie, aber wovon soll überhaupt abgerückt werden? Welcher Denkprozess liegt einer solchen Entwicklung zugrunde? Wo fängt Globalisierung an? Wo hört sie auf? Ist Globalisierung gut oder schlecht? Solche Fragen machen wenig Sinn. Wie sähe überhaupt eine Deglobalisierung heute aus? Nationalistische *Rollback*-Versuche, Protektionismus und Abspaltung gepaart mit Rückholaktionen von Produktion und Abschaffung von geschäftlichen und privaten Reisen im großen Stil? Ist das die Story, an die wir glauben? Es ist nicht abzustreiten, dass die »Me-first-Bewegung« à la Trump, Brexit und so weiter uns zeigt, dass wir in einer sehr fragilen Zeit leben, wo es nicht ganz absehbar ist, welchen Pfad wir nehmen werden. Dennoch zeichnet sich eine so stark verbundene Welt ab, dass Ethik, Bildung, Politik, Kapitalismus, Kultur, Religion sich zukünftig nicht mehr in Regionen oder in durch künstlich gezogene Grenzen gerahmte geografische Einheiten, die wir Nationalstaaten nennen, einteilen lassen, ohne mögliche fatalen Konsequenzen für die Menschen. Wir leben in einer Welt der Interdependenzen. Wir sind zu sehr miteinander verflochten, als dass wir uns abspalten können, ohne alles zu verlieren. Eine Entflechtung bedeutet Niedergang.

GLOBALER GLAUBE

Nachdem die erste Phase der industriellen Revolution (die Nutzung von Wasser- und Dampfkraft zur Mechanisierung von Produktionsprozessen) weitgehend abgeschlossen war, folgte eine zweite Phase, bei der es das Ziel war, die Produkte in der Welt zu verbreiten. Mit elektrischer Energie für Massenproduktion erreichte der Export von Gütern in Relation zum Bruttoinlandsprodukt mit 14 Prozent[81] der weltweiten Warenproduktion seinen Höchststand. Nach Rezessionen, zwei Weltkriegen, Hunger und Leid folgte eine beschleunigte technologische Reise, beflügelt vom Deutschen Wirtschaftswunder des raschen Wachstums globaler Industriestaaten. 1974 hat sich der Welthandel wieder erholt, und die Globalisierung erreichte den gleichen Stand wie im Jahr 1913.[82]

Mit dem Fall des Eisernen Vorhangs, der »Öffnung« Chinas und dem rasanten Aufstieg von exponentiellen Technologien war die Entwicklung vorprogrammiert: Die Welt wird verbunden. Innovation im Westen, Produktion im Osten. Günstige Arbeitskraft für die vielen tollen Weltklasseprodukte aus dem Westen. In Deutschland brachte der Mittelstand Weltmarktführer mit einmaligen Produkten hervor. Qualität »Made in Germany«, die Sprachbarrieren, kulturelle Unterschiede und höhere Transaktionskosten durch Einmaligkeit der Produkte mehr als kompensieren konnte. Mit Innovations- und Erfindergeist wurde eine globale Erfolgsgeschichte geprägt.

Das Produkt war aber irgendwann nicht mehr unschlagbar. Während der Westen zunehmend Bürokratien aufbaute und es sich nach dem raschen Wachstum in einer Dekadenzgesellschaft gemütlich machte – und das Nickerchen in vollen Zügen genoss –, wurden kulturelle Unterschiede, Sprachbarrieren und hohe Transaktionskosten für den Globalisierungsprozess entscheidend. Qualität »Made in Germany« gab es jetzt »vor der Haustür«, allerdings mit niedrigeren Transaktionskosten und mit Sprach- und Kulturverständnis. Heute können monopolistische Vorteile kaum in der Herstellung von physischen Produkten erzielt werden, und Konkurrenten steigen bereits nach Monaten mit ähnlichen Produkten in den Wettbewerb. Auf die innovativen Apple AirPods folgten nur wenige Monate später die Samsung Galaxy Buds. Auf Amazons Alexa folgte kurz darauf Google Home. Auch wenn der überwiegende Profit aus Dienstleistungen erfolgt, erkennt man die schwindende Halbwertszeit der Innovationen.

Inzwischen ist Globalisierung vor allem ein technologisches Phänomen geworden. Die großen Tech-Konzerne treiben die Globalisierung voran und ähnlich wie in den Neunzigerjahren entstehen Trends, die bei den neuen Amazon & Co. gehandelt werden. Heute sind es nicht Bücher, sondern die Karten werden in den Bereichen organisches Cannabis und Shrooms, EVs (Electric Vehicles), Kryptowährungen und Quantentechnologie gemischt.

Ähnlich wie in der Finanzkrise 2007 bis 2009 wurden – wenn auch in radikaler Form – Geschäftsmodelle während des Lockdowns auf ihre Robustheit getestet. Die Pandemie erzeugte Wirkung, ist aber nicht die Ursache und auch kein Initiator für eine wie auch immer geartete deglobalisierte Welt. Sie enthüllt lediglich die eigentlichen Herausforderungen der Deglobalisierung – und ihre Missverständnisse: Wir versuchen den gegenwärtigen Globalisierungsprozess mit veralteten Denkmodellen zu verstehen, die den aktuellen Entwicklungen nicht gerecht werden. Der Markt wird größer, der Standort kleiner (obsolet). Die Technologie nivelliert die Kostenunterschiede. Lokalität schafft Identität.

Für Deutschland bringt das mangelnde Verständnis für die Globalisierung Risiken, denn nicht nur bei der technologischen Entwicklung – sprich: der Digitalisierung – wurde geschlafen, es scheint auch, dass ein bequemerer Weg mit der Hoffnung auf unendliches Wachstum für bereits entwickelte Produkte bevorzugt wird. Mangelnder Innovationsgeist und fehlende Risikobereitschaft wurden durch illusionäre Wachstumshypothesen kompensiert. Während in Asien und in anderen aufstrebenden Regionen die Patentanmeldungen stiegen, konnten aus deutscher Sicht jahrzehntelang eine Stagnation und sogar ein Rückgang verzeichnet werden.[83] Währenddessen schreitet die rapide Globalisierung in Sachen Informationsaustausch – der Verbindung und Verarbeitung von Digits – voran, und die Medien berichten über Deglobalisierung, wo die Titelseiten eher von Paradigmenwechseln bestimmt sein müssten.

Aus deutscher Sicht findet die Globalisierung heute woanders statt. Die Zahl der Unternehmen, die sich bereits seit Jahren – verstärkt nach der Finanzkrise 2007 bis 2009 – mit Themen wie Nearshoring, Backshoring und Insourcing beschäftigen, steigt. Ein logischer Schritt, wenn eine globale Dezentralisierung nicht leistbar ist. Solche Strömungen – das Zurückholen von Produktion – machen für viele Sinn, durch die Entwicklung der Technologie ist die 24-Stunden-»Nullkostenproduktion« der Roboter und Maschinen sogar gegen die Billiglohnländer unschlagbar. Diese Entwicklung muss allerdings entkoppelt von Globalisierung und möglicher Deglobalisierung betrachtet werden, denn Fabriken und Produktionsstätten können zurückgeholt werden, die Jobs aber nicht.

So haben in traditionellen volkswirtschaftlichen Theorien erhöhte Gewinne durch Automatisierung nur einen kurzzeitigen Effekt. Auf Dauer gleicht sich das durch marktwirtschaftliche Mechanismen – Wettbewerb – wieder aus. Es lebe der Darwinismus – der technische Darwinismus. Es geht heute nicht um das physische Produkt und »Qualität Made in Germany« für die ganze Welt. Weltklassequalität ist heute ein Basismerkmal für alle Produkte.

Neue Handelsabkommen werden geschlossen, bei denen die USA, Deutschland und Europa nur zuschauen und sich höchstens andocken können. Ein Beispiel hier ist das Freihandelsabkommen *Regional Comprehensive Economic Partnership* (RCEP). Der größte Handelsblock der Welt umfasst nahezu ein Drittel der Weltbevölkerung und 30 Prozent des globalen Bruttoinlandsprodukts. Die 15 Asien-Pazifik-Staaten meinen es ernst und investieren auch gemeinsam in Afrika. Globalisierung Upside-down und Inside-out könnte man meinen. Aus Sicht westlicher Industriestaaten machen technologische Stadtstaaten jetzt die Musik. Trumps Beschwerden über ein Handelsdefizit hatten eine Kehrseite, denn auf der anderen Seite des Profit Sheets stand Export von Weltklassetalenten und Investitionen in US-amerikanische Unternehmen. Es war nie ein echtes Handelsdefizit, denn die Investitionen landeten wieder im Land, und die Innovationen waren die Treiber des Wachstums. Heute sind Bildung und Sex-Appeal nicht mehr dem American Dream vorbehalten.

Auch in Sachen Klimakrise geht es um ein globales Verständnis. Das Klima unterscheidet sich zwar stark, aber wir nähern uns einem Verständnis für Interdependenz. Ein Weltklima. Wir werden alle konfrontiert mit möglichen Konsequenzen eines ökologischen Kollapses. Der karibische Tsunami trifft zwar nicht meine Hütte in Røros, dennoch unterliegt die karibische Insel und die schneebedeckte Bergwerkstadt ein und demselben Weltklima. Wir rücken insofern zusammen, als dass wir von diesen Herausforderungen gleichermaßen betroffen sind.

Noch nie waren die Probleme mit Plastiktüten auf der indonesischen Insel Bali näher als 2017, als die beiden jungen Schwestern Melati und Isabell Wijsen an einem Novemberabend die Bühne betraten, um den Medien- und Fernsehpreis Bambi zu erhalten. Mit ihrem Projekt Bye-Bye Plastic Bag[84] starteten die beiden Teenager einen Kampf für ein plastikfreies Bali, was später zu einer globalen Bewegung führte. Klima- und Umweltkatastrophen werden lokal und global bekämpft durch Abkommen, gemeinsame Ziele und globalen Austausch von Informationen und Technologien. Der Kampf für eine »enkelfähige« Zukunft betrifft uns alle, und Unternehmen müssen lernen, dass Ökologie und Ökonomie kein Widerspruch sind. Die beiden Wijsen-Schwestern initiierten bereits weitere Projekte, wie »Mountain-Mamas« nachhaltige Taschen, und schafften damit neue lokale Arbeitsplätze für einen globalen Markt. Mit ihrem neuesten Projekt »Youthtopia«[85] wird mit unterschiedlichen Geschäftsmodellen Nachhaltigkeit global gelebt und gelernt. Aus lokalen Initiativen entstehen neue globale Institutionen. Aus neuen globalen kollaborativen Ansätzen und Institutionen entstehen lokale Initiativen und Aktivitäten.

Globalia lebt und korrigiert, wir lernen und wissen über historische Ereignisse. Wollen wir Globalia analysieren und verstehen, so gewinnen wir die Erkenntnisse nicht in Meetingräumen auf PowerPoint-Slides, sondern mittels Erlebnisse und Interaktion auf den Straßen vieler kleiner unterschiedlicher Orte rund um die Welt oder in prägenden und gestaltenden Weltstädten wie Schanghai, San Francisco und Stockholm oder Lagos, Los Angeles und London. Wir sollten uns also nicht darauf fokussieren, mit vergangenheitsbezogenen Statistiken und Analysen Entwicklungen in der Rückschau zu beschreiben, sondern anstreben, sie bei ihrer Entstehung zu erkennen.

Globalisierung ist eine technologische Entwicklung. Diese bedeutet Verbindung und Verschmelzung. Mit anderen Worten – eine globalisierte Welt ist nicht mehr wegzudenken. Wir leben längst in einer Weltgemeinschaft, und die sinnvolle Frage lautet: Wie können wir diese so gestalten, dass möglichst viele davon ein »gutes« Leben (er)leben können. Die Welt ist global, wir haben es (noch) mit einem Planeten zu tun, auf dem wir künstliche Grenzen gezogen haben und im Laufe der Geschichte unterschiedliche regionale Kulturen entstanden. Die Globalisierung kann als Erzählung fortgesetzt werden, und wir sollten sie so erzählen, dass wir mit 10 Milliarden Menschen irgendwie klarkommen. Dabei müssen wir uns mit den Widersprüchlichkeiten und Herausforderungen der dominanten Globalisierungserzählung in ihrem Kern auseinandersetzen. Erforderlich ist eine Befreiung von alten Selbstverständlichkeiten.

Lokale Loyalität

Lokaler Käse vom Markt ist gut, wird aber keine fünfzig Millionen Menschen beschäftigen. 100 000 neue Mitarbeiter bei Amazon ersetzen heute Millionen Beschäftigte in Handelsunternehmen, und wenn die Produktion zurückgeholt wird, herrscht nach wie vor Darwinismus. *Die »technologische Hand« wird jegliche Form von Ineffizienz menschlicher Arbeit suchen und ersetzen,* auch wenn die unternehmerischen Ziele ökologisch sind. Für zukünftige Maskenproduktionen in Europa entstehen kaum Arbeitsplätze, und zu glauben, dass die Enkelkinder in Herzogenaurach in Zukunft die Schuhe nähen, wäre irrsinnig. Lokale Zugehörigkeit und Nostalgie allein wird nicht zu mehr Wohlstand führen.

Bei den gegenwärtigen radikalen Umwälzungen und Paradigmenwechseln entstehen – und das prägt jeden Paradigmenwechsel – neue Gewinner und Verlierer, die Strukturen in Globalia[86] verändern sich. Wenn erkannt wird, dass Einsatz von Technologie und der damit verbundene Effizienzgewinn nicht das Volumen der wegfallenden Arbeitsplätze kompensieren wird und dass KI kein Jobwunder ist, sondern eine Grundbasis für die Existenz, dann sind bereits die Karten zum Teil neu gemischt. Sogar Wartung und Softwareentwicklung wird in Zukunft die Maschine selbst übernehmen. Der kurzfristige Effekt von Technologie, Automatisierung und Einsatz von künstlicher Intelligenz steigert Gewinne und Margen, dennoch unterliegt auch hier die Entwicklung bereits bekannten marktwirtschaftlichen und darwinistischen Mechanismen: »Survival of the fittest and sexiest«. Illusionen von Zwanzigstundenwochen und Aussagen wie »jetzt kann sich der Mensch um Kreativität und das Wesentliche kümmern« treffen auf globalen Preiswettkampf und (perversen) Kostendruck. Es werden die Messis und Ronaldos der Softwareentwicklung benötigt. Sich heute an den Aufbau von Bildungsmodellen, die die Programmierung zur Grundlage haben und eine Zukunftshoffnung für die Masse darstellen, zu klammern, kann und darf nicht der Anspruch sein. Es werden neue Narrative benötigt.

Und neue Narrative für eine starke Lokalität gibt es durchaus. In Deutschland begrüßt man Tesla, das über Nacht aus einem ländlichen brandenburgischen Waldgebiet einen gigantischen Produktionsstandort macht, ein Projekt, für das hierzulande vermutlich fünf bis zehn Jahre benötigt würden – allein für die Planung. Und da sprechen wir nicht von den gegenwärtigen Herausforderungen mit Großbauprojekten im Berliner Umland, die auch nicht immer schnell realisiert wurden. Es heißt lernen und gleichzeitig das Neue gestalten. Tesla, ein Unternehmen, das der deutschen Autoindustrie zeigt, wie man vom Auto- zum Technologiekonzern wird, möchte auch »deutsch« sein und sich im Großraum Berlin integrieren. Tesla war nie ein Autokonzern, und genau deswegen wurde das Unternehmen an der Börse Anfang 2020 zehnmal höher bewertet als Autobranchenprimus VW[87] – und das mit weniger als einem Zehntel der Mitarbeiter des Wolfsburger Herstellers. Diese Expansion zeigt auch, dass nicht alles aus Silicon Valley kommen kann.

So paradox es klingt, rettet Tesla vielleicht die deutsche Daseinsberechtigung im neuen Mobilitätsmarkt durch diesen Ansatz. Jetzt muss aufgeholt werden. Man muss lokale Identität stärken und fordern, global agieren. Das können aber die Autobauer aus Ingolstadt, Stuttgart, Wolfsburg und München auch. Der Staub vom »Vorsprung durch Technik« wird weggewischt, und auch wenn nicht mehr in die Hände gespuckt wird, die Nostalgie der Band Geier Sturzflug und »Wir steigern das Bruttosozialprodukt« ist wieder da. Ob für die Luft durch Unternehmen wie Lilium oder Volocopter, für Straßen oder in der Gestaltung der zukünftigen Städte – die Kompetenzen werden in Deutschland ausgebildet, lokale Kräfte müssen her. Tesla sieht lokale Stärke und Zugehörigkeit als Grundlage für das Wachstum des Konzerns. Jetzt liegt es an Unternehmenslenkern, Politikern und jungen Unternehmern, gleichzeitig an der nächsten Stufe dieser Entwicklung zu arbeiten.

In weiteren produzierenden (Schlüssel-)Industrien wacht der Mittelstand auf und löst sich von reinen Aufholaktivitäten, setzt auf Daten-Mietmodelle[88] und gelangt zum Wissen über Kunden durch eine Verbindung zu globalen Technologiekonzernen. So kann mit vollem Fokus auf die Kernintelligenz und Daseinsberechtigung gearbeitet werden, während Schwachstellen durch strategische Kooperenz (Coopetition) ausgebessert werden. Feste Standorte machen sich auch bei traditionellen Großkonzernen bemerkbar, die rechtzeitig auf eine starke Fragmentierung gesetzt haben. Siemens und ebenso VW werden auch in Zukunft ihre Stärken ausspielen, denn die regionalen Hubs sind nicht mehr die verlängerte Werkbank, sondern regional verankerte Unternehmen mit teilweise eigenen adaptierten Kulturen – ein Unternehmen im Unternehmen. Lokal verbunden und global connected. Lokale Player übernehmen, passen sich den neuen Geschäftsmodellen an und wachsen auf diese Weise weiter in ihren Zielregionen. Viele Global Player kommen sogar gestärkt durch Krisen aufgrund ihrer rechtzeitigen Investitionen in Technologie, aufblühende Märkte mit lokaler Struktur und Präsenz. Nassim Taleb prägte hier mit seinem Werk den Begriff »Antifragilität«, was mehr als nur Widerstandsfähigkeit beschreibt. Taleb selbst formuliert das so:

> Antifragilität ist mehr als Resilienz oder Robustheit. Das Resiliente, das Widerstandsfähige widersteht Schocks und bleibt sich gleich; das Antifragile wird besser [...] Das Antifragile steht Zufälligkeit und Ungewissheit positiv gegenüber, und das beinhaltet auch – was entscheidend ist – die Vorliebe für eine bestimmte Art von Irrtümern. Antifragilität hat die einzigartige Eigen-

schaft, uns in die Lage zu versetzen, mit dem Unbekannten umzugehen, etwas anzupacken – und zwar erfolgreich –, ohne es zu verstehen.[89]

Eine Stärke Lokalität gehört heute zur Widerstandsfähigkeit. Vorausschauende Unternehmen haben bereits seit vielen Jahren die Produktion wieder umgeschichtet und produzieren lokal, das ist alles nichts Neues. ZARA als Weltmarke setzt seit vielen Jahren auf regionale Produktion, nicht nur aus Kostengründen und Nachhaltigkeit, sondern auch um der Nachfrage standzuhalten, die ständig angepasst werden muss. Schnellere Kollektionen, raschere Lieferungen gepaart mit ökologischem Fokus und zum Teil lokaler Anpassung machen sowohl für die Menschheit als auch für die Profitabilität des Unternehmens Sinn. IKEA sponsert die aus recyceltem Material errichteten Gebäude für die neue Bildungsstätte der Wijsens auf Bali und setzt seine ökologischen Ziele um, während es regional unterstützt – für mehr Lokalität in der Globalität. Enkelfähige Unternehmen setzen auf Stakeholder-Management. Globale Großkonzerne verstehen, dass die lokale Feuerwehr und weitere Vereine vor Ort (ernsthaft) unterstützt werden müssen, damit talentierte Mitarbeiter für sie arbeiten wollen. Lokale Stärke für globalen Erfolg.

Es ist eine dynamische Zusammenstellung von vielen Faktoren, bei der Trends und Gegentrends sich auszubalancieren versuchen. Trotz der zunehmenden Mischung von Kulturen und der verstärkten Gleichheit treffen traditionelle große globale Marken wie z. B. McDonald's auf lokale agile Wettbewerber, die durch ihre lokale Zugehörigkeit an Präsenz und Zuspruch gewinnen und zum Teil sogar die Global Brands verdrängen. Die Anpassung hin zu mehr Lokalität wird auch im digitalen Bereich sichtbar. So trifft das US-amerikanische Personenbeförderungsunternehmen Uber in Märkten auf lokalen Widerstand und ist kein globales Modell für alle. Von Ola in Indien zum »Kooperenz-Konzept«, dem Verhältnis von Kooperation und Konkurrenz, von Daimler und BMW – Free Now (ehemals My Taxi) – in Deutschland. Wir wollen die Welt grüner, sauberer und lokaler gestalten und gleichzeitig den Druck auf Kosten und Profitjagd reduzieren. Es folgt *Slobalisation*, eine Verlangsamung der Globalisierung nach den Glanzjahren 1990 bis 2005, wo das internationale Handelsvolumen zweimal schneller wuchs als die weltweite Wertschöpfung. Waren es einst die Träume von günstiger (manueller) Herstellung und Optimierung von Supply Chains, entwickelt sich die Welt hin zu Automatisierung und einer Akzeptanz der ökologischen Herausforderungen.

Mit der verstärkten Wahrnehmung für Lokalität entstehen auch neue Möglichkeiten. Der deutsche und europäische Beitrag zur Weltgemeinschaft muss nach wie vor Innovations- und Pioniergeist sein, aber womöglich liegen die größten Möglichkeiten der Ökonomisierung in unseren Weltverständlichkeiten und im organisierten menschlichen Leben. Dänemark spricht von »Hygge«, einem neuen Exportschlager, der den Wohlstandsbegriff erweitert. Der Exportschlager der Zukunft lautet vielleicht ethisches und holistisches Handeln statt Prozessoptimierung für Schraubenmontage. Liegen vielleicht hier die Chancen für Europa? Eine wertbasierte (lokale) Kultur, ein zukünftiges Streben nach mehr Balance und ein Miteinander als Grundlage für Globalisierung. Basierend auf Traditionen von Dichtern und Denkern, Lehren aus Kriegen und Veränderungen bestünde zumindest eine historische Grundlage für einen Weg zu einem solidarischeren Ansatz: Kontinentalphilosophie angepasst an die Herausforderungen des 21. Jahrhunderts.

Ansätze von grundlegender Genügsamkeit, der Fokus auf

Input und Stakeholder statt hartem Output und Shareholder Value, gepaart mit Weltverständlichkeit und ethischem Umgang mit exponentieller Technologie könnten Grundlagen für einen Weg hin zu einer mehr ausbalancierten enkelfähigen Weltgemeinschaft bilden. Deutschland und Europa können die Anfangszeiten dieser neuen Unternehmen aus der Distanz beobachten – und das Nachsehen haben oder selbst mit Weltverständlichkeit, Investitionen und Risikobereitschaft einen eigenen Weg gehen.

Aber nicht nur unternehmerische Aktivitäten sowie technologische und ökonomische Entwicklung prägen die Strukturen in Globalia. Dynamische Entwicklungen mit Trends und Gegentrends und neue Völkerwanderungen prägen zukünftige Generationen, und weitere Mechanismen offenbaren sich. So versuchen Experten heute, Globalisierung im Voraus zu definieren, und erkennen erst im Rückblick überrascht grundlegende Herleitungen, die erkennbar waren, aber durch die Gefangenheit in den Selbstverständlichkeiten nicht erkannt wurden. Was heißt das konkret?

Ein Beispiel aus den USA zeigt, dass sich sozusagen über Nacht völlig konträr zu den geführten Debatten über Migration, Rassismus und die afroamerikanische Bevölkerung neue elitäre Gruppen in Bildung und Medizin innerhalb der afroamerikanischen Community bilden. Als ethnische »Überraschung« zeigen Daten, dass 29 Prozent der in den Achtzigerjahren aus Nigeria in die USA Eingewanderten einen höheren Universitätsabschluss haben, was verglichen mit 11 Prozent der gesamten US-Bevölkerung ein signifikant hoher Wert ist.[90] Somit prägen diese Gruppen die regionale Gestaltung und tun mehr für die amerikanische Gesellschaft als die Mittelklasse weißer Amerikaner. Hier geht es nicht darum, die Nuancen zu bewerten und ein Rasse- und Klassendenken zu pauschalisieren, aber die Zahlen sind überraschend. Über Gründe kann man spekulieren und immer Gegenargumente finden – wie zum Beispiel, dass nur die Gebildeten emigrieren –, aber diese greifen zu kurz. Das Beispiel lehrt uns, unsere Selbstverständlichkeiten zu revidieren. Denn schaut man hinter die Kulissen der nigerianischen Migranten, findet man intakte Familienstrukturen, die anderswo verloren gegangen sind. Im Unterschied dazu stellt man in strukturschwachen Migrantenregionen in den USA fest, dass Stabilität und vor allem die Vaterrolle nur schwach ausgeprägt sind. Die nigerianischen Migranten bevorzugen es, in ruhige Gegenden zu ziehen, oft geprägt durch die obere Mittelschicht von weißen Amerikanern, ausgestattet von Haus aus mit einer Mentalität des hart arbeitenden aufstrebenden und wert(e)schätzenden Menschen. Ethnografien prägen Menschen und Umgebung, formen Kulturen und setzen einen Stempel auf kulturelle und gesellschaftliche Entwicklung, bevor sie erkannt werden. Nicht die Zugehörigkeit innerhalb vordefinierter (Landes-) Grenzen, sondern die Werte, die Zugehörigkeit und die lokale Bindung (an etwas) sind essenziell.

Die Dynamik der Regionen erkennen wir an den gegenwärtigen Entwicklungen von Ballungsgebieten, die außer Kontrolle geraten, in denen »die Eliten« sich den Städten zuwenden und wegziehen, wie z. B. in Los Angeles. In London und Lagos kämpfen Teile der Bevölkerung mit steigenden Immobilienpreisen und schieben die Ärmeren aus den Innenstädten. Stockholm gilt als Schaufenster globaler Trends, woraus sich neue Entwicklungen ableiten lassen. So stellt die hohe Singlehaushaltsrate von Schwedens Hauptstadt fundamentale Strukturen wie unsere Kernfamilie infrage. Das Kind als gemeinsames Projekt oder die Parallelisierung von Lebensabschnittsgefährten sind nur erste Anzeichen einer vollumfänglichen Veränderung des organisierten Lebens und legen offen, mit welchen Paradoxien und Widersprüchlichkeiten die Menschheit mit dem Erwachen aus dem Nickerchen konfrontiert wird. San Francisco zeigt die Folgen der raschen Entwicklung der Technologie und damit verbundener gesellschaftlicher Grenzen des Lebensunterhalts und -standards und ebnet den Weg für neue »Technooasen« nicht nur in den USA, sondern rund um den Globus. Schanghai ist nicht nur aufgrund der geostrategischen Lage relevant, sondern wird zum pulsierenden Mekka des chinesischen Aufstiegs, während der Geo-Dreh-und-Angelpunkt Istanbul auf eine Daseinsberechtigung im globalen Weltdorf wartet, sobald die dortigen politischen Instabilitäten beseitigt sind. Mit der dynamischen und raschen Entwicklung bilden sich neue lokale (Sub-)Kulturen, mit denen Menschen sich identifizieren.

Aus diesen wenigen Beobachtungen lässt sich schließen, dass die Städte keinen Halt machen und ihre Dominanz in Interdependenz zur Weltgesellschaft bestätigen werden. Wie ein Schwamm ziehen Ballungsgebiete Menschen an, die sich nach Ideen und co-kreativen Projekten sehnen. Technologie und Pandemie werden Metropolregionen wie New York nicht davon abhalten, Schmelztiegel und Zukunftsschmiede zu sein. Wohnten Anfang des 20. Jahrhunderts 5 Prozent der Weltbevölkerung in Städten beziehungsweise in Ballungsgebieten, so war der Tipping-Point 2006/07, als bereits mehr als 50 Prozent der Weltbevölkerung in Städten lebte. Die Entwicklung zeigt, dass wir uns rasant in Richtung 75 Prozent bewegen.

Trotz möglicher Tempowechsel werden die großen Metropolregionen die sozialen Knotenpunkte bleiben. Daraus folgt eine Welt der Regionen, Ballungsgebiete oder Städte, die miteinander verbunden sind und nicht nur Daten und Informationen austauschen, sondern auch Werte und Ideen und damit verbundene Produkte und Dienstleistungen. Städte und Ballungsgebiete haben sogar eine eigene Dynamik entwickelt, und bereits jetzt ist eine Entkoppelung von alten Nationalstaatstrukturen erkennbar. Kooperationen und eigene Handelsabkommen über Kontinente und Landesgrenzen hinweg stärken die Gebiete an sich. Lokale Autoritäten rebellieren und bekommen mehr Macht, denn in ihrer Nähe haben sie die Unterstützung der Bürger.

Das ist keine neue Beobachtung, städteübergreifende Kooperationen von lokal politischen Akteuren mit Partnern außerhalb der eigenen Landesgrenzen werden vermehrt sichtbar. In Spanien kämpft Katalonien um seine Loslösung und treibt dies in aller Konsequenz voran, auch wenn es bedeuten würde, ihr Flagship FC Barcelona müsste die Primera División verlassen.[91] In Deutschland schließen sich Bürgermeister kurz und positionieren sich international. Die »Initiative Ruhrstadt – Stadt der Städte«[92] verfolgt das Ziel eines einheitlichen Markenauftritts der Städte und Kreise des Ruhrgebiets zur Demonstration der Größe und Vielfalt der Städte des Ruhrgebiets und präsentiert sich als Investitionsstandort in Cannes unter weiteren Stadtprojekten.

München, Frankfurt, Hamburg oder Berlin – alle haben sie unterschiedliche ökonomische Stärken und Schwächen, unterschiedliche infrastrukturelle Herausforderungen und (geo-)strategische Vor- und Nachteile. Es macht schlicht in der globalen Welt keinen Sinn, ihnen eine einheitliche nationale Struktur zuzuordnen. In München setzt Söder zusammen mit der Bayerischen Akademie der Wissenschaften, der Fraunhofer-Gesellschaft, der Max-Planck-Gesellschaft, der Ludwig-Maximilians-Universität und der Technischen Universität München auf Quantum Valley,[93] punktet mit technologischem Köder und gewinnt globale Player. Ein Vorzeigeobjekt für die angebliche »digitale Strategie Deutschlands«, das gleichzeitig zur starken Identifikation mit der Region führt.

Auch während der Pandemie wurde der Fokus regionaler Entkopplung deutlich. In den USA stellt sich der Gouverneur des Bundesstaates New York, Andrew Cuomo, dem Präsidenten entgegen und setzt den »New Yorker Weg« um. In Deutschland prägten plötzlich Begriffe wie »Tübinger-Modell« (für das Mitte März gestartete Projekt »Öffnen mit Sicherheit«[94] nach dem Lockdown) das Medienbild. Rebellische Bürgermeister werden womöglich Städte oder Regionen dazu bringen, über Entkoppelungen von Nationalstaaten nachzudenken. Es ist nicht einmal auszuschließen, dass in den nächsten Jahren – sollte sich die Spaltung und die sozialen Strukturen in den USA nicht verbessern – sich die ersten US-Staaten mit einem zentralen Ballungsgebiet entkoppeln werden. Daraus können wir schließen, dass es trotz veränderter Lieferketten und moderner Technologie keine wirklichen Anzeichen dafür gibt, dass wir uns in diesem Bereich von der Idee einer globalisierten Welt verabschieden werden, und damit einhergehend, steigt auch die lokale Identität.

DER WEG ZUR WELTGEMEINSCHAFT

Durch eine globale Annäherung werden grundlegende menschliche Bedürfnisse unter Einfluss der technologischen Entwicklung zunehmend auf sehr ähnliche Weise erfüllt. Die Welt ist verbunden, und alles hängt mit allem zusammen. Die grundlegenden Bedürfnisse werden zunehmend ähnlicher, und das führt – ohne zu einer monotonen Lebensweise zu gelangen – zu mehr Gleichheit. Die Weltgemeinschaft bietet

Vielfalt in der lokalen Identität und somit die Möglichkeit, das Menschsein auszuleben. Dieser Zusammenhalt und die Gleichheit in der individuellen Vielfalt sind nicht als absolute globale Struktur zu verstehen, vielmehr als eine Entwicklung, die sich zunächst in Wohlstandsregionen bemerkbar macht und sich später durch die Globalisierung verbreitet und als Metaphänomen erkennbar wird. Je mehr wir ein Verständnis für die Vereinheitlichung entwickeln, desto mehr entfalten sich der gegenseitige Respekt und die Nächstenliebe und folglich eine wirkliche Freiheit in der Verwirklichung von eigenen Träumen. Eine stärkere regionale Zugehörigkeit, eine Identität sowie eine deutlich stärkere Verbundenheit zur Weltgesellschaft. Mehr Lokalismus und mehr Globalisierung.

Trotz der Interdependenz bleiben also (noch) regionale Unterschiede. Werte, Kultur, Sprache – lauter Konstrukte und Erzählungen aus der Evolution des organisierten menschlichen Lebens – verändern sich, verschwinden aber nicht im globalen Dorf. Die Unterschiede werden immer stärker beeinflusst durch neue Faktoren. Waren sie einst geprägt durch Siedlungen und Wanderungen von Menschen, so werden Sprache und Kultur heute kreuz und quer durch die Welt geformt und geteilt. Statt einer reinen *internen* Weiterentwicklung (Volk/Stamm) der Erzählung bewegen wir uns heute im Großen und Ganzen in (nahezu) jedem Bereich in Richtung einer grundlegenden Übereinstimmung und Gleichheit. Als Folge werden in Zukunft Interessengemeinschaften und neue strategische Handelsvereinbarungen von geografisch voneinander entkoppelten Regionen geschlossen und zum Teil des dynamischen Ganzen.

Dynamische Balance und Adaptionsfähigkeit sind möglich und müssen zum Ziel werden. Schauen wir in meine Heimat

Røros. Nach dem Bankrott von Røros Kobberverk A/S 1977 war dies mit dem rauen Wetter, der abseitigen Lage, die jegliche Form von Produktion nahezu sinnlos macht, so etwas wie die Verabschiedung der arbeitenden Klasse und alten Industrie. Nach der Stilllegung der letzten Grube und einer 333-jährigen Bergwerkstradition folgten in der Fünftausend-Seelen-Gemeinde eine Premium-Bürostuhl-Produktion für die ganze Welt, der Aufbau von Datencentern, ein blühender Tourismus und in den letzten Jahren sogar die Eröffnung einer eigenen Brauerei. Røros hat heute genauso viele Hütten wie Einwohner, aber es hat sich über die unterschiedlichen Zeitepochen stabil gehalten trotz der Urbanisierung der größeren Städte wie Oslo und Trondheim. Gleichzeitig bleibt der rasante Anstieg an Wohlstand aus. Die Region taktiert im Streben nach Balance. Mit einem Weltbild voller Komplexitäten und mangelnder Weltverständlichkeit kommt bei vielen natürlich Nostalgie nach der Vorstellung darüber auf, wie eigentlich alles war oder hätte sein sollen, und die Suche nach der eigenen Identität in der vielfältigen Auswahl an Datenströmen wird durch Leere beherrscht: wohin und weshalb.

Verständnis für die Entwicklung können wir nur erreichen, wenn wir die Lokalität und die Umstände sowie die globale Interdependenz und Entwicklung verstehen. Nur daraus können mögliche frühzeitige Veränderungen auf globaler Ebene entdeckt und lokale Faktoren verstanden werden. Wir wissen noch nicht, wie sich die globale Konvergenz auf unsere höchsten Bestrebungen und grundlegenden philosophischen Fragestellungen und Bedürfnisse auswirken wird, aber die Beobachtung bietet eine Möglichkeit für neue Lehren. Sinnfrage, Drang nach sozialem Beisammensein, Selbstverwirklichung – eben Weltverständlichkeit. Ob lokal und regional oder global, alles ist heute eine Zutat der globalen Möglichkeiten und Vernetzungen. Es ist möglich, dass auch die individuellen Merkmale und das Verständnis von einem Subjekt konvergieren. Aber mit einem größeren Verständnis der technologischen Entwicklung ist es nicht nur wichtig, dass wir ein besseres Verständnis für Mensch und Bewusstsein bekommen, sondern mit der Auseinandersetzung folgt auf diesen oberen oder unteren – je nach Perspektive – Identitätsebenen eine Divergenz von Ausdruck und Inhalt.

So entstehen auch in Globalia Zugehörigkeit und Lokalität mit einer zunehmenden Verbundenheit zum Ganzen. Individualität in Vielfalt durch lokale Zugehörigkeit und Weltverständlichkeit. Globalisierung und die Idee einer globalen Konvergenz treffen auf Widerstand und werden kritisch betrachtet. Der Schlüssel liegt in der Negation, der Befreiung der eigenen Selbstverständlichkeiten und in der Manifestation des Eigenen oder einer synthetischen Entwicklung zum Neuen hin. Die Akzeptanz und das Verständnis unserer gemeinsamen Bedürfnisse führen zum Ergebnis, dass wir unsere unterschiedlichen Träume und Wünsche mit einer Verbundenheit zwischen der Außen- und der Innenwelt erreichen können. Jedoch nicht entkoppelt vom Allgemeinwohl und dem Rest unseres Planeten. Der Weg des Fortschritts für unsere Spezies setzt sich also nur durch mehr Lokalität *und* mehr Globalisierung fort.[95]

Bevorstehende Herausforderungen – ob Umwelt, der Umgang mit exponentiellen Technologien oder der Bekämpfung von Pandemien – können nur gemeinsam gelöst werden. Dies setzt auch die gleichen Bedingungen voraus, die durch den Aufbau von neuen globalen Institutionen, entkoppelt von Marktkräften und dem Austausch von Informationen und Daten sowie geprägt durch Vertrauen geschaffen werden müssen.

Die Deglobalisierung tötet Wachstumshypothesen und die Illusionen auf himmlische Luftschlösser durch rasche globale Skalierung. Die Ära der Dekadenz ist vorbei, gleichzeitig herrscht Goldgräberstimmung. Die Entkoppelung von Finanzwirtschaft und Realwirtschaft trifft auf eine Welt der Lokalisierung bei gleichzeitiger fortschreitender Globalisierung. Einst handelte es sich um Unternehmertum und harte Arbeit. In der Gefälligkeits- und Optimierungsgesellschaft, bei der die Angst vor der Zukunftslosigkeit zunimmt, entsteht ein neues Verlangen nach einem einfachen Weg, da der langsame und harte Weg vielen Menschen unerreichbar erscheint. In einem neuen Attentionalismus inmitten eines Paradigmenwechsels zu einem neuen volltechnologisierten und ökonomisierten Weltdorf-System wollen alle die eigenen Blasen bauen und gleichzeitig ein Teil vom Ganzen sein.

Das World Economic Forum schreibt über das, was uns Hipster-Kaffeehäuser und leere Straßen im Bundesstaat Indiana über die Globalisierung lehren:[96] Es beschreibt, dass einige nicht über die Adaptionsfähigkeit verfügen, sich neuen globalen und technologischen Herausforderungen zu stellen, während andere von Trends und dem gesellschaftlichen Wandel profitieren. Dies ist aber nichts Neues. Was zu beobachten ist, sind jedoch die Konsequenzen der Globalisierung, die Hans Rosling in seinem Buch *Factfulness*[97] mit einem rasanten Anstieg globalen Wohlstands, der Bekämpfung der absoluten Armut und noch nie da gewesenen technologischen Möglichkeiten skizzierte. Was Rosling wie übrigens auch Steven Pinker in *Aufklärung jetzt*[98] in der Konsequenz jedoch nicht behandeln, ist die andere Seite der Erzählung. Die der abgehängten Mittelschicht, die insbesondere in den USA zu beobachten ist, sowie die extreme Zunahme der Spaltung zwischen Reich und Arm.

Wir leben in einer Parallelgesellschaft, in der altes System-
denken und Absolutheiten permanent hinterfragt werden
müssen. Wachstum muss inkludierend gemacht werden.
Wohlstand für Alle muss geteilter Wohlstand werden. Lokale
Identität ist nicht und darf nicht ein Widerspruch zu globaler
Solidarität sein. Es ist nicht das eine oder das andere, es heißt
auch hier »sowohl als auch«, und wie wir gesehen haben, liegen unseren Erklärungen für das Phänomen Globalisierung
externe Faktoren zugrunde. Es ist unvermeidlich, der Weg
führt über globale Zusammenarbeit sowie über lokale Gestaltung und Aktivierung. Diese »perfekte Symbiose« erzeugt
Spannung und Entspannung, wodurch das Totalitäre oder
Absolute vermieden werden kann. Es ist somit die ständige
Hinterfragung der eigenen (und somit auch lokalen, individuellen) Selbstverständlichkeiten gepaart mit der Bestrebung
einer höheren globalen Interdependenz und Verbundenheit
(unsere Weltverständlichkeit), die uns zum Fortschritt – zu
dynamischem Äquilibrium – führt. Das »Zukünften« – der
Umgang mit gegenwärtigen Metaherausforderungen wie
Klima, KI/exponentielle Technologien, Spaltung usw. – können wir nur global angehen, jedoch durch den Antrieb der
lokalen Bedürfnisse. Regional und global widersprechen sich
nicht, sondern beflügeln sich gegenseitig, womit Kooperation
im 21. Jahrhundert effizienter ist als endlicher Wettkampf.

*Als eine nie und nirgends unterbrochene Kette zeigst du die Welt, als eine
ewige Kette, gefügt aus Ursachen und Wirkungen, (...) lückenlos, klar wie
ein Kristall, nicht vom Zufall abhängig, nicht von Göttern abhängig. Ob
sie gut oder böse, ob das Leben in ihr Leid oder Freude sei, möge dahingestellt bleiben, es mag vielleicht sein, dass dies nicht wesentlich ist – aber
die Einheit der Welt, der Zusammenhang alles Geschehens, das Umschlos-
sensein alles Großen und Kleinen vom selben Strome, vom selben Gesetz*

der Ursachen, des Werdens und des Sterbens, dies leuchtet hell aus deiner erhabenen Lehre.[99]

Was können wir uns von dieser Welt erhoffen? Ein wenig hoffnungslos scheint das schon. Wir brauchen Klarheit. Was können wir über diese Welt überhaupt wissen? Dafür brauchen wir eine genaue Diagnose, um daraus abzuleiten, was jetzt geschehen muss.

TEIL II

Das Erwachen

KAPITEL 6

Eine Krise erkennt man an der Diagnose

Wie würde der wohl bekannteste Schnauzer in der Geschichte der radikalen Vordenker auf unsere heutige Zeit schauen? Würde Friedrich Nietzsche heute leben, so wäre seine Ansprache an die »Träumer der Unsterblichkeit«[100] womöglich eine andere – eine, in welcher der Traum technologischer Verewigung, in dem Verschleiß und Abnutzung seltsamer chemischer Konstrukte keine Rolle mehr spielen, denn in der technologischen Upgrade-Gesellschaft wird das Ertragen des eigenen Bewusstseins unter Umständen zum optionalen Feature.

Science-Fiction konfrontiert uns heute mit echten philosophischen Fragen. Die Fiktion treibt die Forschung voran und zwingt die Menschen, sich der Urwissenschaft, der Philosophie, zu stellen.

Gott ist tot! Gott bleibt tot! Und wir haben ihn getötet! Wie trösten wir uns, die Mörder aller Mörder? Das Heiligste und Mächtigste, was die Welt bisher besaß, es ist unter unsern Messern verblutet – wer wischt dies Blut von uns ab? Mit welchem Wasser könnten wir uns reinigen? Welche Sühnefeiern, welche heiligen Spiele werden wir erfinden müssen? Ist nicht die Größe dieser Tat zu groß für uns? Müssen wir nicht selber zu Göttern werden, um nur ihrer würdig zu erscheinen?[101]

Und so ist die Erzählung eine andere. Statt von einer transzendenten Macht aus der Vergangenheit – dem Schöpfer – sprechen wir heute über Gott aus der Maschine. Wir stehen vor der Frage, wie weit wir es mit der Technologie treiben wollen. Körper nachschaffen oder sogar ersetzen? Das lässt sich realisieren. Gehirn nachbauen und outsourcen? Nicht ganz so trivial, aber das Verständnis dafür, wie unsere Nervenzellen im Kopf, die Neuronen, feuern und wie sie sich verhalten, ist ein Thema, womit die Menschheit in den neuen Zwanzigerjahren gewaltige Fortschritte erlebt. Psychologie und Psychoanalyse verschmelzen in Neurowissenschaft. Technologische Träume und Möglichkeiten – die Hoffnung – übertrumpfen mögliche Grenzen und Konsequenzen. Nicht heute und auch nicht morgen, aber die rasante Entwicklung zeigt eindeutig, wo uns diese Reise hinführen wird, wenn wir von irgendeinem Fortschritt ausgehen. Die Option eines »Downgrades« oder die einer erreichten Genügsamkeit technologischer Fortschritte scheint keine echte Option zu sein für die Optimierungsgesellschaft.

Nichts Geringeres als Posthumanismus, die Singularität oder ein Deus ex Machina schweben einer elitären Gemeinschaft technokratischer Liebhaber vor. Zukunftsforscher Ray Kurzweil zufolge tritt die technologische Singularität 2045 ein: Sie bringt eine enge Verschmelzung zwischen der technologieerzeugenden Spezies und dem technologischen Evolutionsprozess hervor. Diese führt dazu, dass nicht biologische Intelligenz Zugang zu eigenen Kreationen bekommt und somit durch immer schneller werdendes »Redesign« sich selbst verbessern kann. Die Singularität beschreibt den Punkt, an dem der technische Fortschritt so schnell sein wird, dass die evolutionäre (langsamere) menschliche Intelligenz nicht mehr mitkommt. Laut Kurzweil – in zwei Jahrzehnten ... – wird die nicht biologische Intelligenz eine Milliarde Mal mächtiger sein als die gesamte menschliche Intelligenz heute. Macher und Medien feiern diese erzähl- und kapitalisierbaren Nachrichten des Fortschritts. Wir, die wir jetzt leben, werden das, realistisch gesehen, nicht mehr miterleben, aber es scheint mit den Fortschritten in den Wissenschaften keine Spinnerei mehr zu sein. Science-Fiction verliert das »Fiction«. Eine neue Evolutionsstufe, ein anderes Bewusstsein, so das Versprechen.

... Wohin bewegt sie sich nun? Wohin bewegen wir uns? Fort von allen Sonnen? Stürzen wir nicht fortwährend? Und rückwärts, seitwärts, vorwärts, nach allen Seiten? Gibt es noch ein Oben und ein Unten? Irren wir nicht wie durch ein unendliches Nichts? Haucht uns nicht der leere Raum an?[102]

Das Universum braucht keine Hand Gottes. Wir versuchen es mit einer eigenen Schöpfung und einer Singularität, bestehend aus technologischer *Gottseligkeit, Unstersterblichkeit und Glückseligkeit* – das Göttliche wird folglich in und mit der Technologie verwirklicht. Bleiben wir bei einer ontologisch metaphysischen Sichtweise, dass das, was in der Welt existiert, physisch ist – also einer eher vom Physikalismus ausgehenden Definition –, dann gehört Gott nicht in die Vergangenheit. Das Streben nach der Erleuchtung und das Allmächtige bilden vielleicht *einen* Weg und *ein* Ziel in eine wie auch immer verankerte Zukunft. Oder sie dienen als Ankerpunkt und Hilfestellung bei der Sinngebung in einer schnelllebigen und komplexen Welt. Sie haben aber längst keinen Anspruch (mehr) auf Exklusivität. Ein Stück weit befreien wir uns mit diesen Gedanken von einer deterministischen Welt eines Gestalters. Was Subjektivität, Emotionen, Gefühle und unser

Bewusstsein an sich haben, ja, wie letzten Endes Gedanken entstehen und eine Beschreibung darüber, was wir als Intelligenz bezeichnen, das möchten Wissenschaftler im 21. Jahrhundert beantworten. *Wir wollen es wissen.*

Wir suchen also nicht nach einem Mörder, sondern nach Aufklärung oder im wissenschaftlichen Sinne nach einer Erklärung für die Belebung. Dies schließt jedoch nicht die Akzeptanz des Göttlichen aus. Denn es muss nicht gegeben sein, dass die Welt erklärbar ist und dass die aufgeworfenen (zum Teil nicht gestellten) Fragen tatsächlich zu beantworten sind. Der oft kryptische, aber geniale Franz Kafka schrieb 1920 in seinem kleinen Prosastück *Die Prüfung*: »Wer die Fragen nicht beantwortet, hat die Prüfung bestanden.« Auf unserer Suche und im Streben nach einer Theorie von allem sollten wir nicht haltmachen, auch wenn es kein Ende geben wird. Wir müssen akzeptieren, dass etwas Göttliches im Privaten für Halt in einer merkwürdig wahrgenommenen Realität sorgen kann. Dennoch ist es ein fundamentaler Fehler, die eigene Weltanschauung als das Absolute zu postulieren.

Die *letzte narzisstische Kränkung der Menschheit* hinterfragt nicht Gott als »den Schöpfer«. Der Fokus liegt stattdessen auf den subatomaren Strukturen einer »Quantenwelt« und auf der Suche nach der Theorie »von allem«. Es fehlen jedoch elementare Bausteine oder ein Grundverständnis für unsere Welt. Genau jene letzte narzisstische Kränkung baut auf die Freud'schen drei Kränkungen der Menschheit auf. Nach der überwundenen *kosmologischen Kränkung* – der kopernikanischen Wende – und der allgemeinen Akzeptanz befinden wir uns mit unserem kleinen Planeten irgendwo an einem insignifikanten Punkt eines galaktischen Universums, gefolgt von der darwinschen Erkenntnis: Wir sind keine Gottesschöpfungen, sondern Teil einer Evolution, ja sogar, wir stammen von

Tieren ab – *die biologische Kränkung*. Danach entsteht das Gefühl – und dies ist hoffentlich auch im infizierten Denken erkennbar geworden –, dass die von Freud entwickelte Libidotheorie des Unbewussten genau jenes Seelenleben beschreibt, das sich der Kenntnis und Herrschaft unseres bewussten Willens entzieht – und das ist die dritte Kränkung: *die psychologische Kränkung*.

Die letzte narzisstische Kränkung der Menschheit ist unser Versuch, die Herrschaft – nachdem Freud erkannt hatte, dass wir nicht Herr im eigenen Haus sind – algorithmisch auszulagern, unseren Geist technologisch anzubinden oder uns als bewusste, denkende Wesen obsolet zu machen. Sollten wir mit der letzten narzisstischen Kränkung von der Ausrottung unseres Homo sapiens verschont werden, so grüßt der Homo obsoletus: ein Wesen, das erkennt, aber befreit ist von der eigenen (Selbst-)Erkenntnis. Die Lichter sind an, aber es ist niemand mehr da, um sie wahrzunehmen.

Habe nun, ach! Philosophie,
Juristerei und Medizin,
Und leider auch Theologie
Durchaus studiert, mit heißem Bemühn.
Da steh' ich nun, ich armer Tor,
Und bin so klug als wie zuvor!
Heiße Magister, heiße Doktor gar,
Und ziehe schon an die zehen Jahr'
Herauf, herab und quer und krumm
Meine Schüler an der Nase herum –
Und sehe, dass wir nichts wissen können!
(...)
Zu sagen brauche, was ich nicht weiß;
Dass ich erkenne, was die Welt

Im Innersten zusammenhält,
Schau' alle Wirkenskraft und Samen,
Und tu' nicht mehr in Worten kramen.[103]

Es ist ein Teil der letzten narzisstischen Kränkung der Menschheit,
»Leben« als Teil der Physik und wissenschaftlichen Er-/Aufklärung zu
sehen, obwohl die darunterliegende Mathematik (noch) nicht ergründet
ist. Vielleicht haben wir Weg und Ziel, Anfang und Ende verwechselt.
Vielleicht gab es nie so etwas wie einen Anfang. Und wenn,
kann es trotzdem dann so etwas wie ein Ende geben? Und
wenn ja, wie sähen dann mögliche Enden aus? Welche möglichen Szenarien für existenzielle Bedrohungen der Menschheit oder der Untergang des Menschen als bewusstes Lebewesen können wir uns heute vorstellen? Diese Fragen haben
für die Menschheit heute praktische Implikationen.

Wenn du zu denjenigen gehörst, die daran glauben, über
eine wie auch immer geartete Erfahrung zu verfügen, worüber man in bekannten metaphysischen Dimensionen sprechen kann, dann gibt dies vielleicht Halt im Leben. Das ist
nichts anderes als eine Simplifizierung und/oder Verschie-
bung fundamentaler Grundsatzfragen auf eine andere Ebene.
Für den Rest kann man sich (andere) Gedanken über eine
objektive Wirklichkeit – die Realität – machen. Eine Realität,
die sich, jedenfalls für mich, echt anfühlt. Zumindest können
wir sagen, dass es so etwas wie eine objektive Realität geben
kann. Denn es gibt Dinge, die wir wissen könnten – zum Beispiel gibt es ein Leben nach dem Tod oder nicht. Wenn wir
Erkenntnisse über eine Reinkarnation gewinnen würden,
wenn die (menschliche) Seele oder wie auch immer definierte
mentale Prozesse sich nach der »Exkarnation« in anderen
(wahrnehmenden) Wesen neu oder erneut manifestieren würden, was würde das an unserer gegenwärtigen Endlichkeit

ändern? *Wie würdest du dein Leben leben, wenn es klar wäre, es gäbe so etwas wie eine »Wiederfleischwerdung«?*

Wir brauchen eine Theorie von allem – das Wissen über unser Universum: Der Physiker Eric Weinstein präsentiert sein Lebenswerk ausgerechnet am 1. April: Sein Geometric Unity (GU) ist aber alles andere als scherzhaft gemeint. Medienaffine Persönlichkeiten wie Weinstein stellen die Grundsatzfrage: Was können wir wissen? Der britische Physiker Stephen Wolfram demonstriert seine Thesen vom zellulären Automaten,[104] und Popstar-Physiker Michio Kaku seine Gottesgleichung.[105] Die Wissenschaft kehrt endlich wieder zu ihrem Ursprung zurück. Nicht gefällig und ökonomisch, sondern aufklärerisch. Die Wissenschaftler besetzen Podcasts und Talkshows und erzählen von ihrer Suche nach einer Theorie von allem. Wir staunen und hören. Verstehen, na ja ... Auch mit Videos und versuchter »Aufklärung für Dummies« kommen wir (zumindest die meisten von uns) nicht mit. Das Schöne an der öffentlichen Wahrnehmung ist die Entwicklung im Bereich der Wissenschaften. So können womöglich die klügsten Köpfe den Künsten nachgehen. Wie Ronaldo und Messi für den Fußball brauchen wir Leuchttürme der Physik als Vorbilder für eine neue Generation von Vordenkern. Die verlorene Wertschätzung der vergangenen Jahrzehnte, die Krise der Wissenschaft, wird bekämpft. Wir brauchen Physik, wir brauchen die aufklärende Wissenschaft. Wir brauchen alle rebellischen Denker. Pullover tragende Zeitgeistzerstörer unter Anzugträgern (wie einst Einstein), die Wanderer zwischen den Paradigmen und diejenigen, die sich dem System stellen und sich öffentlich trauen, falschzuliegen, damit in der Auseinandersetzung mit den Fehlern für die nächste Generation Fortschritt erzielt werden kann. Newton, Einstein und so auch gegenwärtige Vordenker wie Kaku,

Weinstein oder Wolfram: Alle starten auf der Basis ihrer vermeintlichen Selbstverständlichkeiten. Die Rolle der Wissenschaft muss eine fundamentale sein. Die Wertschätzung für Genialität muss gegeben sein, auch wenn sie falsch ist. Wenn die Welt im Kern nicht erklärbar ist, soll es uns trotzdem nicht daran hindern, den Versuch zu wagen.

WARUM WIR KEINE DIAGNOSE STELLEN

Eine absolute Diagnose in einer dynamischen und fluiden Welt kann immer nur eine Momentaufnahme sein. Sie ist unabdingbar mit ihrem Entstehungskontext und ihrer Entstehungszeit verwoben. Ein solches kontextgebundenes Denk- und Sprachverständnis verfolgt auch Richard Rorty.

Wahrheit ist das, womit Ihre Zeitgenossen Sie davonkommen lassen.[106]

Eine Diagnose zu akzeptieren, ist eine Externalisierung. Es ist die Auseinandersetzung mit einer von außen festgestellten temporären Verabsolutierung. *In der Problemstellung der Diagnostizierung finden wir auch das gegenwärtige »Metaproblem«, womit die Menschheit konfrontiert wird: die kollektive Unfähigkeit, sich über tatsächliche Bedrohungen zu einigen und dagegen Strategien gemeinsam zu entwickeln, um darauf zu reagieren.* Es lehrt uns, über die Handlungsunfähigkeit und die Dysfunktionalität politischer Systeme Menschen auf einen gemeinsamen Nenner zu bringen. Unser Umgang mit Krisen ist langsam, reaktiv und wie ein Brennglas für unser infiziertes Denken. Sie passieren, werden sozial mit kleiner Mehrheit »akzeptiert« und »diagnostiziert«, und es wird mit Widerstand aus der Opposition reagiert. Eine zweite Form der Mehrheitsbildung ist die

Negierung einer Krise mit einem ebenso möglichen fatalen Ausgang. Es ist nicht relevant, ob COVID-19 aus dem Labor in Wuhan als »Unfall« stammte (was im Moment der Niederschrift nicht klar ist), sondern relevant ist die Tatsache, a) dass ein Virus mit pandemischer Auswirkung aufgetreten ist, und b) dass es möglich ist, dass ein solcher Unfall in einem Labor passieren kann.

An dieser Stelle ist anzumerken, dass eine viel zu hohe Zahl an Menschen an oder mit dem Coronavirus gestorben ist. Ebenso handelt es sich hierbei um schlimme Erlebnisse für die Betroffenen. COVID-19 (vorausgesetzt, nicht nur die Menschen aus den wohlhabendsten Ländern der Welt erhalten die Impfungen und impfresistente Mutationen bleiben aus) wird am Ende vielleicht um die fünf bis sieben Millionen Menschen das Leben kosten. Die Letalität der Infizierten liegt bei etwa ein bis zwei Prozent. Es ist aber nicht von der Hand zu weisen, dass mit der heutigen Dezentralisierung von Technologien eine künstliche Herstellung von deutlich tödlicheren Viren als das Coronavirus bereits jetzt möglich ist. Nehmen wir also COVID-19 als Lackmustest für ein solches nicht auszuschließendes Ereignis, stellen wir fest, dass wir als Weltgemeinschaft gnadenlos gescheitert sind. Nach eineinhalb Jahren hält immer noch ein (großer) Teil der Weltbevölkerung an Verschwörungsmythen fest und hat mehr Angst vor Impfstoffen als vor dem Virus. Die entfernte Facebook-Freundschaft dient als Quelle gegen die vermeintlich manipulierende und politisch gesteuerte Wissenschaft.

Schauen wir uns doch mal an, mit welchen (möglichen) schleichenden Krisen wir es zu tun haben könnten. Der Fokus liegt hier auf schleichenden Krisen: Ökologischer Kollaps, die umgekehrte Bevölkerungspyramide oder der Umgang mit exponentiellen Technologien sind ernst zu nehmende Themen, die wir mit politischer Reaktivität niemals werden lösen können. Verbote, Regulierungen und Großdemos zeigen eine Wirkung, führen aber nicht ansatzweise zur ausreichenden Lösung der schleichenden Krisen. In Sachen Klimakollaps bringen weder Greta Thunberg noch Fridays for Future die gewünschte Lösung. Politische Regulierung und eine grüne Welle werden bei einer egozentrischen Menschheit nicht ausreichend sein.

Statt Ökohysterie führt der aussichtsreichere Weg über eine Ökotopie. Eine Limitierung und Reduktion des Konsums ist erforderlich und zumindest in westlichen Wohlstandsregionen realisierbar (reduce), ebenso die Ansätze einer perfekten Kreislaufwirtschaft (reuse). Die Probleme lösen wir aber, wenn es gelingt, Anreize zu schaffen für eine Umstellung (rethink). So kann es nicht heißen: Autos verbieten. Es muss heißen: Bessere und attraktivere Mobilitätskonzepte entwickeln, bei denen CO_2-Neutralität ein feststehendes Attribut ist. Das gilt auch für das Fliegen. Das realistische Ziel muss es sein, rasant schnell nachhaltige Flugzeuge herzustellen. In vielen Bereichen muss es folglich eventuell erst schlechter werden, bevor es besser wird.

Die Bevölkerungsproblematik – das Problem, dass nicht eine Überbevölkerung, sondern eine Unterbevölkerung droht – kann durch das (Er-)Zeugen von Kindern (künstlich oder natürlich) oder durch eine rasche Entwicklung von Robotern als Ersatz für wesentliche Rollen in unserer Gesellschaft in Angriff genommen werden. In einer Pandemie gezielt die ältere Generation zu gefährden, ist keine Option. Unterbevölkerung ist allerdings zur Aufrechterhaltung einer stabilen Gesellschaft ein sehr ernst zu nehmendes Problem.

In Sachen Technologie haben wir bereits in bestimmten Bereichen menschenähnliche Intelligenz erreicht. So ist die nächste Stufe die »Superintelligenz«. Der Mensch ist der Superintelligenz in jeglicher Hinsicht unterlegen. Eine kognitive Auseinandersetzung mit Superintelligenz scheint nutzlos. Die Option der Verschmelzung mit der Technologie ist gegeben. Wichtig ist daher, jetzt der Gefahr des möglichen Obsoletwerdens des Homo sapiens zu begegnen.

Erreichen Maschinen menschenähnliche und allumfassende kognitive Fähigkeiten, haben Menschen keine Bedeutung mehr für die Gestaltung und Aufrechterhaltung der gesellschaftlichen Struktur. Ist die irreversible Eisschmelze schon im Gange, so scheinen wir in das Geschehen nicht mehr eingreifen zu können. Es handelt sich hierbei um existenzielle Bedrohungen, die wir heute nicht erkennen.

Was ist, wenn wir es heute mit einer Krise zu tun haben, die wir nicht als Krise erkennen können? Krisenreaktion und Krisenvorbereitung lassen sich im fatalen Nickerchen als anästhetisch beschreiben. So haben wir ein Missverhältnis zwischen Diagnostizierung und Therapie. *Wir stehen vor einem Dilemma: Wir können uns keine Krisen (mehr) erlauben, können jedoch keine Krisen im Entstehen mit einer vernünftigen Diagnose erkennen.* Dazu kommt, dass das Erkennen und Akzeptieren von Krisen nicht reicht, es muss eine Aktivierung folgen, eine aktive Auseinandersetzung mit der Diagnose. Wann erkennen wir eine Krise als eine Krise (an)? All das, was historisch als vermiedene »existenzielle« Krisen akzeptiert wurde, können wir uns nicht mehr erlauben. Eine reaktive Bekämpfung und Problembehandlung ist zu riskant. *Der Weg zur Heilung unseres infizierten Denkens liegt in der Befreiung aus der Anästhesie – aus reaktiven Selbstverständlichkeiten.* Heute brauchen wir *aktive* Selbstverständlichkeiten – eine fortlaufende Auseinandersetzung mit unseren Selbstverständlichkeiten. Es muss mehr als nur ein Gefühl sein, dass »unsere Welt« im Kern nicht absolut und statisch ist, sondern fluide und interdependent. Es muss zum zentralen philosophischen Ankerpunkt unserer Gesellschaft werden – eine Gesellschaft des Verstandes. Mit der technologischen Entwicklung wird Aufklärung zunehmend mit naturwissenschaftlichen Analysen betrieben, dabei verliert sie die Relation zum Menschen als sozialem Kulturwesen.

Wir stecken heute in einer Identitätssuche, gefangen in Absolutheiten. Eine Welt, die großartige Denker ihrer Disziplinen daran hindert – durch die Gefangenschaft und die Gefälligkeit –, mit Ernsthaftigkeit ihrer Profession nachzugehen. Die Werkzeuge sind vorhanden, es mangelt aber an Aktivierung und an Verständnis. In der Aktivierung liegt die Überwindung der Angst vor dem Scheitern, vor dem Schmerz. Ja, wir haben Angst vor der Angst. Heute flüchten wir (in den westlichen Gesellschaften) nicht vor Krieg und der physischen Entzauberung der Welt, sondern unbewusst vor uns selbst. Zur Verbesserung unserer Lebensqualität müssen wir unsere Algophobie, unsere Angst vor schmerzhaften Situationen, überwinden. Es gehört dazu, sich Herausforderungen zu stellen und damit verbundene mögliche Konsequenzen anzunehmen.

Die Aktivierung ist auch insofern für eine Diagnose grundlegend, da wir heute Untätigkeit und verlorene Wahrnehmung zunehmend gepaart mit (blinder) Hoffnung in der technologischen und vollökonomisierten Welt beobachten könnten. Es geht heute nicht, wie Adorno und Horkheimer über Marquis de Sade in der Dialektik der Aufklärung[107] schreiben, um die selbstzerstörerische Kraft der Aufklärung, die in menschenvernichtender Gewalt endet. Klar, wir leben in einer Welt, in der Gewalt herrscht. Die Waffenproblematik in den USA ist hier nur ein Beispiel. Aber im Kern ist das Problem nicht jenes, für das aus Sicht Adornos und Horkheimers de Sade steht. *Das tiefgreifendere Problem liegt im Verschwinden unserer Wahrnehmung der Welt und damit auch überhaupt der Fähigkeit, Veränderungen wahrzunehmen.*

Seit März 2020 versucht das Pentagon – die vielleicht ressourcenstärkste Intelligenzinstitution der Welt – verzweifelt, die Menschheit mit verifizierten Aufnahmen von unidentifizierten Luftobjekten, die sich weit außerhalb der vorhandenen Technologie und bekannten physikalischen Gesetzen bewegen, zu erreichen. Sind wir in unserer »Twitter-Blase« der Absolutheiten so gefangen, dass wir nicht einmal erkennen würden, wenn außerirdische Intelligenz unter uns, ja sogar vor unseren Augen, sich befindet? Wir haben mit unserem infizierten Denken eine Welt der Übervereinfachung und des Antiintellektualismus erschaffen. Eine Welt der Müdigkeit und Untätigkeit – eine Welt der Lustlosigkeit. Nicht der Mord bestimmt unser Leben, sondern der Suizid. Ohne einen Weg zur Heilung des infizierten Denkens und ein endgültiges Aufwachen aus unserem fatalen Nickerchen lassen sich Diagnosen über unsere Welt nicht stellen.

»Wenn ich wüsste, dass morgen die Welt unterginge, würde ich heute noch ein Apfelbäumchen pflanzen.« Ob Martin Luther es tatsächlich so mit Apfelbäumchen hatte, und ob er den Weltuntergang fürchtete oder sogar sich darauf freute, darüber lässt sich streiten. Auch dieses viel zitierte Luther-Zitat spiegelt eine Selbstverständlichkeit wider, für die es historisch keinen Beleg gibt. Und so bleibt es dabei, wir müssen die Kontextgebundenheit verstehen lernen. Unsere neuen (95) Thesen für die Wiederherstellung und Erneuerung einer diagnostizierbaren Welt, die noch nie da gewesen sein kann.

DIE BEFREIUNG VON
SELBSTVERSTÄNDLICHKEITEN

Wissenschaftlicher und technologischer Fortschritt, Fluch oder Segen? Heilsbringer oder Dystopiekatalysator? Mit so etwas wie einer prophetischen Langfristigkeit in der Kurzfristigkeit werden uns diese »neuen Zwanzigerjahre« dazu zwingen, unseren Horizont zu erweitern und unsere wahrgenommene Realität und gelehrte Geschichte infrage zu stellen.

Es geht um die Befreiung von jeglichen Absolutheiten, ja auch zum Teil Automatismen des gegenwärtigen Reaktionswesens. Extrinsisch motivierte Karriereziele oder definierende materialistische Luxusgüter gehören genauso zum Alltag im 21. Jahrhundert wie die schwindende und teils oberflächliche Freundschaft, die quantifiziert und nicht qualifiziert wird. Statt auf tiefgründige Gespräche setzen wir auf vielfältige Chats. Der Alltag jeglicher zwischenmenschlichen Beziehung wird nicht nur automatisiert, sondern auch verabsolutiert.

Die Gefangenschaft in Selbstverständlichkeiten prägt Liebe und Leben. Das intellektuell Anstrengende – das Denken – wird ersetzt durch kurzfristig Abgespeichertes. Ein solches Leben macht nicht zwangsläufig unglücklich, denn es ist befreiend durch die Abwesenheit von Leid. Ein unbewusstes, teils von Dopamin gesteuertes Sein gewinnt auch eine gewisse Leichtigkeit durch die Abwesenheit des Denkens.

»Es gibt keine gefährlichen Gedanken. Das Denken an sich, ist gefährlich.«[108], schrieb Hannah Arendt. Somit könnten wir sagen, dass das Leben von außen in teils unbewusstem Reaktionismus getrieben ist. Dem ist das Innere – das Denken – gegenüberzustellen, womit *ein* Lebensweg folglich etwas Ambivalentes ist. Eine erste Beobachtung dieser gegenwärtigen

Entwicklung zeigt nicht, dass dies uns unglücklicher macht –
auch wenn einige Zahlen eine gewisse Fragilität mit Tendenz
zur steigenden Depression belegen[109] und genau jene Abwesenheit von Widerstand und Leid zur Fragilität führt. Verstärkt
festzustellen ist, dass diese Entwicklung eine gewisse Müdigkeit und Untätigkeit mit sich zu bringen scheint.

Wie der französische Philosoph René Descartes es einst
postulierte, geht es um ein Streben nach völliger Gewissheit.
Anders als Descartes glaubte, ist die Welt aber mit Einbezug
des Faktors Mensch nicht bis zur letzten absoluten Wahrheit
durch logische Betrachtung zu erklären. Widersprüchlichkeiten sind in der Theorie unvermeidbar und lassen sich mit den
Erfahrungen nicht vereinbaren. So ist der Mensch nicht ein
denkendes absolutes Wesen – *cogito ergo sum* –, sondern offensichtlich vielmehr ein Seiendes, das denken kann. So wäre
Descartes – ohne eine Hingabe zum Göttlichen – vielleicht
mit heutiger wissenschaftlicher Einsicht auch zur Conclusio
gekommen: »Ich bin, also denke ich.«

Was verstehen wir eigentlich unter Selbstverständlichkeit?
*Unsere Selbstverständlichkeiten sind Überzeugungen. Es sind Katego-
risierungen und ein Denken in Systemen, die zu Absolutheiten geworden sind und in denen wir gefangen sind. Es ist der Moment, wo wir
uns auf Annahmen und Begrifflichkeiten stützen, um die Welt zu sim-
plifizieren. Unsere Selbstverständlichkeiten sind in der kritischen Auseinandersetzung mit anderen Menschen entstanden, sie beruhen auf
unseren Erfahrungen und unserer Neugier auf die Wirklichkeit – die
wahrgenommene Realität. Geht uns die Lust, etwas zu lernen, verloren,
geraten wir in eine Gefangenschaft unserer eigenen Überzeugungen.*
Steigt die Geschwindigkeit, der Druck auf die Absolutheit,
so müsste die Auseinandersetzung und Hinterfragung der
Selbstverständlichkeit folgen. Was wir erleben, ist jedoch eine
Gefangenschaft in unseren eigenen Selbstverständlichkeiten,

die wir in der gegenwärtigen Gesellschaft als Polarisierung und Spaltung erleben. So geht Fortschritt auf privater Ebene sowie auf kollektiver Ebene verloren.

> *Ein logisches System kann es geben, aber ein System des Daseins kann es nicht geben. (...) Machen wir das menschliche Dasein zum Fundament der Ontologie, dann ist es mit dem Zeitalter der Systeme zu Ende; denn ein logisches System darf nichts aufnehmen, was ein Verhältnis zum interessierten Dasein hat. Für einen existierenden Geist existiert kein System. System und Abgeschlossenheit entsprechen einander. Dasein ist aber grad das entgegengesetzte ...* [110]

Es geht um eine kritische Betrachtung und Beobachtung einer Welt, die es sich in Selbstverständlichkeiten bequem gemacht hat, ja sogar in die Gefangenschaft alten Systemdenkens geraten ist. Eine konsumierende, optimierende, vollökonomisierte und technologisch getriebene Gesellschaft der Selbstausbeutung. Eine Welt, die im Kern von einer technologischen Umwälzung überwältigt ist, in der es nicht mehr darum geht, die Technologien zu zähmen, sondern vielmehr darum, sie zu verstehen.

Versuchen wir einen neoeklektizistischen Ansatz in der Behandlung von Widersprüchlichkeiten, mit denen wir uns auseinandersetzen müssen mit dem Ziel der Befreiung von den eigenen Selbstverständlichkeiten. Mit Offenheit für Widersprüchlichkeiten und einer Akzeptanz von Mehrdeutigkeit. Mit einer solchen Herangehensweise tauchen wir nicht nur in das Reich des Bekannten – die kategorisierten und definierten Handlungsweisen und Beschreibungen –, sondern betreten auch den Raum des Unbekannten. Indem wir uns dem Denken an sich widmen, geht es *nicht um unsere Handlungen und das Gedachte, sondern um eine Ambiguitätstoleranz+.* Den Umgang mit Widersprüchlichkeiten, in dem das + für das Unbekannte und die Potenzialität steht, mit der wir umzugehen lernen müssen. Keine Idee soll unantastbar bleiben. Die Hinterfragung unserer Selbstverständlichkeiten ist eine Tugend unseres Denkens. Nichts ist stärker als die Geschichte und die Idee, deren Zeit gekommen ist, jedoch ist die Hinterfragung, ja sogar der Zweifel die Grundlage für einen solchen Fortschritt. Im Rahmen dieser Entwicklung braucht es eine Entfesselung, nichts Geringeres als die Mündigkeit der Menschen. Denkende und aktivierte Wesen, die nach dynamischer Balance streben.

Der Raum des Denkens darf niemals zu einer (technologisierten) Verabsolutierung des Objekts werden. Bis heute folgen viele Denker dem Sprung des dänischen Existenzphilosophen Sören Kierkegaard in den »Glauben«. Einen anderen Weg scheint es für viele in der »Gefangenschaft« der eigenen Annahmen oder im Umgang mit jenem + bei den Widersprüchlichkeiten in Bezug auf Erfahrungen und Wahrnehmung nicht zu geben.

Es geht um die Befreiung von unseren *Selbstverständlichkeiten*.

DER VERPILZTE GRAL

Im Park auf Platons Grundstück in einer der ältesten Nachbarschaften Athens leben heute Gypsies auf den Ruinen der alten Platonischen Akademie. Ist es abwegig, dass hier auch Künste gelehrt wurden, die Sprengstoff sind für eine gelebte und erzählte Geschichte, die den wohl bekanntesten Influencer in der Menschengeschichte hervorgebracht hat? Eine Fragestellung, die der Religionshistoriker Huston Smith als das »bestgehütete Geheimnis« der Menschheitsgeschichte bezeichnet hat. Das ist die Reise, die Brian Murareskus Buch beschreibt. Zwölf Jahre lang war der junge New Yorker Anwalt unterwegs, um eine der am stärksten manifestierten Selbstverständlichkeiten unserer Geschichte zu hinterfragen. Entstanden sind 480 Seiten, die zum *New-York-Times*-Bestseller wurden: *The Immortality Key: The Secret History of the Religion with No Name* (2020). Mit der Frage und Hypothese konfrontiert, kommt Muraresku nach langjährigen Forschungen zum Ergebnis, dass dieses »bestgehütete Geheimnis« vielleicht mehr als nur eine Hypothese ist, und dass die Eucharistie der frühesten Christen in der Tat eine psychedelische war. Die Zerstörung einer Geschichte, der sich fast ein Viertel des Planeten verbunden und verpflichtet fühlt, sorgt für Sprengstoff.

Muraresku hat gute Arbeit geleistet. Seine Aufnahme in die Bestsellerliste ist berechtigt, losgelöst vom Fazit seiner Geschichte. Die klügsten Köpfe von Athen bis Rom strömten seinerzeit alle nach Eleusis, einer der damals wichtigsten Kultstätten, um auch ihren Bewusstseinszustand zu verändern und so die Geschichte der Philosophie zu prägen. In einem deutlich höheren Maß, als wir uns das heute vorstellen können, so heißt es bei Muraresku. Haben die alten Griechen also Drogen konsumiert, um Gott zu finden? Und sind die frühen Christen jener Traditionen gefolgt, um Wiederauferstehung, Befreiung vom Ego und außerkörperliche Erlebnisse zu erfahren?

Seit Jahrtausenden prägt die explorative Forschung in der Natur durch Konsum und Umgang mit Pflanzen, Kräutern und Pilzen die Menschheitsgeschichte. Sicherlich war es nicht der Rotwein und Einsatz von Alkohol, der den Bewusstseinszustand verändern sollte, den wir heute mit Messwein oder Altarwein assoziieren. Denn das Wort Alkohol selbst stammt aus dem alten Arabien, und die uns bekannten Braukünste sind erst Hunderte von Jahren später entstanden. Die himmlischen Visionen der Bierbraukunst waren damals andere als die der bayerischen Staatsbrauerei Weihenstephan in Freising, die erst im 11. Jahrhundert offiziell mit der Braukunst begann und mit ihrer über tausendjährigen Tradition als die älteste Brauerei der Welt gilt. Infolge jahrhundertelanger Erfahrungen mit Tollkorn, Mutterkorn bis hin zu Fermentierungsprozessen kennt heute jeder die möglichen Auswirkungen der Natur.

In der Antike waren diese Geheimnisse vermutlich den Gelehrten in den heiligen Wirkstätten vorbehalten. Der »Messwein«, der für etwa ein Viertel der Weltbevölkerung das Blut Jesu und das Ritual des Abendmahls symbolisieren soll, hat verschwindend wenig mit dem heiligen Wein des Dionysos oder anderen berauschenden Getränken zu tun. Wie würdest du die Welt heute sehen, wenn sich herausstellen sollte, dass die für die westliche Zivilisation prägende Geschichte mit ihren weltweit rund 2,4 Milliarden Followern eigentlich eine Erzählung über die ersten Biochemiker und mächtigen Frauen unserer Vergangenheit ist, die unter Einfluss von Psychedelika unsere Welt visualisierten und bauten? Sex, Drugs & Rock'n'Roll statt christlicher Kirche? Muraresku stellt in seinem Buch Auswertungen von Spuren in alten Bechern vor, die dank neuer und sich ständig weiterentwickelnder Disziplinen wie der Archäobotanik und Archäochemie sowie des technologischen Fortschritts analysiert werden konnten.

Es gibt keine wirklichen Befunde und Beweise für die christliche Eucharistie oder den heiligen Wein. Vielleicht ist »das Leben nach dem Tod« die Wiedergeburt der heutigen Ayahuasca-Pilger im Amazonasgebiet, wo das Ego und das Ich zurückgelassen werden? Jim Carey und Co. mögen alle verrückt geworden sein und bleiben uns dank moderner Technologie erhalten. Aus getriebenen Managern, Freiheit suchenden Weltenbummlern und selbst ernannten Experten werden heute mithilfe einer einzigen Dosis Psilocybin, verabreicht von Psychopharmakologen oder Schamanen, auf der ganzen Welt Gläubige mit außerkörperlichen Erlebnissen und Auferstandene von den Toten.

»Dionysos gegen den Gekreuzigten«, lautete die Parole des späten Nietzsche. Seine Bewusstseinserweiterung führte vermutlich genau zu jener Erweiterung des Denkens. Auf den Hipster-Wanderungen in den Amazonas und der Wiederbelebung jenes Versprechens von Timothy Leary aus den Sechzigerjahren des vorigen Jahrhunderts für einen mentalen Durchbruch der Menschheit, folgen nun die Börsengänge der Psychedelika. So erfolgt also möglicherweise eine Rückkehr zu den alten griechischen Wirkstätten des akademischen und wissenschaftlichen Fundus des 21. Jahrhunderts.

Auch wenn »die Antworten« noch ausstehen, schreitet die Suche mit hoher Geschwindigkeit voran. Ist das Leben nach dem Tod, nach der Feier der heiligen Eucharistie das Erlebnis, wovon »Tripper« auf LSD, Ayahuasca, Psilocybin und andere berichten? Die Hexenverbrennung und die fliegenden Körper und Wesen. Die Imagination und Faszination bis hin zu den ägyptischen Herrschern (Pharaonen) des Alten Reichs. Rätselhafte mathematische Bauwerke und Pyramiden. Menschen mit Tierköpfen und Tierköpfe mit Menschenkörpern. Baut die Mythologie also auf Drogenkonsum auf, um zu den Göttern zu gelangen? Sagt dieser Befund vielleicht mehr über unseren geistigen Zustand und das Einbildungsvermögen im Neuronen-Tsunami aus als das, was unsere Kinder in Schulen über jene zweitausend Jahre alten Erzählungen aus der Bibel als »Selbstverständlichkeit« – als Absolutheit – heute noch lernen? Warum sollten die Menschen vor Tausenden von Jahren nicht mit der Natur experimentiert und ihre Künste über die Generationen hinweg weitergegeben haben?

Generationenübergreifende Erfahrungen und Gebräuche, die die »alte Hausfrau« als damaliges, wanderndes Wikipedia speicherte. Biochemiker mit Tausenden Jahren praktischer Erfahrung. Es geht darum, dass sich vieles mit einer anderen Brille – oder meinetwegen Pille – genauso plausibel herleiten lässt.

Mit der essenziellen Befreiung der Selbstverständlichkeiten vom Absoluten startet eine Kampfansage gegen den Antiintellektualismus. Das Ertragen der Widersprüchlichkeiten und Gleichzeitigkeiten ist die Grundlage für Fortschritt. Dies soll nicht bedeuten, dass es nichts Festes, so etwas wie eine objektive Realität geben kann, jedoch ist die kritische Auseinandersetzung mit der objektiven Realität die Grundlage für eine mögliche Befreiung unseres infizierten Denkens. Es ist nicht eine epistemologische Abhandlung, die hier zugrunde liegt, sondern vielmehr das Dialektische, in dem wir in unserer eigenen Welt eine Offenheit besitzen für das Andere. Deswegen ist die Befreiung zum einen und das Verständnis für das Dynamische zum anderen grundlegend, indem wir eine Position beziehen, die uns Halt geben kann. Sie hilft uns dabei, in der Auseinandersetzung das Bewahrenswerte zu finden, das wir behalten wollen, um es dann als Selbstverständlichkeit zu hinterfragen.

MACH'S WELTVERSTÄNDLICH!

Die Welt wird mit einem aufstrebenden China konfrontiert, in dem ein Einparteienkonstrukt mit kommunistischen Zügen (noch) weit von liberalen Werten und Ideen entfernt ist. Was wir unter westlichen (liberalen) Demokratien verstehen, hat mit dem scheinbar (ebenso) erfolgreichen kapitalistischen Modell Chinas wenig zu tun. Eine »Machtübernahme« oder Eingliederung in westliche Strukturen ist in absehbarer Zukunft weder angestrebt noch realistisch. Ebenso wenig ist es mit »Eurozentrischer Brille« unrealistisch, 1,4 Milliarden Menschen davon abzuhalten, so leben zu wollen wie ihre westlichen Counterparts.

Die Maschinen wurden geliefert, die Schulung erfolgte, der Zugang zur »offenen Welt« und die Ausbildung im Westen mit der damit verbundenen Förderung der Wissenschaftler wurde absolviert, jetzt wünschen sich die Menschen dort genau jenen Wohlstand, der in den westlichen Gesellschaften während des fatalen Nickerchens angehäuft wurde. Andere Länder hadern noch mit ihren eigenen Strukturen und der Grundlage des gesamten finanziellen Systems. Macht und Zentralisierung treffen auf neue Stärke und Dezentralisierung. Mit der Verlagerung von Autoritäten in Algorithmen stehen wir mit unserer angestrebten Weltverständlichkeit vor ganz neuen Herausforderungen. Mittel- und langfristig brauchen wir ein Verständnis für globale Interdependenz mit einem damit einhergehenden ethischen und moralischen Rahmenwerk, in dem Wohlstand, Genügsamkeit und Vernunft für alle eine essenzielle Rolle spielen. Solidarität ist gefragt. Eine allgemeingültige globale Weltregierung mit einem moralischen abgestimmten »Framework« ist heute unrealistisch, aber auf Dauer vielleicht die einzige Antwort. Die Zukunft führt über einen dynamischen Weg. Ein Ansatz der Kooperenz.

Der Weg zur Heilung vom infizierten Denken lässt sich nur mit einer neuen Perspektive auf die Welt beschreiten – Weltverständlichkeit. Auch ich kann die Welt nur so sehen, wie ich sie sehe. Es ist eine Welt der Interdependenzen – eine Interwelt –, mit der wir konfrontiert werden. Aus Weltverständlichkeit können Möglichkeiten abgeleitet werden, sie geht aber auch mit Verantwortung einher. Kirche (als Symbol der Religion), Nationalstaaten (in Vertretung der absoluten Grenzen und Limitierung), der Kapitalismus (das verabsolutierte Betriebssystem) und die Politik (das organisierte menschliche Leben) müssen alle durch Bildung heute neu verstanden oder zumindest hinterfragt werden.

Die rastlose Selbstzerstörung der Aufklärung zwingt das Denken dazu, sich auch die letzte Arglosigkeit gegenüber den Gewohnheiten und Richtungen des Zeitgeistes zu verbieten.[111]

Revival der Frankfurter Schule in neuer Tracht? Mehr als zwanzig Jahre nach der Erstveröffentlichung im Jahr 1947 bringen die beiden Philosophen Max Horkheimer und Theodor W. Adorno ihre *Dialektik der Aufklärung* neu heraus. Beide sind sie sich darin im Klaren, dass sie nicht unverändert an allem festhalten können, was sie damals geschrieben haben. So fügen sie der Neuausgabe eine Notiz hinzu: »Das wäre unvereinbar mit einer Theorie, welche der Wahrheit einen Zeitkern zuspricht, anstatt sie als Unveränderliches der geschichtlichen Bewegung entgegenzusetzen.«

Lesen wir das Werk heute, so erscheint es aktueller als je zuvor. Was das Fernsehen und die Massenmedien angeht, stehen wir heute vor dem eigentlichen Problem – oder zumindest im Rückblick können wir sagen, sie lagen daneben, ihre Diagnose war harmlos, aber sie hatten recht. So findet sich auch hier im dialektischen Verhältnis zwischen Mythos und Aufklärung jeweils im Mythos ein Stück weit Aufklärerisches und in der Aufklärung ein Teil des (neuen) Mythos. Diese geistige Akrobatik wird heute gefordert. Populäre Gesellschaftsdiagnosen wie die »Cancel-Gesellschaft« sind genau

das Hindernis für fortgeschrittene Aufklärung und Auseinandersetzung mit dem Mythos. Die technologische Wissensgesellschaft mit ihrem menschlichen Reaktionismus verfehlt
somit das Ziel der Leitidee der Aufklärung: Rationalität und
Vernunft. Nur über eine Gesellschaft des Verstandes und die
Auseinandersetzung mit dem Denken in der Zeit können wir
uns von der Gefangenschaft der Gegenwart befreien. So unterliegen wir häufig den Selbstverständlichkeiten, die Teil des
verabsolutierten Mythos sind und verfehlen jene Freiheit
– das freie aktive Denken, Handeln und Gestalten –, die einen
dynamischen Prozess, eine Aufklärung, ermöglicht. Oder
eben die Weltverständlichkeit. Den aktiven Antrieb in der
Suche nach Wahrheit und folglich, im philosophischen Sinne,
nach Weisheit. Ein höheres Verständnis für die interdependente Welt, in der wir uns mit uns selbst und unserer Relation
zur Welt auseinandersetzen. Nur so lässt sich auch über Mythos und Aufklärung sprechen.

Die Endlichkeit – der Untergang der menschlichen Spezies – entweder physikalisch oder geistig in der Abschaffung
des eigenen Bewusstseins in der Unendlichkeit ist mehr als
eine Blackbox. Landen wir bei einem Verständnis über jenen
Effekt der alten Pharmakunst, so lässt sich eine technologische Matrixwelt der Dauerwachsamkeit im göttlichen Reich
vielleicht erreichen oder simulieren. Heute ließe sich die Ur-
tradition über Tausende von Jahren nicht so leicht verstecken,
aber nur weil wir die technologischen und wissenschaftlichen
Möglichkeiten haben, heißt es noch lange nicht, dass wir uns
vor Konsequenzen rechtzeitig schützen können, wenn uns die
Vorstellungskraft und das Verständnis dafür fehlen.

Befreien wir uns von unseren Selbstverständlichkeiten und
streben wir eine *Weltverständlichkeit* an, dann gelangen wir zu
einer neuen Selbstverständlichkeit. Werfe ich meine alten

Absolutheiten über Bord und strebe ich ein Verständnis der Welt an, so komme ich zur neuen Selbstverständlichkeit. Sehe ich jedoch die Weltverständlichkeit als abgeschlossen an, so bin ich bereits am Ende, habe eigentlich noch gar nicht angefangen. Als Grundlage dient eine möglichst plausible, validierte und subjektiv geprägte Weltanschauung, getrieben von Neugier, Offenheit und Interesse für die Komplexität und Interdependenz unserer Weltgemeinschaft. Wir streben nach etwas Dynamischem, Modifiziertem, Neuem und nicht etwas Absolutem. Die Hinterfragung der eigenen Selbstverständlichkeit und die Suche nach Weltverständlichkeit müssen im Kontext ihrer Zeit verstanden werden. Für die rückblickende Analyse der Selbstverständlichkeit sind ihre zeitliche Gebundenheit und ihr historischer Entstehungskontext bedeutsam. Sie ist ein Resultat des Denkens *in der Zeit* und kann folglich auch nur so verstanden werden. Die Selbstverständlichkeit ist zeitlich und nicht zeitlos.

Werden wir in ein weiteres Nickerchen verfallen und in fünfzig Jahren genauso zurückschauen wie heute und sagen: »Uns geht's gut, das war harmlos, aber jetzt?« Oder sind wir an dem Punkt angekommen, wo eine solche dialektische Aufklärung erfolgen muss?

Der Zweifel ist nicht nur eine Tugend der Intelligenz, er ist ihre notwendige Voraussetzung.[112]

Die gegenwärtige Entwicklung unserer Welt wird durch (neue) externe Einflüsse herausgefordert. Ökonomie und Technologie greifen in unser soziales Zusammenleben ein und stellen vermeintliche Absolutheiten auf den Prüfstand. Sogar das letzte (noch einigermaßen) funktionierende Modell, die Familie, wird durch unser infiziertes Denken herausgefordert. Das Leben und die Liebe – der Eros – ebenso. Das infizierte Denken ist allumfassend. Wir brauchen eine echte Interpretation und eine gestalterische und aufklärerische Hilfe. Eine neue Weltverständlichkeit muss echt sein. Vielleicht kann Kunst helfen?

LASS UNS KUNSTELN: ZEIT VERGEHT – GEFÄLLT MIR BESTEHT

Bonn, 17. Dezember 1770. Geboren ist der erste Künstler. Um genauer zu sein, ist es vermutlich sein Taufdatum, das eigentliche Geburtsdatum ist nicht bekannt. Mit ihm – Ludwig van Beethoven – nimmt die Kunst eine gestalterische Rolle ein. Beethoven, bereits in jungen Jahren begabt, wird sich später nur der Kunst kompromisslos verpflichten.

Kunst ist Magie, befreit von der Lüge, Wahrheit zu sein.[113]

Beethoven ist frei. Bis zu dieser Befreiung war die Kunst überwiegend »Techne«, jene altgriechische Beschreibung einer europäischen Philosophie von Kunst, Wissenschaft und Technik – sie war Handwerk. Johann Sebastian Bachs *Passionen* und *Oratorien* Jahre davor symbolisierten eine handwerkliche und ökonomische Auftragskunst, die den Anforderungen der Kirche und der Routine des Kirchenkalenders unterlag. Es waren Soundtracks für die Sonntagsgottesdienste, entstanden in einer Manufaktur. Ähnlich hatten in der bildenden Kunst schon Lucas Cranach, Peter Paul Rubens oder Rembrandt van Rijn gearbeitet. Kein Werk ohne Auftrag. Beethoven war der Erste, der nicht den Auftrag, sondern den Ausdruck suchte. Er ließ sich nicht anstellen, er wollte gestalten. Mit ihm verlässt die Kunst die begleitende Rolle und erkundet ihr Potenzial.

Kunst stellt ein Potenzial des Denkens dar, und die Schöpfung wird zum Ausdruck des Gedankens. Der Gedanke kann entstehen, die Kunst wird Ausdruck einer Erfahrung, die im Kunstwerk vermittelt wird. So findet die Kunst, vereint mit der Philosophie, ihre gestalterische Rolle. Selbstverständlichkeiten werden auf ihre Funktionalität hinterfragt – es wird über die Kunst nachgedacht. In der Ästhetik findet unter anderem auch Hegel den Bezug zum geistigen Anliegen.[114] Über den Ausdruck hinaus geht es bei Hegel vor allem um das Verstehen. In den folgenden zweihundert Jahren werden Künstler für ihre Werke – auch Beethoven erging es so – erst posthum anerkannt und verstanden. Sie lebten »zwischen den Paradigmen«. Welche Rolle hat die Kunst heute? Ist dieses gestalterische Potenzial verloren gegangen, oder sind wir in unserem Reaktionismus so gefangen, dass wir den Künstler als Aufklärer nicht erkennen?

1970 – zu Beginn des fatalen Nickerchens – kehrt die Kunst zu Gefälligkeit und Ökonomisierung zurück. Sie wird begleitend. Pablo Picasso wird eingeladen und soll anlässlich seines 90. Geburtstags im Louvre geehrt werden, als erster Künstler, dem schon zu Lebzeiten eine Retrospektive gewidmet ist. Die Kunst ist wieder gegenwärtig und gefällig. Das Gestalterische an der Kunst ist aber nicht das Objekt, sondern die Irritation, das Wachrütteln. Die Wahrnehmung eben, die über die Kunst geschärft das Denken an sich auslöst.

In den Siebzigerjahren entdeckte man – im Rahmen der Frauenbewegung – die gestalterischen Kreationen von Frida Kahlo. Posthum sind Kunstwerke sowohl »größer« geworden, als sie in ihrer Zeit verstanden wurden. Ist das heute überhaupt noch möglich? Vivian Westwood, Madonna oder

Street-Art à la Banksy – im fatalen Nickerchen wird die Kunst in ihrer Zeit verstanden. Sie regt auf, aber sie irritiert nicht. Sie erzeugt Emotion und wirkt, aber sie gestaltet nicht. Sie ist gegenwärtig, aber nicht »zukünftend«. Ästhetisches Asset mit dem Like-me-Potenzial für die Dekadenzgesellschaft. Der Like, der Verkauf, die sofortige Bestätigung einer kollektiv-subjektiv gefühlten Meinungsäußerung mit Ökonomiezuschlag. So äußert sich die in ihrer Zeit gefangene Gefälligkeit: Wo Kunst Neues repräsentiert, findet es in den Grenzen der Gegenwart statt.

> Die Kunst nun aber ist deshalb die erste näher gestaltende Dolmetscherin der religiösen Vorstellungen, weil die prosaische Betrachtung der gegenständlichen Welt sich erst geltend macht, wenn der Mensch in sich als geistiges Selbstbewusstsein sich von der Unmittelbarkeit frei gekämpft hat und derselben in dieser Freiheit, in welcher er die Objektivität als eine bloße Äußerlichkeit verständig aufnimmt, gegenübersteht.[115]

Um diese zu verinnerlichen, brauchen wir ein Verständnis für die Kunst über den reinen Erwerb hinaus. Die Kunst selbst kann (wieder) eine Rolle spielen. Als gestalterisches Kulturprodukt. In ihrer absoluten Reinheit lebt sie zwischen der Zeit, zwischen Paradigmen und kann in ihrer Zeit nicht verstanden werden. Doch nicht die Untätigkeit, sondern die Lebendigkeit – repräsentiert durch bedingungslose Liebe oder Weltschmerz – ist das, was ihre Rolle ausmacht: die zerstörerische Kreation in der Zeit.

Wie werden wir also Künstler? Wie können wir im hegelschen Sinn unsere Gedanken erfassen mit der zeitlichen Perspektive einer Vergangenheit – des Umgangs mit unseren Selbstverständlichkeiten – und zugleich einer Weltverständlichkeit?

Was macht der Künstler? Er beschäftigt sich mit der Welt. Er setzt sich mit ihr in Form des individuellen Ausdrucks auseinander. Das ist ein künstlerischer Verstehensprozess. Dieser ist geprägt von einem Balanceakt zwischen der reizüberfluteten Welt und dem einsamen Dasein, abgeschieden von der Welt im Atelier. Der Künstler braucht die reizüberflutete Welt, die er mit all seinen Sinnen aufnimmt. Ohne diese keine für den künstlerischen Akt so wichtige Inspiration. Er braucht aber auch die Abgeschiedenheit und Stille seines Ateliers. Ein Leben zwischen Vita activa und Vita contemplativa, das ist die Lebensform des Künstlers. Der Künstler will mit seiner Existenz nicht gefallen, er will verstehen. Gefälligkeit ist nicht sein Antrieb. Das unterscheidet den wahren Künstler von der Ware Künstler – dem Künstler der Aufmerksamkeitsökonomie.

Das Verstehen ist ein mühsamer Prozess, der mit viel Frust und Leid verbunden ist. Doch dieser ist existenziell wichtig, denn nur dadurch ist der Künstler jemand. Das ist sein Lebensglück. Während die Kunst des Künstlers Ecken und Kanten hat, abstoßend, vieldeutig und auch nicht immer einfach zu fassen ist – wie das Leben –, ist das, was der gefällige Künstler produziert, platt, ohne Widerstand, einfach zu verdauen, letztlich konsumierbar und affirmativ. Letztere Form von Kunst eckt nicht an und bietet damit kein Reibungspotenzial, das zur Auseinandersetzung einlädt.

Das will die flache Kunst auch nicht. Sie scheut die Auseinandersetzung. Letztlich kann sie es auch nicht, da sie nichts ist. Ihr fehlt die Substanz. Wie denn auch, wenn sie fortlaufend vom Künstler entäußert wird? In ihr hat sich nichts aufgebaut, nichts entwickelt. Durch sie wurde nichts erschaffen. Diese Kunst ist nicht das Ergebnis eines kreativen Prozesses. Sie ist gleichsam nihilistisch. Sie will gehört werden, sie will

Aufmerksamkeit. Das ist ihre Bestrebung. Sie nutzt die Welt aus für die eigene Aufmerksamkeitsgenerierung. Zwischen der Ware Kunst und der Welt herrscht ein instrumentelles Verhältnis. Das unterscheidet die Ware Kunst von der wahren Kunst.

Letztere ist von einer zerstörerischen Kreation getrieben. Sie nimmt das Bestehende auseinander und erschafft daraus etwas vollkommen Neues, Fremdartiges. Doch das Neue ist lediglich ein Augenblick, weshalb dieser Augenblick wieder vom Künstler durch sein künstlerisches Schaffen durch die zerstörerische Kreation transzendiert wird. Vielleicht als Krönung dieser Schöpfung versteigerte Salvatore Garau seine »unsichtbare Skulptur« für 18 300 US-Dollar. Kunst buchstäblich aus nichts gemacht. »Es ist eine Arbeit, die Sie auffordert, die Kraft der Vorstellungskraft zu aktivieren«,[116] so der italienische Künstler. Der künstlerische Akt ist folglich der Vollzug von Wirklichkeit. Kunst ist Zeitlichkeit, während die Ware Kunst in der Totalität der Gegenwart verhaftet bleibt. Ist die Welt eine Repräsentation der menschlichen Vorstellungskraft, so ist Garaus Werk die Krönung der Schöpfung.

Brauchen wir aber den Ausdruck, so braucht die Kunst eine Reaktion, eine Gänsehaut. Mit der Gefälligkeit und den »Likes« entsteht keine Gänsehaut, ein »Gefällt-mir« kann aber aus Gänsehaut entstehen. Indem Kunst mit dem fatalen Nickerchen zum »Anything goes« gesellschaftlicher Beliebigkeit zerstäubt wurde, hat sie die Fähigkeit zur Irritation verloren – die schöpferische Kraft zu gestalten. Vielleicht lässt sich eine Selbstoptimierungsgesellschaft nur noch dadurch irritieren, indem ihre Absolutheiten, die sich in einem Hang zum Messbaren niederschlagen, infrage gestellt werden – auch in einer Kunst, wo sich seit Neuestem Einzigartigkeit in Blockchain-basierten NFTs (Non-Fungible Token) manifestiert.

Mit der Gefälligkeit verliert die Kunst auch ihre gestalterische und hinterfragende Komponente. Wir brauchen das Ingenieurwesen für die Umsetzung und Psychologie, Philosophie und Kunst für die Gestaltung. Einst entsprang das Feld der Psychologie aus der Philosophie als »Lehre der Seele« und als Teil des Gestalterischen, jedoch tendiert die technologische Entwicklung meiner Überzeugung nach – auch wenn einige mir bestimmt widersprechen werden – hin zum Messbaren, folglich zu einer Verschmelzung mit den Neurowissenschaften. Die Psychoanalyse und die Psychologie sind somit im technologisch-naturwissenschaftlichen Bereich gelandet. Was wahrgenommen und empfunden wird, lässt sich zunehmend messen. Wie und wann Neuronen feuern, ebenso. In der Verschmelzung von Psychologie und Psychoanalyse mit dem neurowissenschaftlichen Bereich und der »Krise« der Philosophie ist es die Kunst, die in einem »magischen Dreieck« das Ingenieurwesen supplementieren muss. Gesucht werden Menschen, die Menschen verstehen, Kulturingenieure. Auch in der Gestaltung und auf dem Weg zur Heilung nimmt der Kulturingenieur eine Rolle als Wegbegleiter ein.

Eine Wiederbelebung der Kunst als Zukunftsgestalter ist heute ein humanistisches Grunderfordernis. Wird es nicht erfüllt, bleibt die Philosophie als Wegbegleiter auf dem Weg zu Heilung allein – als fundamentale Wissenschaft und als eigene Kunstform.

KAPITEL 7

Philosophiert euch!
Weisheit mit Stäbchen?

Isaac Newtons legendäres Apfel-Erlebnis im Sommer 1665 – wenn man der Erzählung so glauben soll –, würden heute nicht nur Newton, sondern auch gegenwärtige (Ausnahme-) Denker anders verstehen. Es war kein newtonscher Apfel, der da vom Baum fiel, sondern vielmehr eine aus Neutronen und Protonen bestehende Entität, gebildet aus Quarks und zusammengehalten von Gluonen, die einer modernen Physik – der Quantenmechanik – gehorcht (so zumindest die geläufige Erklärung der aktuellen Wissenschaft). *Ideologische Schule mit theologischem Bezug.*

Wir brauchen Kategorisierungen – ein Label und Zuordnung –, die uns ermöglichen, Halt im Leben zu finden. Auch eine angestrebte (technologische) Aufklärung findet ihren Halt in Kategorisierungen. Ein Denken völlig befreit von jeglichen Annahmen ist nicht möglich. Dennoch ist es genau das, wonach wir streben dürfen. Dabei geht es, wie in der Diagnose beschrieben, um eine Befreiung von unseren Selbstverständlichkeiten, an die wir uns in endlichen Systemen klammern. *Die Kategorisierung innerhalb einer Weltverständlichkeit ist die Grundlage, um über die Welt frei zu denken.*

Wenn wir sprechen, steht dies in einem Kontext. Wenn gedacht wird, hat auch dies einen Bezug. Es geht also nicht um unsere Gedanken, sondern um das Denken unserer Gedanken. Eine vollständige Befreiung von Annahmen kann ein Ziel sein, aber wir brauchen Anhaltspunkte. Unser Streben sollte es sein, das Aufklärende im Vordergrund zu sehen. Nach einem Grundprinzip zu suchen, also die nächste Warum-Frage zu stellen. Wenn wir denken und sprechen, haben wir es also mit einer relativen Welt zu tun, die wir gerne verabsolutieren, um Halt zu finden. Dann fehlt uns die Zeit für Reflexion und die Offenheit für Negation – das Andere.

Zu einer solchen Dynamik der Kategorisierung – mit der damit verbundenen Befreiung von der zugrunde liegenden Zuordnung – helfen uns die Philosophie, die philosophische Kontemplation. *Wir sind gefangen in der Scheinsicherheit unserer eigenen Wahrheit und haben Angst vor der Gefahr der Philosophie, weil sie relativiert und befreit.* Jeder von uns besitzt diese Fähigkeit, sich selbst kritisch zu hinterfragen und die eigenen Selbstverständlichkeiten auf den Prüfstand zu stellen. Mit dem Ansatz, unser Denken beim Denken zu beobachten, können wir unser eigenes Werden im Entstehen bewusst aktivieren. *Mit dem Denken an sich* können wir den Zugang zum »Philosophieren« finden.

Meine Weltanschauung lässt sich derzeit etwa so beschreiben: Mathematik ist grundlegend, aber »darunter« gibt es etwas noch Fundamentaleres: die philosophische Kontemplation. Die Philosophie kann dort korrigieren, wo sich die Wissenschaft in Annahmen und Absolutheiten verliert oder stecken bleibt. Human- und/oder Geisteswissenschaften gehören somit genauso als Fundamentalkraft in die Auseinandersetzung mit unserem gegenwärtig dringlichsten Problem: dem infizierten Denken.

*Die Philosophie hat herausfordernde Jahre hinter sich, sie braucht eine neue Blüte. Und das 21. Jahrhundert steht im Zeichen He-*gels. Der »Denker der Freiheit«, der »Denker aller Denker« mit seinen eigenartigen Sichtweisen kann uns gerade jetzt die benötigte »Starthilfe« bieten. Auch wenn Hegel sicherlich heute in einer rückblickenden Analyse erkennen würde, dass er vor etwa 250 Jahren nicht Hegelianer genug war. Seine Denkschule liefert aber eine Grundlage für die Auseinandersetzung mit der gegenwärtigen Welt. Es wäre interessant zu erfahren, wie große Vordenker aus unserer Geschichte heute die Welt sehen würden.

Ein stundenlanger Livestream eines »Stammtischs« mit Spinoza, Kant, Hegel und Nietzsche, um jetzige (praktische) Problemstellungen für unsere Zukunft (Menschheit) zu betrachten, wäre sicherlich ein titanisches Ereignis mit fluidem Ausgang. Denn wir leben nicht in »Newtonien«, sondern in einer Quantenrealität oder gehorchen einer wie auch immer gearteten unterliegenden funky Physik, die noch nicht entdeckt ist. Oder vielleicht ist es doch alles eine Simulation – wie es der schwedische Philosoph Nick Bostrom uns so plausibel beschreibt.[117] Eine Theorie, die viele Technologievorreiter sogar als sehr plausibel erachten. Zufälle und erlebte Merkwürdigkeiten scheinen sich außerdem innerhalb eines »Spiels« einfacher erklären zu lassen als im unendlichen Raum absoluter physischer Gesetze oder durch spirituelle Annäherungen.

Wir begegnen einem Paradigmenwechsel. Mit »transzendentalem Denken« und einer fundamentalen Hinterfragung des Seins – das Leben an sich in Relation zu einer wie auch immer definierten Realität. Es ist genau hier, wo wir jetzt einsteigen und neugierig sein müssen. Analytische und kontinental-philosophische Vordenker der vergangenen 250 Jahre – um bei der Zeitspanne bis Hegel zu bleiben – würden heute erkennen, dass auch sie in Grundannahmen in ihrem Denken gefangen waren, das mit der aktuellen Weltanschauung nicht

mehr kompatibel ist. Sie waren Denker ihrer Zeit. Wir sind alle
Denker unserer Zeit.

DENKEN AUS DER DOSE

Heute erkennen wir einen unfassbaren Gap zwischen dem,
der kann, und dem, der weiß. Wie wäre es aber, wenn das
»Werdende« auf einmal gegeben wäre? Befreit von einer getriebenen »Muss-Gesellschaft« hin zu einer (vordefinierten)
»Wird-Gesellschaft«. Wenn wir alle alles wüssten, und ja,
sogar alles könnten? Würde uns dann die Potenzialität des
Menschseins verloren gehen, und würden wir den Raum einer
(freien) »Kann-Gesellschaft« sogar erweitern?

Das Gesetz der exponentiellen Beschleunigung und des
Wachstums kennt in vielen technologischen Bereichen keinen Halt. Im Silicon Valley sind die Träume einer Singularität
gefühlt zum Greifen nah, wenn von neuen Fortschritten im
Bereich Quantentechnologie und eben nun die Verdrahtung
des Gehirns mit dem Netz berichtet wird. Gearbeitet wird seit
Jahren an Technologien, die Daten zwischen Gehirn und
Computer transportieren können. Der Mensch ist eben kein
fertiges Wesen, die Vorteile eines »Upgrades« sind jedoch
nicht allen gleich zugänglich. Gedankenlesen auf der Grundlage psychologischer Studien und alter mystischer Traditionen war gestern, jetzt heißt es (für die »Auserwählten«) Mind
Reading mittels BMI/MMI (brain/mind-machine-Interface),
BCI (brain-computer interface), NCI (neural control interface)
oder DNI (direct neural interface). Auswerten und Daten verarbeiten. Muster erkennen und durch energetische Impulse
beeinflussen. Das sind die Ziele.

Neurolink, eine von Elon Musks bahnbrechenden Unternehmungen, arbeitet an einer neuen Schicht (Layer) außerhalb des Cortex, die symbiotisch mit dem Gehirn funktionieren soll. Bereits 2022 sollen die ersten Menschen – nach bereits erfolgreichen Kontrollübernahmen zunächst bei Ratten und dann später bei Affen[118] (mit bei YouTube bestauntem Mind-Pong-Spiel)[119] – erfolgen. Neurolink ist aber nur eines der Unternehmen, das ein solches »Upgrade« anstrebt, um menschliche Funktionalität zu erweitern und zu optimieren. Das Global Race hat längst begonnen. Tech Player wie Google und Facebook mit ihrem akquirierten CTRL-Lab wollen mitmischen, und ihre asiatischen Counterparts wollen keine Aufholjagd beginnen, sondern auf diesem Gebiet Vorreiter sein. Auch in Europa sammeln die ersten Start-ups Geld[120] ein. Es ist kein kleiner Markt, bereits 2022 soll der Markt für Gehirn-Interfaces auf knapp zwei Milliarden USD anwachsen. Es geht darum, »unser Leben besser zu machen«, um die Bekämpfung von Krankheiten wie Alzheimer und motorische oder sensorische Schäden, oder eben darum, dass der Chef in Echtzeit beobachten kann, ob du beim nächsten Zoom-Meeting konzentriert bist.[121] Befreit von Implikationen auf geistiger Ebene und möglichen Sicherheitsaspekten, stellt sich natürlich dann die Frage, ob (alle) Unternehmen und Autoritätsstrukturen das Wohlbefinden der Menschheit an erste Stelle setzen.

Ich glaube, dass die Welt sich noch mal ändern wird
Und dann Gut über Böse siegt
Dass irgendjemand uns auf unseren Wegen lenkt
Und unser Schicksal in die Hände nimmt
Ja, ich glaube an die Ewigkeit
Und dass jeder jedem mal vergibt
Alle werden wieder voreinander gleich
Jeder kriegt, was er verdient.[122]

Keiner kann gegen die Hoffnung argumentieren, dass neuronale Defekte behoben werden sollen und Krankheiten kuriert werden können. Aber werden Unternehmen, profit- und machtgetriebene Individuen sowie neugierige Fortschrittskuratoren dort haltmachen? Eine weitere Optimierung wird folgen. Losgelöst von ökonomischen Aspekten und profitablen, denkbaren Geschäftsmodellen rund um IQ-TO-GO, äußert sich Neurolink-Gründer und Tesla-Chef Elon Musk besorgt um die Menschheit. Er ist davon überzeugt, dass die Menschheit mit künstlicher Intelligenz verschmelzen muss, um zu überleben. Es mag sein, dass Musk der Outlier, der Ausreißer, ist und dass er tatsächlich an der Rettung der Menschheit arbeitet, aber alles in allem dienen Marketingveranstaltungen der Tech-Giganten der Profitmaximierung. Sie sind Unternehmen, die unseren Konsumwahn ausgebaut und perfektioniert haben.

Einige werden sagen: »Gib mir das Upgrade, die Optimierung muss her, ich möchte mitmachen«, während andere ablehnend reagieren werden: »Niemals, das ist Spinnerei.« Die meisten haben bereits heute eine klare Meinung – *dafür oder dagegen* –, aber ganz so trivial ist das nicht. Glauben wir an eine Welt des Physikalismus, in der alles aus Informationsprozessierung besteht, so scheint es naheliegend, dass eine Verschmelzung *eine* Option ist. Denn bereits heute erkennen wir, dass die Technologie in vielen Bereichen dem Menschen überlegen ist und dass ihre Grenzen – vorsichtig ausgedrückt – noch lange nicht erreicht sind, oder dass es sogar keine gibt.

Wenn die Maschine uns zum Lachen, Weinen oder sogar zu orgasmischen Höhepunkten treibt, spielt es schlicht keine Rolle, was diese Entität fühlt, ob sie empathisch ist oder, wissenschaftlich ausgedrückt, welchen »Grad des Bewusstseins« sie besitzt. Sie triggert *unsere* Gefühle, und diese können wir nicht wegfühlen. Abgesehen von spirituell Erleuchteten und auf das Äußerste meditativ Trainierten können die meisten von uns Gänsehaut und ähnliche emotionale Reaktionen nicht einfach »weggänsen«. Wir können im Umgang mit Maschinen unsere Sinneserlebnisse und Gedanken nicht ausblenden. Wenn wir bereits bei süßen mechanischen – und technologisch gesehen »einfachen« – harmlosen Spielhunden bereits anthropomorphisieren und Robotern »menschliche« Eigenschaften zuschreiben, wo keine sind, erkennen wir schnell unsere eigenen Grenzen.

Eine Begegnung mit »Spot«[123] – dem Boston Dynamics-Roboter, der uns zum Jahresabschluss 2020 mit seinen Freunden den 1962er Contours Hit: »Do You Love Me«[124] in bester Dirty-Dancing-Manier vortanzt – bringt Lächeln, Staunen, aber auch Gänsehaut hervor. Happy New Year von »Atlas«, »Handle« und eben »Spot«: Das Erwachen aus dem fatalen Nickerchen kann beginnen. Das Starren in seinen leuchtenden »Augen« am »Kopf«, dessen Greifarm für maschinelle Tätigkeiten dient – ist ein transzendentales Erlebnis, fast »creepy«. Und das, obwohl dahinter eine eher simple Technologie steckt im Vergleich zu dem, was uns in wenigen Jahren erwartet. Maschinen bleiben aber beim »Logos«, könnte man behaupten. Das Wort symbolisiert jedoch genau jene Komplexität, mit der wir uns heute beschäftigen. Der Mensch ist mehr. Das »Vernünftige«, die »Sinnhaftigkeit«, ja sogar das »Allumfassende« ist am Ende ebenso Teil des »Logos« und nicht nur die mathematische Logik, die Informationsprozessierung und die damit verbundenen Lernalgorithmen, mit denen wir heute technologisch die Welt erkunden. »Am Anfang war das Wort, und das Wort war bei Gott«, heißt es im Evangelium nach Johannes.

Aber ach! schon fühl' ich, bei dem besten Willen,
Befriedigung nicht mehr aus dem Busen quillen.
Aber warum muss der Strom so bald versiegen,
Und wir wieder im Durste liegen?
Davon hab' ich so viel Erfahrung.
Doch dieser Mangel lässt sich ersetzen,
Wir lernen das Überirdische schätzen,
Wir sehnen uns nach Offenbarung,
Die nirgends würd'ger und schöner brennt,
Als in dem neuen Testament.
Mich drängt's den Grundtext aufzuschlagen,
Mit redlichem Gefühl einmal
Das heilige Original
In mein geliebtes Deutsch zu übertragen.
(Er schlägt ein Volum auf und schickt sich an.)
Geschrieben steht: »Im Anfang war das Wort!«
Hier stock' ich schon! Wer hilft mir weiter fort?
Ich kann das Wort so hoch unmöglich schätzen,
Ich muss es anders übersetzen,
Wenn ich vom Geiste recht erleuchtet bin.
Geschrieben steht: im Anfang war der Sinn.
Bedenke wohl die erste Zeile,
Dass deine Feder sich nicht übereile!
ist es der Sinn, der alles wirkt und schafft?
Es sollte stehn: Im Anfang war die Kraft!
Doch, auch indem ich dieses niederschreibe,
Schon warnt mich was, dass ich dabei nicht bleibe.
Mir hilft der Geist! auf einmal seh' ich Rat
Und schreibe getrost: Im Anfang war die Tat![125]

Auch Goethe kämpfte im *Faust* mit »dem Wort«, es folgte »die Tat«. Alpha Zero – Googles Schachalgorithmus – ist nur eins der ersten Beispiele dafür, wo die Reise hingeht. Auf Algorithmen mit guten Intentionen folgen Funktionen und Handlungen, die nicht einmal die Ingenieure erklären können. Und sollte es so weit kommen, dass die Maschine irgendwann alles besser beherrscht als wir – mit der Intention, unser Leben zu optimieren –, dann könnten wir uns endlich um »das Wesentliche« kümmern. So zumindest die Theorie. Aber was ist denn für uns das Wesentliche?

Es ist nicht die Angst vor dem bösartigen Roboter, mit der wir uns auseinandersetzen, sondern es sind die Konsequenzen einer nicht erklärbaren »perfekten« Technologie, die uns eine Rolle als Homo obsoletus »zuordnen« werden. Als Mensch eine gute Nummer zwei, aber zu nichts »Sinnvollem« mehr zu gebrauchen, »die Tat« wird irrelevant. Darauf folgt tatsächlich – in einer Welt des Physikalismus – ein valides Argument für die Verschmelzung, nach dem Prinzip: »If you can not beat it/them, join them.«

Natürlich entstehen bei einer solchen technologischen Erweiterung und Verschmelzung in der vollökonomisierten Optimierungsgesellschaft ungeahnte Möglichkeiten. Sexuelle Erlebnisse in der Cloud für die Ewigkeit zu speichern. Jederzeit unsere Highlights abzurufen und in ihrer Echtheit nachzuleben – mit Freunden teilen oder vielleicht sogar für Geld anderen zur Verfügung zu stellen (es grüßt die Kapitalisierung von Erlebnissen oder eben die Pornofizierung 2.0.). Dabei sind es vielleicht genau jene Echtheit und die Lebendigkeit, die uns dabei verloren gehen. Kaum vom lebendigen Menschen zu unterscheiden. Das Leben wird zum Nichtlebendigen, und folglich ist der Tod nicht des Lebens Ende, sondern er ist vielmehr obsolet geworden, was der Unsterblichkeit gleichkommt. Zu lebendig, um zu sterben, jedoch zu tot, um zu leben, bis der Preis des Lebens gezahlt wird und die Endlichkeit das »verbundene« (»connected«) Leben ablöst.

Dem technologischen Paradigma des untoten Menschen fehlt es an »Geworfenheit«, wir werden nicht hineingeboren, sondern produziert und optimiert. »Du kannst alles werden«, so die Eltern. Warum, fragt die Kleine? »Weil du es kannst.« Die Optimierungsgesellschaft ist eine suggerierte und vorgetäuschte Maximierungsgesellschaft, die daran guttäte, tatsächlich zu optimieren. Was ist das Optimum? Wo soll die Menschheit hin? Sich unbewusst der Technologie hinzugeben, wäre als Vorgabe möglicherweise genau das Gegenteil einer Definition von Humanismus. So kann es keinen Posthumanismus geben, aber etwas Posthumanes wäre ein mögliches Szenario.

Aus der fatalen Informationsgesellschaft folgt eine Reife der Technologie. Es ist unglaublich, dass es funktioniert, jedoch ist dieses Erlebnis höchstens ein Übergang, ein Transit. Wie meine Oma aus dem Heim, die kurz vor ihrem Tod mit 94 Jahren es so treffend formulierte, als sie ihr Enkelkind im »Handheld« in der Hand halten durfte – wohlgemerkt mit 2300 Kilometer Entfernung: »Jetzt habe ich alles gesehen, jetzt kommt nichts mehr, jetzt kann ich gehen.« Aber sobald es da ist, nehmen wir es als gegeben hin. Aus der gewonnenen Freiheit folgt ein neuer Antrieb. Diese Höchstleistungsgesellschaft kann nur aufrechterhalten werden, wenn die fatale Informationsgesellschaft zu einer vorvalidierten Wissensgesellschaft reift. Wir müssen uns blind auf die Informationen verlassen können.

All that we see or seem is but a dream within a dream.[126]

Besteht die Welt, und folglich auch wir, aus mathematischen Formeln und Errechenbarem, ja sogar aus etwas Berechenbarem? Sind wir Menschen Informationsprozessierung? Oder leben wir, wie Bostrom es vorschlägt, in einer Simulation, und die Wahrnehmung, die wir haben, ist eine Illusion? Elon Musk, Steve Jobs, Stephen Hawking, Albert Einstein und viele andere geben zwar keinen Hinweis auf Matrix 4, haben aber auf ihre Art und Weise alle Definitionen und Andeutungen auf eine illusionäre Realität bezogen. Und für all diejenigen, die an eine mathematisch erklärbare Welt glauben, folgt auch eine sehr naheliegende Schlussfolgerung -insbesondere, wenn die eigenen »Tools« für statische Berechnungen zugrunde gelegt werden –, dass wir uns bereits in einer Matrix-Welt befinden.

So argumentiert auch Musk. Gehe ich von den Erfahrungen mit den einfachen Strichfiguren in den Computerspielen meiner Jugend aus und vergleiche diese mit heutigen Welten, in der Hunderttausende oder Millionen von Charakteren entstehen und die Erlebnisse erweitert um »Augmented« und »Virtual Reality« immer besser werden, dann folgt die »Blended Reality«, eine »gemischte« Realität, in der wir nicht mehr zwischen Fiktion und Wirklichkeit unterscheiden können. Konservative Leser werden an dieser Stelle die Science-Fiction-Karte ziehen, aber gestatten wir uns einen Blick auf die Entwicklung der vergangenen drei Jahrzehnte und setzen diese in Relation zu einem 13,8 Milliarden[127] alten Universum oder einer wie auch immer gearteten menschlichen Evolution seit sieben Millionen Jahren.[128] Wenn wir von der Annahme ausgehen, dass auch so etwas wie der »freie Wille« und das »Bewusstsein« Teil von physischen Prozessen sind oder aus Materie entstehen können, dann folgt daraus, dass wir das irgendwann werden »nachbauen« können. Mit der Geschwindigkeit, mit der die Entwicklung erfolgt, werden Computer in wenigen Jahren solche galaktisch-virtuellen Welten in nahezu echten Erlebniswelten präsentieren können.

Bereits heute können wir Welten in kleinen Computern kreieren, in denen sich Millionen von geschaffenen Charakteren in zunehmend »echten« Spielen austoben. Zunächst sind wir dann Di-viduum – zwei Identitäten und Charaktere aufgeteilt in eine digitale und eine physische Welt –, später folgen wir NEOs[129] Anweisung. Wenn Morpheus dich fragt, was soll es werden? Die rote oder die blaue Pille? Gehen wir von irgendeinem Fortschritt aus, egal wie langsam, dann wird es dazu führen, dass Fiktion und Realität nicht mehr unterscheidbar sind. Mit dem rasanten Fortschritt der Technologie ist dieser Paradigmenwechsel im kosmischen Kontext insignifikant. Sollte sich die aktuelle Entwicklung um das Tausendfache verlangsamen, ja dann dauert es eben ein wenig länger ... Daraus folgt, dass eine junge Spielerin irgendwann eine Welt mit ihren eigenen Gesetzen der Physik, Chemie und Biologie erschaffen wird. In dieser Welt glauben die Charaktere, sie haben einen freien Willen und wollen auch so eine *eigene* Welt kreieren. Innerhalb dieses Computers, wo dann deine Welt simuliert wird, finden wir einen neuen jungen Spieler, der irgendwann auch eine solche Welt erbauen wird im Rahmen der »evolutionären« und technischen Entwicklung[130] in einer galaktischen (nahezu) unendlichen Vielfalt an Welten.

Wenn wir eine solche Erzählung für nicht komplett ausschließbar halten und eine Wahrscheinlichkeitsrechnung für die Einschätzung zugrunde legen, in welcher Welt wir uns befinden, was ist dann die statistische Wahrscheinlichkeit, dass genau wir in diesem Moment »im echten Leben« und genau wir, jetzt, Teil der Reise der Umsetzung eines solchen unendlichen Universums an Simulationen sind? Die Quoten sind dann aufseiten der bereits vorhandenen Milliarden von Simulationen. Nicht nur Elon Musk führt diese Argumentation fort, zahlreiche Wissenschaftler wie beispielsweise der Astrophysiker Neil deGrasse Tyson finden keine Gegenargumente. Er erklärte bereits 2018 bei Larry King Live[131] seine Sichtweise der Simulation, während Kollegen und Silicon-Valley-Enthusiasten versuchen, jene theoretische Simulation nachzubauen.

Ich muss gestehen, es wäre eine Erleichterung, dies zu wissen. Es würde einige Merkwürdigkeiten im Leben erklären. Davon abgesehen, scheint es, dass Zufälle in einer simulierten Welt Sinn machen, aber in einer echten keinen Platz finden, wenn wir uns mit Theorien wie Quantenmechanik ein wenig auseinandersetzen. Der Autor und Unternehmer Roger James Hamilton fasst das treffend zusammen: »Wenn wir wüssten, dass wir in einer Simulation lebten, würden wir vermutlich uns alle ein wenig mehr wie Steve Jobs und Elon Musk benehmen; 1. wir würden ein größeres ›Spiel spielen‹ und eine größere Story bauen (da es ja eh nur eine Simulation ist – was haben wir zu verlieren –, also macht was Spaßiges daraus); 2. du würdest dich selbst vermutlich nicht so ernst nehmen, denn wenn du nur ein Charakter in einem Spiel bist, möchtest du nicht lieber Spaß haben und abenteuerlich sein, statt ängstlich und gestresst? Und 3. du würdest das Spiel entscheiden und selbst festlegen, welchen ›Film‹ du drehen möchtest.«[132] Und Elon Musk formuliert treffend als Resümee: »Ich bin lieber Optimist und liege da falsch, als pessimistisch und habe recht.« Was wäre deine Story? Wie würdest du *dein* Leben leben?

Folgen wir diesen Gedankengängen nicht und hängen wir einer nicht absoluten physikalistischen Welt an, oder schließen wir uns Erklärungen an, dass unsere Wahrnehmung, subjektive Erfahrungen und das vielleicht Offensichtlichste, was wir Menschen haben – unser Bewusstsein –, sogar etwas Mystisches ist, dann stoßen wir auf andere Herausforderungen. Seit Tausenden von Jahren gibt es hierzu Gedanken, Theorien und kreative Ansätze. Eine endgültige aufklärerische Antwort ist bisher ausgeblieben. Wie unser Geist unsere subjektive Wahrnehmung hervorbringt, ist unklar. Auch wenn es sich lediglich um die Aktivierung von Hirnregionen und die Verbindungen feuernder Neuronen, der neuronalen Netze, handelt oder um eine komplexe Informationsprozessierung von Milliarden von Neuronen und Tausenden von Billionen von »Berechnungen« und Verbindungen – das Bewusstsein hat etwas Mystisches an sich. Denn schließlich haben wir eine Vorstellung davon, wie wir durch unsere Sinne so etwas wie Farben und Gefühle wahrnehmen, zum Beispiel die Farbe und Geschmack einer Erdbeere oder das Gefühl, sich den Finger am Papier zu schneiden. Wir nehmen wahr, wie es sich anfühlt, etwas zu sein. Die Probleme entstehen in der Relation zu der von uns wahrgenommenen Welt und zu physischen Entitäten wie unserem Gehirn. Wie diese phänomenologischen Erfahrungen in unserem Gehirn entstehen, bleibt ein Rätsel mit vielen möglichen Ideen und Vorschlägen.

Lange galt eine dualistische Weltanschauung, aufgeteilt zwischen Gehirn (bezogen auf physische Prozesse) und Geist (im Hinblick auf die eigene Intentionalität – also die Fähigkeit, sich auf etwas anderes als sich selbst zu beziehen –, als möglicher Weg, bei dem man die Bindung oder Verbindung »nur« finden müsste. Dass es merkwürdig, jedoch kein Wunder ist, und dass Antworten in Bezug auf eine physische Welt keinen klaren Dualismus darstellen, ist heute die gängige Sichtweise vor dem Hintergrund einer materialistischen Weltanschauung. Es fehlen also Teile der finalen Erzählung.

Neben dem Physikalismus, den es in absoluter Form – wir

müssen dem gleichen Weg der Entwicklung folgen, und wir erreichen Bewusstsein – gibt, und einer etwas »milderen Form« – wir brauchen ein Upgrade unserer Physik, wie zum Beispiel durch Quantenmechanik oder etwas noch Abgefahreneres –, gibt es auch Vertreter eines eliminativen Physikalismus wie den renommierten Philosophen Dan Dennett. Er vertritt die Sichtweise, dass menschliche Qualia, subjektiv und unabhängig von dem zugehörigen Objekt wahrgenommene Eigenschaften, ein historisches Gebilde seien und eigentlich nicht existieren, eine Illusion sind. Wenn die Wahrnehmung – also unsere Eindrücke und unsere Gefühle – eine Illusion ist, wie erklärt es sich aber, dass wir scheinbar die Wahrnehmung über diese illusionären Entitäten haben?

Auch hier verlagern wir das Problem auf die nächste Ebene und landen an den Schnittstellen der unterschiedlichen Theorien. Eine mögliche Antwort auf die Leib-Seele-Problematik oder, wie oben beschrieben, auf das Bindungsproblem zwischen Geist und Hirn (Materie) ist der Panpsychismus. Hier ist Bewusstsein etwas Fundamentales oder eine Entwicklung aus der Evolution, wo sich geistige Eigenschaften in der Materie (überall) entwickelt haben. Was hat dann also Bewusstsein? Auch Messer und Gabel? Oder nur Lebewesen? Und wenn ja, alle? Oder nur Menschen? Hunde? Mäuse? Fliegen? Oder ist sogar das Universum etwas Geistiges? Bewusstsein ist überall, so die Lehre der Panpsychiker, oder eben wie die altgriechische Bedeutung aufklärt πᾶν pan »alles« und ψυχή Seele, also alles ist beseelt.

Ob wir Menschen völlig mechanisch oder berechenbar oder rational erklären können, ob wir es mit einem Raum des Materialismus zu tun haben, der sich (noch) nicht erklären lässt, oder ob Bewusstsein vielleicht sogar etwas Fundamentales ist, darüber wird auch in den nächsten Jahren geforscht, diskutiert und philosophiert werden. Da unser Denken um diese Ansätze kreist, geht es also bei unserer technologischen Reise hier um fundamentale Themen bei der Untersuchung, was der Mensch eigentlich ist, wobei es vielleicht besser sein könnte, eine Verschmelzung mit der Technologie zu vermeiden. Noch habe ich das Gefühl, ich kann etwas tun, auch wenn ich Teil des Spiels bin, oder sogar wenn die Welt deterministisch ist. Unsere kognitiven Kapazitäten als Denker erlauben uns nicht, die Mechanismen zu entschleiern. Wir kommen irgendwie nicht an das Betriebssystem heran, die Funktionalitäten stehen uns aber – zumindest fühlt es sich so an – zur Verfügung.

Ein Halt oder eine Entschleunigung ist nicht in Sicht. »Jetzt haben wir genug«, wird nicht die nächste Antwort sein. Durch Dataismus[133] und zukünftige externalisierte Schöpfung oder durch Verschmelzung mit einer allgemeinen künstlichen Intelligenz wird das Denken an sich verdinglicht. Aus Denken folgt Rechnen und Berechnen. Unsere geringe Speicherkapazität wird in die Cloud ausgelagert – nichts muss erinnert werden, denn es ist sofort abrufbar, und unsere höchst ineffizienten Ausgabegeräte, unsere zwei Finger, die derzeit unser Smartphone bedienen, werden ersetzt durch die Gedankenübertragung und den (sofortigen) Informationsaustausch. Allein der Gedankenaustausch stellt uns (losgelöst von Diskussionen über Aktivierung und Sicherheitsaspekte) vor einige neuen Herausforderungen. Die Objektivität ersetzt die Subjektivität, die Materie das Geistige. Gedanken, Gefühle und Lüste werden durch Prozessierung überschrieben und ersetzt. Das Höchstleistungsprinzip und der »Wille zum Fortschritt« bringen uns Menschen jedoch rasant näher an die Maschine und entfremden uns somit vom Menschsein hin zum Er- und Berechenbaren.

Liegt die Heilung also in Psychedelika (Halluzinogene) und verdrahteten Gehirnen? Andocken, und die Gedanken kommen aus der Dose? Ist es am Ende die Lebendigkeit, die uns dabei verloren geht? Wenn ja, ist es genau aus diesem Grund, dass unser Anliegen – der Weg zur Heilung unseres infizierten Denkens – so wichtig ist, damit wir bewusst entscheiden können, welche Zukunft für uns erstrebenswert ist. Auf jegliche Form des Fortschritts folgt auf einer menschenähnlichen künstlichen Intelligenz eine Superintelligenz mit der daraus resultierenden (exponentiellen) Selbstoptimierung. Auch wenn uns eine Verdrahtung neue Möglichkeiten eröffnet, oder wir dabei erkennen, was wir lassen sollten und somit vielleicht (doch) einen Weg finden, die Technologie zu zähmen, sodass sie unser Leben besser macht, bleibt das Problem, dass wir nicht wissen, was für uns und/oder die Menschheit wirklich besser ist. Das infizierte Denken treibt uns in eine Dysbalance zwischen Macht und Weisheit, bei der die Sorge der Macht durch die Technologie eine echte ist. Es kann keinen Posthumanismus geben ohne Humanismus. *Eine posthumane Welt wäre vielleicht eine fatale.*

Die paradoxale Konfrontation mit der unbekannten Form der Bewusstseinserweiterung kann vielleicht nur in der Form der Erweiterung erreicht werden, so wäre die Göttlichkeit die Absolutheit. Die Hoffnung der Unsterblichkeit stirbt bekanntlich zuletzt. *Der Letzte macht das Licht aus.*

ETHIK UND MORAL OHNE RELIGION –
WIE GEHT DAS?

Die Bibel, ja viele religiöse Schriften über die Schöpfung sind Hüter historischer Mythen und Erzählungen sowie Quellen grundlegender Weisheiten. Ist es aber im 21. Jahrhundert wichtig, ethische und moralische Grundsätze in Bildern verhüllt zu bekommen, wie solchen der Wiederauferstehung vom physischen Tod nach der Kreuzigung, göttlicher Wasserwanderungen, Spaltung von großen Flüssen oder der jungfräulichen Geburt? Ethische und moralische Grundsätze ließen sich von der Erzählung Jesus von Nazareth als jungem Leader, als Rollenmodell und Sammelpunkt von Weisheit entkoppeln, wenn wir uns als Weltgemeinschaft auf das Wesentliche verständigen könnten. Ist es 2000 Jahre später nicht möglich, sich im Privaten dem Glauben zuzuwenden ohne die Verabsolutierung eines Wanderpredigers und ohne Erzählungen aus grauer Zeit?

Betrachten wir aber die Geschichte der Religionen, stellen wir fest, dass sie offensichtlich die Quelle unzähliger Konflikte sind. Religionen und deren Verabsolutierungen führen zur Spaltung. Religionskriege, Verfolgung von religiösen Minderheiten ... oder wie es im Google-Universum als Zitat von Mark Twain bis Jassir Arafat heißt: »Bei Religionskriegen geht es darum, dass (erwachsene) Menschen sich darüber streiten, wer den größten imaginären Freund hat.« Die Liste der Beispiele ist lang. Sie umfasst Jahrhunderte der Menschheitsgeschichte. Das große religiöse Versprechen wurde nicht erfüllt: die Erlösung für sich und für andere.

Warum muss mein Glaube ein kollektiver sein? Dieser führt zu einer historischen Spaltung in einer Welt, in der es darum gehen sollte, ethische Rahmenbedingungen und ein Verständnis für gemeinsames moralisches Handeln auf globaler Ebene zu erreichen. Es scheint im 21. Jahrhundert unerklärlich, warum Religion und eine Bindung zu Gott erforderlich sind, um zivilisierte Diskussionen zu führen, Introspektion zu lernen, sich von Selbstverständlichkeiten zu befreien und Weltverständlichkeit anzustreben. Wir brauchen positive Leitideen und Geschichten für die Menschheit sowie Visionen über mögliche Formen des Lebens in organisierter Form. Mit dem Erwachen aus dem fatalen Nickerchen müssen wir uns dogmatischen Weltanschauungen stellen. Dogmatismus verhindert Veränderung.

Mit der gegenwärtigen Entwicklung liberaler Demokratien schwindet und verschwindet allerdings die Religion. Schauen wir nach Skandinavien. Die kleinen, raschen und adaptiven Wohlstandsoasen für Technologie und gesellschaftliche Entwicklung sind längst Staaten eines nicht gläubigen Atheismus (agnostischer Atheismus). In Schweden geben bereits drei Viertel der Bevölkerung[134] an, keinen Bezug zu einer Religion zu haben. Im IKEA-Land werden sogar die ersten nicht religiösen Friedhöfe[135] eingerichtet. Nicht nur in »vollständigen Demokratien« – also in Demokratien, in denen bürgerliche Freiheiten und politische Grundfreiheiten durch eine politische Kultur gestärkt werden, die dem Gedeihen demokratischer Prinzipien förderlich ist – beobachten wir diese Entwicklung. Auch in der Verabsolutierung einer materialistischen Weltanschauung im staatskapitalistischen China zeigen neue Studien, dass sogar 90 Prozent der Bevölkerung sich als »nicht gläubig« betrachten.[136] Mit dem Erwachen aus dem fatalen Nickerchen, der gegenwärtigen Entwicklung von Ökonomie, Ökologie und Technologie scheint die Rückkehr zur Religion als stabilisierender Faktor für ein ethisches Rahmenwerk nicht die passende Lösung zu sein.

Für das Miteinander im 21. Jahrhundert brauchen wir ein neues Rahmenwerk und dafür wird die philosophische Kontemplation benötigt. Die Paradoxie der individuellen Freiheit bei gleichzeitigem Bedarf, in das Allgemeinwohl einzuzahlen, führt uns zurück über den kategorischen Imperativ Kants

(»Handle nur nach derjenigen Maxime, durch die du zugleich wollen kannst, dass sie ein allgemeines Gesetz werde«) bis zur Suche der Vernunftwesen bei den Sophisten im 5. bis 4. Jahrhundert v. Chr. Die Herausforderung entkoppelt von der Religion lautet: *how to get along*.

So steht die Ethik immer vor der Einordnung in das Kollektive oder in Relation zum Gesetz, sei es in der Behauptung »Die Natur regelt sich selbst« oder im christlichen Versprechen, wo Normen mit dem Willen Gottes begründet werden. Wenn das Göttliche von den Religionen entkoppelt und sogar zum Teil technologisiert wird, dann stellt sich die Frage, welche Rolle überhaupt noch die Theologisierung in einer Optimierungsgesellschaft der Vollökonomisierung spielen kann, die von und mit der Technologie getrieben und gestaltet wird. Das ethische Verhalten beruht auf Sympathie und Mitgefühl, Bildung, Bedürfnissen des Individuums und auf kollektiven und (sozialen) Bindungen. Dafür ist aber keine religiöse Zuordnung oder Grundlage erforderlich. Galten einst dicke Bücher als das Fundament für »Best of Moral«, so dienen heute religiöse Schriften zwar zweifellos als gute Grundlage für ethische Gedanken und ethisches Handeln, sie stellen aber keine Absolutheit dar. Die Debatte wäre nicht eine philosophische, sondern eine rein wissenschaftliche, wenn uns eines dieser Rahmenwerke als Grundlage dienen könnte. Und es ist die beschriebene, vom Menschen ausgehende Paradoxie, dass ein Moralsystem nicht auf Dauer gegen eigene Interessen oder Handlungen standhalten kann, die aus der Intention einer moralischen Handlung nicht die moralische Handlung ermöglicht.

Die Suche nach Gott wurde abgeschlossen, für die Schöpfung reicht die Physik. Man muss sie nur verstehen, oder wir akzeptieren das Göttliche als das, was es ist, göttlich. Glauben und das Göttliche können eine essenzielle Rolle für Halt und Stabilität spielen. So nimmt die Suche nach dem Schöpfer nicht in der Geschichte – unserer Vergangenheit – Platz, sondern vielmehr manifestiert sie sich in der Schöpfung selbst. Die Reise führt nicht von und aus dem Göttlichen, sondern vielmehr zum oder in das Göttliche, womöglich in Form der Verbindung mit der Technologie – Deus ex Machina – Gott in/ aus der Maschine.

So ist die nachkantische Debatte eine ökonomische und technologische und eher eine atheistische. Im Spannungsfeld zwischen (Selbst-)Optimierungsgesellschaft und einer reaktiven und müde gewordenen Untätigkeitsgesellschaft folgt, dass moralisches Handeln anreizkompatibel sein muss. Somit steht es in direktem Widerspruch zur aktiven (Mit-)Gestaltung der Gesellschaft – dass ethisches Handeln im Rahmen des Allgemeinwohls und der Vollökonomisierung gleichzeitig für das Individuum einen Anreiz zur Aktivierung schafft, verbunden mit einem Nutzen- und Besserstellungsversprechen für die Allgemeinheit. So ließe sich eine mathematische bessere Welt – dynamisches Äquilibrium – kognitiv verarbeiten, wenn die gefühlte bessere Welt durch eine errechnete bessere Welt ersetzt wird. Jedoch kann eine solche Dynamik nur mit der Befreiung von Selbstverständlichkeiten und dem Absoluten erreicht werden. Die Ausübung eines *Glaubens* bleibt im Privaten, und es muss uns gelingen, ohne religiöse Spaltung zur Solidarität zu gelangen. Auf ein Regelwerk, gestützt auf »was Gott gutheißt«, muss eine atheistische Ethik auf Vernunftbasis folgen.

Die Überwindung der Herdenstupidität

Warum wir jetzt Philosophie brauchen? Wenn die Gesellschaft gefällig wird, wird die Philosophie gefährlich beziehungsweise *sie muss es werden*. Die Philosophie muss insofern gefährlich werden, dass sie in aufklärerischer Rolle genau jene intellektuellen, ökonomischen und technokratischen Türme einreißt, die uns heute in Gefangenschaft mit unseren Selbstverständlichkeiten halten. Der Kampf gegen den Anti-intellektualismus erfordert einen Weg zur Heilung unseres infizierten Denkens.

Es gibt aber nicht *die* Philosophie. Es gibt Denkströmungen und Schulen, aus denen Philosophen hervorgehen können – von A wie Analytische Philosophie bis Z wie Zoroastrismus, von der theoretischen zur praktischen, von Erkenntnistheorie, Ontologie und Metaphysik zu Ethik und Philosophie des Geistes. Wie in anderen Wissenschaften und Künsten werden die Experten ihrer jeweiligen Disziplin mit ihren Ansichten durch Repräsentanten anderer Disziplinen herausgefordert. Die Frage, mit der wir uns hier beschäftigen, ist: Was kann die Philosophie für die Welt tun? Mit anderen Worten: Wie kann die Philosophie der Menschheit heute dienen? In der Bildung, in der Politik, in den Medien oder in der Wirtschaft.

Zunehmend viele »Neugeborene« und »Selbstentdeckungsvoyeure« feiern die griechische Schule der Stoiker, und es findet eine Pop-Fetischisierung von Figuren wie Mark Aurel als Selbsthilfe-Guru im 21. Jahrhundert statt. In seinem Buch *Selbstbetrachtungen* bekommen wir Einblick in eine der bedeutendsten Schulen der Philosophie: die Stoa (Stoizismus). Von diesem wirkmächtigen Lehrgebäude ist uns heute geschätzt nur ein Prozent der Schriften erhalten geblieben. Als Einstieg in die philosophische Denkströmung können Zitate und

Aphorismen für Tweets, Instagram-Posts aus solchen historischen Erzählungen hilfreich sein und als Anstoß für eine neue Richtung im eigenen Leben dienen. Das Werk Mark Aurels ist eine der letzten Hinterlassenschaften der jüngeren Stoa, im Netz sind seine Lebensweisheiten überall zu finden. *Denke wie ein römischer Herrscher. Die stoische Philosophie des Mark Aurel* von Donald Robertson und viele weitere Abhandlungen über den römischen Kaiser erscheinen in immer neuen Auflagen – eine Art »Best-of« der griechischen Philosophie. Nacherzählungen des humanistischen Kosmopoliten Diogenes von Sinope mit den zahlreichen Anekdoten aus der philosophischen Strömung des Kynismus und aus seinem Leben – zum Beispiel die seiner hündischen Lebensweise oder seiner Suche mit einer brennenden Kerze am helllichten Tag nach einem (wahren) Menschen – gehören zu den vielen Erzählungen, die sich derzeit in Podcasts und öffentlichen Debatten großer Beliebtheit erfreuen.

Der historische Bezug dieser mittlerweile fast zweieinhalb Jahrtausende alten Erzählungen wird ausgeblendet, wenn es um schnelle Likes und neue Lebensrichtungen geht. Die Zeit Mark Aurels und der Stoiker war von völlig unterschiedlichen Phasen, Regierungssystemen und Glaubensformen (mit oder ohne Rauschmittel) geprägt, während ihre Denkanstöße heute als eine Sammlung von »Lebensweisheiten kompakt für Menschen in Eile« verkauft werden. Dabei wird genau jene historische Betrachtung einer Zeit ausgeblendet, die von Blüte, Leid und unterschiedlichen Weltanschauungen geprägt war. Sie ist mit der heutigen Zeit gar nicht kompatibel. Eine Welt, in der Götter, Mystiker und eine durch Halluzinogene hervorgebrachte Theorie über eine flache Erde mit unendlicher Wiederkehr vorherrschend sind, ist völlig entkoppelt von der technologischen Gesellschaft, in der wir heute leben. Für die Suchenden nach Sinn und Glückseligkeit erfüllt dies als Impulsgeber dennoch seinen Zweck, führt aber nicht zur höchsten Befriedigung im Sinne der antiken philosophischen Vorstellung der »Eudaimonie«, einer gelungenen, glücklichen Lebensführung, und kann höchstens als Impulsgeber für etwas Neues betrachtet werden.

Wissenschaftliche Erkenntnisse und Denkschulen müssen wir als Erklärungen ihrer Zeit verstehen und wertschätzen. In unserer Zeit dienen sie jedoch nicht zur Aufklärung. Bleibt die Wissenschaft absolut, so verliert sie ihre Rolle in der Gestaltung. Die Suche nach einem humanistischen Rahmenwerk wurde für ein technologisches Streben nach Posthumanismus eingestellt. Mit der tieferen Auseinandersetzung dieser für die Menschheit möglicherweise existenziellen Herausforderung rückt die Philosophie wieder ins Rampenlicht und wird zu jener »Waffe«, die das gefühlte Gleichgewicht zugunsten des Strebens nach dynamischer Balance zerstört.

Es geht hier um die Philosophie in einem traditionellen Sinn, also um das Denken an sich und nicht um die akademische Auseinandersetzung. Die Hinterfragung aller Denkmodelle, die Befreiung von Selbstverständlichkeiten und das Streben nach Weltverständlichkeit stehen im Mittelpunkt. Sosehr die akademische Philosophie und ihre Repräsentanten größten Respekt verdienen und auch gehört werden müssen – wir brauchen nicht alle ein Wissensarsenal an unterschiedlichen Denkströmungen, um philosophische Kontemplation zu betreiben. Die Philosophie dient einer kontextgebunden Welt und soll nicht als Beruhigungsmittel für schwierige Zeiten dienen, sondern sie muss ihre aktiven, praktischen und gestalterischen Antriebe finden.

»Das infizierte Denken« ist nicht aufklärerisch, sondern aktivierend. Es geht darum, die Kontemplation zu begrüßen.

Wenn wir über abstrakte Themen sprechen, müssen wir nicht mit konkreten Gedanken arbeiten. Wir dürfen in der Abstraktion bleiben, um *temporär* zum Konkreten zu kommen. Das Abstrakte braucht Raum zum Atmen. Nur mit der Befreiung kann etwas Neues entstehen. Um uns von unseren Selbstverständlichkeiten zu befreien und nach Weltverständlichkeit zu streben, brauchen wir nicht Hegels *Phänomenologie des Geistes* zu verstehen oder Jean-Paul Sartres 650 Seiten über *Das Sein und das Nichts* auseinanderzunehmen. Die akademische und analytische Auseinandersetzung kann Grundlagen schaffen und das Werkzeug für eine Entdeckungsreise liefern. Ja, philosophische Methoden und Schulen können erlernt werden. Jeder von uns kann dies tun. Wie alles andere setzt das viel Training voraus. Die Befreiung von Selbstverständlichkeiten und das Streben nach Weltverständlichkeit sind aber genauso philosophisch. Das ist *die* Philosophie. Es genügen unser Bewusstsein und die Zeit, die Ruhe. Es geht um das Zurückgewinnen der Zeitigkeit.

Eine der größten Herausforderungen unserer Gesellschaft wird es in Zukunft sein, die Menschen zu aktivieren. In der Aktivierung finden wir das, was »Sinn ergibt«. Während der Suche müssen wir vielleicht feststellen, dass das Leben sinnlos zu sein scheint, folglich geht es darum, dem Leben einen Sinn zu verleihen. Und so dienen die Inspirationen aus kurzen Posts, Zitaten, Anekdoten und Aphorismen dem Essenziellen, der Aktivierung.

Wer wird gewinnen? Das System oder die Denkerin? Das Vertrauen in Systeme ist geschwächt, und diese stehen vor Herausforderungen, ja sogar vor unlösbaren Problemen, was zu einem Kollaps führen kann. Was sind die herausfordernden Zeiten? In einer Welt, in der das Versprechen von Wachstum und Fortschritt gegeben wurde, sind Stille und Stagnation die zerstörerische Kraft. Das Betriebssystem unserer Welt beruht auf Aktivität und Wachstum. Erfolgt das nicht, so folgen Protektionismus und Schutz der eigenen Ideen. Statt des größeren Kuchens, das größtmögliche Stück für mich. Dennoch ist es ein »schönes Problem«, dass wir uns um die Umverteilung eines großen Kuchens beschäftigen müssen und nicht ausschließlich damit, einen größeren Kuchen zu backen. Die Geschichte lehrt uns, dass mit Krisen der Weg für eine Entfesselung von Annahmen geebnet wird. Heute dürfen wir etwas probieren. Mit der trügerischen Sicherheit und suggerierten Stabilität muss die Philosophie brechen, um ihrer fundamentalen Rolle gerecht zu werden. *Nur weil wir die Welt nicht erklären können, darf uns das nicht davon abhalten, es zu versuchen.*

Es kann jedoch nicht die Rolle der Philosophie sein, die Welt in ihrer Absolutheit zu definieren, um zu einer absoluten Balance zu gelangen. »Das infizierte Denken« ist ein Kampf des Denkens. Dabei geht es nicht um Perfektionismus oder darum, recht zu haben, sondern das Denken muss über genau jene Selbstverständlichkeiten obsiegen, in denen wir gefangen sind. Das Fluide über das Feste. Die Weisheit bekommen wir nicht mit dem Löffel verabreicht, sondern sie wird mühsam mit Stäbchen eingenommen.

Um das Denken, Sprechen und Handeln zu greifen, muss es von dem Begreifen gelöst werden. Das Brechen der Stabilität und Muster. *Es ist die Kunst, unrecht zu haben*, in einer Welt, die nur Recht akzeptiert. *Es ist der Mut, öffentlich seine Meinung zu (ver)ändern.* So blüht die Philosophie auf als gefährlicher Zerstörer in herausfordernden Zeiten. Für unser Leben, für unser Zusammensein, für die weitere Suche nach Mensch und Verstand, nach Intelligenz, Intuition und Bewusstsein. Sie ist fundamental in der Bildung, begleitend in der Auseinandersetzung mit dem Reaktiven und unserer Medienwelt, sie ist gestalterisch im organisierten Leben – in der Politik – und essenziell für die Gestaltung einer enkelfähigen Wirtschaft, die uns Menschen dient und nicht umgekehrt. Die Philosophie ist das Bindeglied und zum Teil auch das Sprungbrett für die Sinngebung. Sie ist Aktivierungsinstrument und Denkapparat für eine menschliche Interdependenzgesellschaft. Und sie ist auch in ihrer eigenen Selbstverständlichkeit zu hinterfragen – das ist die Überwindung der Herdenstupidität.

DIE SINNLOSE ZEIT

»Philosophiert euch!« ist ein Aufruf zur Aktivierung. Wir werden mit einem ökologischen sowie mit einem Bevölkerungskollaps konfrontiert, vor dem nur rasanter technologischer Fortschritt die Menschheit retten wird. Zugleich ist die exponentielle Technologie aber eine existenzielle Bedrohung für den (bewussten) Menschen, aus der uns nur der Verstand retten kann. Ein Umdenken muss erfolgen. Denn der Umgang mit exponentiellen Technologien – fortan das, was wir unter künstlicher Intelligenz kategorisieren – und dem damit einhergehenden infizierten Denken sind heute auch existenzielle Bedrohungen für die Fortsetzung des organisierten menschlichen Lebens.

Viele sprechen heute von einem »Purpose«, einem »Why« im Leben. Aber was ist eigentlich der Sinn vom »Purpose«? Bereits seit der Antike scheitert nicht nur die Philosophie an der absoluten Definition vom *Leben* in der Suche nach dem eigenen »Why«. Geht es dabei um einen Zweck für uns selbst? Oder vielleicht um etwas Übergeordnetes für alle Menschen? Das Leben – was auch immer das ist – ist für mich eine wunderschöne Reise nach nirgendwohin. Dabei gibt es entweder einen Sinn oder keinen. Und wenn es einen gibt, werden wir ihn bei der Suche finden oder nicht. Vielleicht erschließt sich der Sinn direkt vor unseren Augen bei der Erweiterung unseres Bewusstseins oder durch metaphysische Fortschritte oder in/durch die hochgelobte Singularität, die jetzt kommen soll. Vielleicht gibt es also grundsätzlich einen Sinn, den wir erkennen könnten, aber er liegt noch außerhalb von unserem Raum des Erkennbaren und womöglich auch der Zeit, die wir heute wahrnehmen können. Vielleicht ist, wie bereits skizziert, unsere Wahrnehmung von der Zeit sogar das Problem. So liegen die Sinnlichkeit und der Weg zur Glückseligkeit vielleicht in der Wahrnehmung der Unsinnigkeit.

Wenn wir uns nicht all denen, die ihren Sinn bereits gefunden haben, anschließen und die Offenheit bewahren wollen, dann geht es jetzt also um die Aktivierung. Mein Sinn, dein Sinn, ihr Sinn, Irrsinn oder Unsinn – schließlich brauchen wir etwas, woran wir uns festklammern, während wir suchen. Primär muss es jetzt darum gehen, die Menschheit aus dem fatalen Nickerchen endgültig wachzurütteln. Die Herausforderungen sind da, und wir können sie bewältigen. Von der beschriebenen Wissensgesellschaft zu einer Gesellschaft des Verstandes, das Vermeiden der »Wird-Gesellschaft« zugunsten einer »Kann-Gesellschaft«. Jeder von uns *kann* sich mit der Normalität und möglichen Realität auseinandersetzen. Mit »Menschsein« und »Zeitigkeit«. Unseren Verstand zu verstehen, sollte das Ziel sein, aber die Befreiung von dieser finalen aufklärerischen Absolutheit soll uns nicht davon abhalten, vernünftig zu werden. Welche Zukunft ist für dich erstrebenswert? Es ist genau diese Bewusstmachung. Es ist das Interessiertsein, das uns für andere Menschen interessant macht und uns zu *Handlungshelden* machen kann, wobei das Heldenhafte nicht im Ergebnis liegt, sondern in der Aktivierung, der Handlung an sich. Wir müssen etwas tun.

Es liegt in der Sinngebung, also in dem, was wir daraus machen. So bleibt es bei der Suche. Diese aktivierte Suche bleibt von Bestand genauso wie Goethes Äußerung vom September 1788 gegenüber Caroline Herder: »Man reist ja nicht, um anzukommen, sondern um zu reisen.« Wir brauchen die Reise – die Aktivierung. Sie ist unsere Reise.

Sie ist anzutreten, sie ist nicht zu hinterfragen – ein weiterer Widerspruch, den es auszuhalten gilt. Damit greifen wir in das Gestalterische und wenden uns den Hürden unseres Willens zu – frei oder nicht. Man könnte fast sagen, »Frei« ist entkoppelt, und »der Wille« will etwas – ein Widerspruch mit Zuordnung, die Kategorisierung, zu dem etwas im Kontext steht. Also nehmen wir unsere Wahrnehmung über unsere eigene Wahrnehmung.

Es scheint zumindest so, als können wir mit einer wie auch immer gearteten wahrgenommenen Realität insofern klarkommen, dass wir uns aktivieren und dem Leben und dem Gelebten einen Sinn geben. *Handlungshelden* bilden die Grundlage für ein Leben in Verbundenheit mit anderen Menschen. Es ist die Grundlage, mit anderen Menschen zu sein, es ist die Voraussetzung für *Mit*-Menschen. Gesucht wird der Mit-Mensch.

Der allerletzte Mensch

Der allerletzte Mensch ... bin ich. Das Bild in jeder Tönung und mit zahllosen Filtern. Augenblick; ich muss meinen Augenblick teilen, eine weltlose Erinnerung einer beliebigen Kulisse: Mein Moment. »Ich instagramme, also bin ich.« Nicht und nichts erinnern, nicht und nichts genießen, das werde ich. Ich erkenne ohne Erkenntnis und erlebe ohne Erlebnis. Ich öffne mein Fenster, um euch die Welt zu zeigen, mein Facebook. Offen und transparent – und so verschlossen. Sein mit Sinn, der Unsinn. Der letzte Mensch bin ich.

Mein narzisstischer Selbstbezug, das Streben nach der eigenen Marke. Die Selbstoptimierung von Körper und Geist. Der Homo Narzissmus. (Eben) der letzte Mensch. Der lebt, um zu überleben, und optimiert, um frei zu sein.

Moment mal. Wir verlieren den Moment und somit unser Momentum. Die gewonnene Freiheit führt zu weniger Freiheit, und die Gesundheit wird zur neuen (Volks-)Krankheit. Am Ende bleibt die Müdigkeit ... Eine paradoxale Welt. Und nun?

Ein zeitiger Kampf in Zeitlosigkeit zwischen dem, was war, und dem, was kommt: Die Revolution – the exploited against the exploiters. Aber gegen was und wen soll hier Widerstand geleistet werden, wenn die Zeit zeitlos ist, und wenn die einzige Ausbeutung die unserer selbst ist?

Wir sind gefangen in der Gegenwart. Nach innen oder ... außen, so rebelliert der letzte Mensch, aber zu einer Revolution ist er nicht imstande. Es fehlt das andere, die Aufhebung, die Synthese des Neuen, es fehlt die Kraft der Verbundenheit, weil ich ... als der letzte Mensch – der Ausgebeutete bin, und ich – als der letzte Mensch – der Ausbeuter bin.

KAPITEL 8

Wunschlos unglücklich – ich lehre euch den Mit-Menschen

Halkyonische Tage werden für *Das infizierte Denken* auf Kuba verbracht. Die Grüne Zone auf der roten Weltkarte einer Pandemie. Es ist nicht die Winterzeit, sondern die Ruhe nach den Hurrikans und vor oder nach dem Sturm der Pandemie. Der Wind dreht sich auf der karibischen Insel, jedoch ist medial davon nichts zu spüren. Zwar wurde die lokale Währung KUC abgeschafft; die alten Regime und Absolutheiten nähern sich mit der Rücktrittsankündigung Raúl Castros, des jüngeren Bruders des Revolutionärs Fidel, einem Ende zu. Am Strand werden Renditen auf Tauschgeschäfte der lokalen Währung, die anderswo nur auf Kryptobörsen zu finden sind, angeboten (stabil und belastbar ist anders).

Welche Hoffnung ich habe? Nur eine, die heut mich beschäftigt,
Morgen mein Liebchen zu sehn, das ich acht Tage nicht sah.[137]

Aber die Sonne scheint. Die Menschen sind nicht glücklich(er), aber sie tanzen. Die Lieferungen und Versorgung auf der Insel sind, gelinde gesagt, dürftig und die Schlangen morgens um fünf Uhr an der Ausgabe für den staatlichen Liter Öl erreichen historisches Ausmaß. Das ändert aber nichts daran, dass auch hier die Gleichmacherei und das Streben nach der verbundenen Welt die treibenden Kräfte sind und nicht der kontrollierte Kapitalismus à la Castro, der spätestens bis zum endgültigen Abgang der Familie in voller (kontrollierter kapitalistischer) Hand des Militärs ist. Was wird aus der tanzenden und (r)umtriebigen Karibikinsel? Wann kommt endlich »der perfekte Sturm«? Von umgerechnet 50 Euro Monatsgehalt fließen 25 bis 30 Euro in Einwahlkarten für das World Wide Web, der Rest in das Lächeln. Ich kommuniziere, instagramme und facebooke, also bin ich. Ich tanze und lächele, also bin ich Mensch.

»Was ist der Mensch?«, fragte auch Kant. Es sind genau jene Fragen über unsere Freiheit, über unser Werden, über das Nichts und das Etwas, über Gott und ein mögliches Leben nach dem Tod, die uns immer wieder einfangen. Ist der Mensch vielleicht eine Illusion? Und ist es genau jene Illusion, die uns wie eine Pest infiziert? Es sind Fragen ohne Antworten beziehungsweise Fragen, die wir (zurzeit) nur theoretisch beantworten könnten. Während wir grübeln, leben wir immer »zurzeit« und sehnen uns nach Zeiten, wo alles besser als es schlechter war.

Glück ist das, wie es scheint, wonach wir streben. Das »Spiel« befindet sich jedoch immer in dem Moment, der bereits geschehen ist und folglich zur Vergangenheit gehört, wenn wir ihn wahrnehmen. Wir können also höchstens vom Glück getroffen werden. In einer Welt, in der alles zu haben ist, kommt jedoch keine Erwartungshaltung auf, auch nicht nach Glückseligkeit. Alles wird gefällig und zeitlos. Wir erreichen eine Zukunftslosigkeit. Wenn wir in eine Zukunftslosigkeit wie diese geraten, die befreit ist von Erwartungen, dann sind wir in unserer Freiheit gefangen und leben in einem Zustand des wunschlos Unglücklichseins. Das wahre Glück, so könnte man meinen, ist es darum, eine niedrige oder keine

Erwartungshaltung und eine stärkere Wahrnehmung der Normalität im Leben zu haben. Glückseligkeit kann nicht erzwungen werden, wir können uns höchstens weniger unglücklich machen. Sie muss zugelassen werden, sie muss geschehen. Wertschätzend, aber nicht wertsuchend.

Wir sind Menschen, so haben wir das kategorisiert, also halten wir daran fest. Ich finde das Wort wunderschön und sehr passend – *Mensch*. Wenn es uns wichtig ist, dann sollten wir uns festklammern an dem, was wir sind, ob Wirklichkeit oder Illusion. Ich glaube, die meisten Menschen sind im Grundsatz gut (abgesehen von psychischen Dysfunktionalitäten). Im »echten Leben« finde ich die gehässige Online- und Kommunikationswelt nicht wieder. Der Mensch ist gut und möchte besser werden. Menschen haben einen Bezug zu ihren Verpflichtungen und besitzen das innere Feuer, besser zu werden. Das ist das, was ich am Menschen liebe – nicht dass wir mit all dem, was besser sein kann, unzufrieden sind, sowie dass wir mit uns selbst nicht zufrieden sind und wir eine bessere Version von uns selbst sein wollen. Für uns selbst und in Relation zu anderen Menschen. Das ist unser (unerschöpftes) Potenzial.

Das größte Problem besteht darin, dass wir heute kollektiv auf vermeintliche Probleme reagieren, weil sie uns bewusst gemacht werden. Früher wussten wir nicht, wie schrecklich die Menschheit war und welche Sünden begangen wurden. Da es uns aber heute bewusst wird, laufen wir alle wie verrückt durch die Gegend. Wobei wir eigentlich bewusstlos sein, einfach weiterleben, wahllos in unserem Tank herumlaufen und niemals versinken sollten.

*Mensch*sein ist dann eine Absolutheit, die wir nicht hinterfragen müssen. Vom Menschen ausgehend, erforschen wir *unsere* Welt. Sicherlich tragen wir als Menschen zur Zerstörung, aber in gewisser Weise auch zur Stabilisierung auf diesem Planeten bei. Andere Lebewesen wie zum Beispiel Kakerlaken (die »ein Leben ohne Kopf führen können«[138]), die in einigen dystopischen Szenarien den Menschen überleben werden, macht es nichts aus – in ihrer wie auch immer gearteten Wahrnehmung (und diese Annahme möchte ich an dieser Stelle aufstellen) –, wenn der Planet Erde Homo sapiens nicht mehr hätte. Aber es muss die Feststellung erlaubt sein, dass der Mensch – zumindest für uns – *essenziell ist.*

Also sollte unser Primärziel sein, die »Reise« des Menschen zu verlängern. Wir sollten versuchen, das Ticket in dieser merkwürdigen kosmischen Lotterie an die zukünftigen Generationen weiterzugeben und die Lebensgrundlage für organisiertes Menschenleben auszubalancieren und zu teilen. Die Verantwortung unseres Verstandes kann uns zur Vernunft führen, zumindest dabei begleiten, uns mit unserer Selbst- und Weltverständlichkeit auseinanderzusetzen. *»Ich lehre euch den Mit-Menschen« ist also nicht erklärend, bildend oder aufklärend, sondern erzählend. Es ist nicht befreit von Annahmen und Zuordnungen, aber es ist sich dieser bewusst und weiß um das bekannte Andere und das noch nicht Gewusste, das unbekannte Andere. Es ist ein neoeklektizistisches Gedankengebäude, wenn man so will. Reflexionen und Bildschöpfung eines philosophischen Denkanstoßes. Egal, was uns Technologie und Fortschritt bringen werden, das Menschsein ist eben das Menschsein.*

An Tagen wie diesen, am Tag danach ist die Entfesselung der miteinander verwobenen Paradoxien und die Suche unser Weg. Sie geht über Freude und Hedonismus hinaus. Sie ist eine (positive) Leitidee, etwas, womit wir unserem Leben Sinn geben können, ein Fokus, ein Weg für den Tag danach. Soll es also menschlich bleiben – und wir wollen Mensch sein –, müssen wir uns zumindest darüber Gedanken machen, was das ist. Wenn wir nur Mensch in Relation zu anderen Menschen sein können, sollten wir zwei Primärziele verfolgen: die Auseinandersetzung mit dem »Selbst«, unserer Innenwelt, das was wir werden können/wollen, und mit der Welt, dem Verständnis für andere Menschen.

DIE GESUNDE EMPATHIE

»Er versteht mich nicht, er ist nicht empathisch.« Ein Satz mit Zündstoff innerhalb der eigenen vier Wände nicht nur in Lockdown-Zeiten. Wie ist es, wenn unser Partner oder andere Menschen von uns Empathie erwarten und wir nicht das Einfühlungsvermögen haben, dieses Gefühl nachzuempfinden? Erwarten wir dann, dass auch der Partner unsere Gefühle ebenso nachempfindet? Also, dass die fühlende Person Empathie bekommt und folglich selbst auch empathisch sein soll? Wenn ich beispielsweise das Leid annehme und den Schmerz spüre, so wäre davon auszugehen, dass der Partner auf mich einwirken, sich empathisch verhalten würde. Ist das nicht der Fall, so ist die Erwartungshaltung der Empathie eine egoistische.

Eine solche *affektive Empathie* dient einem rein egozentrischen Selbstzweck und hat – auch wenn am Ende eine glückliche Symbiose und Verarbeitung entstehen kann – im Prozess *zwei* mögliche Leidtragende und bleibt so etwas wie eine Endlosschleife der »Gegen-Empathie«. Dass der Raum des Handelns und Denkens oder Denkens und Handelns nicht einfach ist, dürfte inzwischen klar sein. Bei Empathie geht es natürlich um viel mehr als Leid. Es geht dabei um etwas ganz anderes. Hier ein kleines Gedankenexperiment:
Wie würdest du reagieren, wenn die gesunde Empathie vielleicht eine

Empathie ohne Gefühle, ja womöglich eine Empathie ohne Einfühlungs-vermögen ist, die weniger gefährlich wäre? Was würdest du sagen, wenn ich dich mit folgendem Gedankenexperiment konfrontiere: Empathie fordert Egoisten.

Nehmen wir ein einfaches Beispiel. Der Freund eines dir nahestehenden Menschen stirbt. Bei einer Begegnung hätte ich zu diesem Freund keinen Bezug, ich wünschte mir aber, ich könnte den Schmerz spüren, damit ich empathisch handeln könnte. Wie wäre es aber, wenn ich analytisch-rational wüsste, wie ich mich zu verhalten habe? Dann wäre das nicht empathisch, wäre das Gegenargument. Wenn du es aber nicht wüsstest, dann würde es keine Rolle spielen, oder? Folglich wäre das Verhalten befreit von einer absoluten Terminologisierung, gleichzusetzen mit der Empathie. Gleichzeitig wäre dies eine selbstlose Empathie, eine klare Empathie mit rationalen Entscheidungen, und es würde die Situation befreien von einem der zwei Leidtragenden und gleichzeitig die oben beschriebenen Endlosschleifen einer »Gegenempathie« vermeiden. Wenn die Theorie uns lehrt, Empathie kann man trainieren, so kann man den Kontext definieren und ebenjenes Gefühl erzeugen: Wahrnehmung und Kontextbezug.

Zu ähnlichen Gedanken kommt auch der Psychologe Paul Bloom, der wissenschaftlich begründet für eine »gesündere Empathie« einsteht. In *Against Empathy: The Case for Rational Compassion*[139] argumentiert Bloom für ein rationales »Mitgefühl« (»compassion«) und unterscheidet zwischen Empathie, Mitgefühl und moralischer Entscheidungsfindung. Bloom argumentiert, dass Empathie kein idealer Leitfaden ist für Handlungsableitung und sich als Problemlöser möglicherweise selbst im Weg steht.

Glaubst du, du wärst in der Lage, besser im Sinne anderer Menschen zu handeln, wenn du unter Stress stehst oder leidest? Oder wäre das Ergebnis besser, wenn du einen ruhigen und klaren Kopf behältst? Wenn du zu Letzterem tendierst, implizierst du nicht nur, dass Mitleid keine zielführende Basis für eine aktivierende Interaktion von wertschätzenden Menschen ist, sondern auch, dass das tatsächliche Nachempfinden der Gefühle anderer uns möglicherweise daran hindert, das Richtige zu tun und vernünftig zu handeln. Wir werden nämlich durch eigenes Leid und Stress beeinflusst und somit durch Gefühle, die wir nicht wegfühlen können. Bloom ist kein Empathiegegner, er erkennt auch eine starke kontextgebundene Argumentation. Eine »Empathie-Freundlichkeit« kann motivieren, die Welt zu einem besseren Ort zu machen.

Mit der provokanten These der Verschmelzung von Psychologie und Psychoanalyse mit der Neurowissenschaft kommen wir mit der Empathie auch zu einem möglichen gestalterischen Raum – einem Lösungsraum – der selbstlosen Empathie, wenn wir die kognitive Verankerung einer errechenbaren Handlung betrachten. Die ungeahnten Möglichkeiten und rasanten Entwicklungen in der Technologie haben an dieser Stelle einschneidende Konsequenzen für die Menschheit, wenn wir diesen Gedanken fortsetzen. Das muss uns bewusst sein. *Empathie ist nicht eine Frage des Einfühlungsvermögens, sondern der Intelligenz oder des Denkens und der Zuordnung in einen kontextgebundenen Raum. Was wir suchen, ist also eine kognitive Empathie.* Eine kurze Anwendung, die auch in der Paartherapie Anwendung findet.[140]

In einer müder werdenden Optimierungsgesellschaft, wo die Aktivierung die Herausforderung ist, geht es also mit Empathie um ein Nutzenversprechen und um optimiertes Handeln. Wenn es sich für alle lohnt, dann dient es (s)einem Zweck. Wenn die Bereitschaft (die Aktivierung des Handelns) vorhanden ist – *ich kann frei handeln* –, ist die Fähigkeit dann nicht das Einfühlungsvermögen, das ich an dieser Stelle beschrieben habe, sondern die kognitive Fähigkeit mit den/dem Gefühl(t)en umzugehen. Die Fähigkeit, sich in die Einstellungen anderer Menschen einzufühlen.

Oder anders ausgedrückt, Empathie kann gefährlich werden, wenn sie aus Gefühlen erzeugt wird, denn sie kann durch kognitives Denken dann nicht negiert werden. So liegen die Herausforderungen im Umgang mit der Empathie im Denken oder in der Kognition, was uns wieder zurückführt zu »Denken aus der Dose«.

Der Mensch fordert Empathie beziehungsweise Empathie fördert Egoismus. Vernunft, Verstand und Intelligenz fördern Empathie – also eine kognitive Empathie. Weniger Gefühl ist mehr Gefühl.

Lieb mich einfach

Was sucht »die Liebe« in *Das infizierte Denken*? Einen letzten Umweg und Sprung erlauben wir uns. Denn folgen wir den Konsequenzen und Auswirkungen des infizierten Denkens, so erkennen wir: Es ist allumfassend. Es geht um den ganzen Menschen und um das, was für uns essenziell ist. Die Liebe ist ein Grundpfeiler des Lebens: Wo keine Stärke bewiesen werden muss, wo Schwäche gezeigt werden kann, wo der Glaube an die Macht schwindet, weil man das Gefühl hat, dass die Bedürfnisse des Partners genauso wichtig sind wie die eigenen, finden wir diese »Liebe«. Weil unser infiziertes Denken allerdings ein Problem für die Liebe darstellt, ist eine letzte Reflexion notwendig.

Die meisten Menschen sehen das Problem der Liebe in erster Linie als das Problem, selbst geliebt zu werden, statt zu lieben und lieben zu können.[141]

Liebe muss mit Freiheit einhergehen. Das ist jedoch in einer vollökonomisierten (Selbst-)Optimierungsgesellschaft ein Widerspruch. Welche Rolle spielt der andere in einer Welt, die geprägt ist von neoliberalen Werten, wo das Leistungssubjekt inmitten der eigenen Ökonomisierung und Selbstoptimierung steht? Was bringt mir meine Freiheit, wenn ich nicht unrecht haben kann, wenn ich keine Fehler machen kann? Die Pornofizierung, Verdinglichung des Eros und die erstrebte Sofortgesellschaft von Tinder & Co. externalisieren die Gefühle. Sie werden zum Rauschgift und töten den inneren Antrieb. Die Attraktivität wird zum konsumierbaren Attribut.

Zu lieben ist aber eine Kunst, die sich aus Theorie und Praxis zusammensetzt. Die Liebe ist eine verbundene Einheit aus Individualität und Kollektivität. In einer Welt, in der die Einheit verloren geht, wird die Liebe eine Konformität. Eine zu optimierende und produzierende Arbeit. Mit der zunehmenden Arbeit geht die Kraft verloren und mit ihr die Liebe und die Befähigung zu lieben.

Die Liebe ist nicht das Ergebnis einer adäquaten sexuellen Befriedigung, sondern das sexuelle Glück – ja sogar die Erlernung der sogenannten sexuellen Technik – ist das Resultat der Liebe.[142]

Für eine Liebesbeziehung ist die Grundlage gegenseitiges Vertrauen. Aber auch hier verursachen die Wissensgesellschaft und die damit einhergehende Technologisierung Probleme. Perfektes Wissen durch Überwachung und Kontrolle schafft kein Vertrauen. Transparenz und perfektes Wissen schaffen das Vertrauen ab. Der Satz »Ich liebe dich« ist ein Zukunftsversprechen. Dieses Versprechen der Liebe ist mit einer Ungewissheit verbunden, da die Zukunft noch nicht ist. Dieses mit dem Nichtwissen verbundene Unbekannte erzeugt eine Spannung, eine Intensität – es ist das Abenteuer Liebe. Pure Lebendigkeit. Eine permanente Wiederholung dieses Versprechens bringt allerdings eine andauernde Gegenwärtigkeit hervor, die zu einer fortlaufenden Validierung und Transparenzschaffung führt. Liebe wird leblos. Sie wird zum Instrument.

Die fortgeschrittene fatale Informationsgesellschaft fördert zwischenmenschliche Beziehungen durch die Ermöglichung von Vielfalt, Zugang und Bestätigung, schadet aber damit gleichzeitig der Liebe durch ihr Streben nach der Wissensgesellschaft. So liegt für die *Gesellschaft des Verstandes* auch für die Liebe das Fundament im Werdenden – das Streben nach dynamischer Balance. Denn die Liebe kann nicht ohne Leid und Negation, aber auch wenn sie ohne Leid und Negation sehr gut klarkommt, muss es sie dennoch (theoretisch) geben können.

Liebe ist heute ein reaktives Wechselbad der Gefühle. Ähnlich der technologischen Entwicklung haben wir es mit einer neuen Suche zu tun. Ein permanenter Trieb, bei dem Transparenz und Zugang für eine Beschleunigung des Gleichen sorgt. Die rasche Pornofizierung der Gesellschaft führt zu einer erlebten Alltagserotik. Sexologen klären auf: Interviews mit Frauen sollen Männer über die »echte Sexualität« aufklären,[143] dabei führen die Pornofizierung und die damit einhergehenden aufklärerischen Kämpfe der Sexualität möglicherweise zu einer Abstumpfung.

Durch die frühe Auseinandersetzung mit Grenzen erweiternden Erlebnissen wird bereits Jugendlichen eine grenzenlose Welt der Sexualität präsentiert. War Sexualität in meiner Jugend mystisch und geheimnisvoll, so ist sie heute extrem, schnell, transparent und für alle zugänglich. Diese Sexifizierung regt an, bis sie nicht mehr anregt – zumindest in der partnerschaftlichen Beziehung und vielleicht sogar generell im Umgang mit anderen Menschen. In der extremsten Ausprägung zeigt sich das in der Verbildlichung der 20-jährigen männlichen Jungfrau, die nicht imstande ist, ohne Substanzen wie Viagra & Co. erregt zu werden – aufgrund der Sättigung aller sexuellen Lüste durch die Pornofizierung bei völliger Abwesenheit der gemeinsamen sexuellen Verausgabung.

Liebe ist natürlich nicht gleichzusetzen mit Sexualität. Das geht einher mit einer möglichen Liebeskrise dank der technologischen Entwicklung. *Liebe ist vollkommen, sie ist rein und perfekt.* Sie kann heilen. Sie ist jedoch nicht perfektionistisch. Sich zu verlieben ist somit ein Ergebnis mangelnder Information. So ist die perfekte Informationslage eine Materialisierung der Liebe hin zum pragmatischen Beisammensein. Die Wissensgesellschaft und die mit ihr einhergehende Technologisierung der Optimierungsgesellschaft droht somit, die Liebe durch Abwesenheit des Verstandes auszulöschen. So wird die Gleichzeitigkeitsgesellschaft von Sowohl-als-auch zu einer Gleichheitsgesellschaft. Organisiertes pragmatisches Leben. Supplementierende Kompetenzen und ein stabiles Leben dank Informationszugang, in dem Kinderzeugen als gemeinsames Lebensprojekt betrachtet wird. *Die Liebe besteht also aus einem Mangel an Informationen – das* Nicht-perfekte-Wissen. *Und auf dieser Basis muss die Liebe auch im Kontext der Schöpfung einer digitalen Superintelligenz verstanden werden. Die mächtige Maschine muss lieben können.*

Wir brauchen einen Raum, in dem wir bei uns sein können, ohne die Verbundenheit zum anderen. Nur so kann die Verbundenheit überhaupt entstehen oder bestehen. Mit der völligen Transparenzschaffung und Verbundenheit erlischt das

Feuer. Mein Leben besteht somit aus dem, was die Welt nicht von mir weiß, nur so stehe ich in Relation zu meinen Beziehungen (zu anderen Menschen) und zur Welt. Eine Überlagerung der Informationen ist somit eine »Verdinglichung« des Menschen selbst und folglich auch der Liebe. Die vermeintliche Liebe wird maschinell und haptisch und macht sich ersetzbar oder sogar obsolet. Ein völlig transparenter Sachverhalt ist leblos, und so ist es auch mit unseren Beziehungen. Mit der kompletten Informationsbeschaffung (losgelöst von Frust und Müdigkeit im Prozess) geht die Anziehung verloren. So wirkt auch die Transparenzschaffung sogar gegen ihr eigenes Vorhaben. Denn was sich als fatale Informations- beziehungsweise Überflussgesellschaft entpuppt, schafft keine Übersicht, sondern Durchsicht. Es wird »transparent«. *Man könnte sogar einen metaphorischen Vergleich mit dem Farbspiel anstellen. Ist die Liebe voller Farben und Eindrücke, so ist die Transparenzschaffung mit ihren 0 Prozent Alpha die erlebte Leere.*

Mensch und Maschine brauchen darum so etwas wie eine Verpflichtung und Bindung, die es ermöglicht, das Glück des anderen Objekts subjektiv zu erleben. Es geht dabei nicht um die völlige kognitive Übereinstimmung, sondern um den tiefen Wunsch zu erfüllen, dass es »dem anderen« gut geht. Darauf folgt die Entkoppelung des errechenbaren Nullsummenspiels zugunsten des gemeinsamen Erfolgs. Ihr Erfolg wird zu eurem Erfolg.

Mit der Befreiung der Sexualität von den Vorschriften der Kirche entstand eine neue Gefangenschaft in der eigenen Freiheit, die heute mit einer technologischen Optimierungsgesellschaft konfrontiert wird. Sexualität und Liebe unterliegen der Ökonomisierung und einer pervertierten Form der Freiheit: einfach zu handeln, ohne zu wissen, was ich will. Es fehlt das Mystische, es fehlt das Andere. Mit dieser Entwicklung, der Verlieblichung in der Technologie und dem Verlust der Lust wird die Liebe »einfach«. Ein ökonomisches Problem. Marktkonform und fertig gefiltert.

DER URSPRUNG DER QUELLE

Treffen Veränderungen aus einer Welt von Potenzialität und Unendlichkeit auf ein System der Endlichkeit, so entstehen nicht nur Spannungen, sondern fundamentale Veränderungen des organisierten menschlichen Lebens.

Zu glauben, »Das infizierte Denken« kognitiv verstanden zu haben, ist ein Missverständnis. Und wenn wir das verstehen und akzeptieren, ermöglichen wir eine Getroffenheit der Glückseligkeit. Wenn wir akzeptieren, dass es nicht um eine Absolutheit geht, entkoppeln wir uns von der Rolle, deren Selbstverständnis es ist, »den Anderen« und »das Andere« anzugreifen. Wir eröffnen den Raum der Möglichkeiten und lösen durch den Fokus auf das infizierte Denken die gegenwärtige Spaltung als Paradoxie einer immer gleicher werdenden Welt auf. Können wir Physikalisten und die »natürlichen Gesetze« unserer Welt – den Glauben an Partikel sowie an Materie und Substanz – mit einer energetischen Weltanschauung – den »geistigen Gesetzen« – etwas Geistiges, Seelisches oder »Höheres« verbinden? Diese »unerreichbare« Verbindung muss als ein im Kommen, als etwas Werdendes, als ein Prozess verstanden werden.

Befreien wir uns von der Evolution, wäre der Mensch etwas Absolutes. Würden wir uns von externen Einflüssen befreien, wäre der Mensch etwas Beständiges. In der Physik finden wir keine Zuordnung der Begrifflichkeit »Leben«, in der Biologie ist sie fundamental. Wissenschaftlich sind wir als Wesen (noch) nicht in der Lage, das Menschliche an sich zu definieren. So müssen wir mit Widersprüchlichkeiten und Unbekannten klarkommen. Ein Sowohl-als-auch bildet unsere Grundlage für den Weg zur Heilung unseres infizierten Denkens. Es ist die Befreiung von unseren *Selbstverständlichkeiten* über den Weg der *Weltverständlichkeit*, die uns zu neuen *Selbstverständlichkeiten* bringen wird.

Wir erleben einen »Bewusstseinswandel« hin zu mehr (Selbst-)Wahrnehmung. Wie wir uns selbst bewusster werden. Ausgehend von einem solchen intrinsisch motivierten Selbstvertrauen, befreien wir uns vom Reaktiven und können der Welt und auch anderen Mit-Menschen vertrauen. Denn vielleicht sind wir als Spezies nicht fähig, die Probleme individuell zu lösen. Gemeinsam wäre es ein alternativer Weg. Im 21. Jahrhundert erkennen wir, dass die Kooperation effizienter und produktiver ist.

»Ich wünschte, ich hätte mehr Zeit auf TikTok verbracht«, waren noch nie die letzten Worte auf Sterbebetten. Leben wir im normalen Wahnsinn oder in einer wahnsinnigen Normalität? Die *New York Times* bezeichnete den norwegischen Schriftsteller Karl Ove Knausgård als den »Alchimisten der Normalität«[144] wegen seiner Fähigkeit, aus der »Normalität« eine Sucht zu erzeugen. In den Tausenden von Seiten seines sechs Bände umfassenden autobiografischen Projekts schreibt er in einem bodenständigen Stil von der Wahrnehmung der Welt und nimmt die Leser mit auf eine Selbstentdeckungsreise. Täte es uns allen nicht gut, eine höhere Wahrnehmung unserer eigenen Welt anzustreben? Oder wie es Eva Briegel mit ihrer Band Juli so treffend im Lied »Anders« singt: *ein bisschen Normalität tut uns allen mal ganz gut.* Finden wir das angestrebte »Außergewöhnliche« eventuell gar nicht in unseren sozialen Medien oder in und mit der Technologie, sondern im ganz Gewöhnlichen?

Der Weg zu Heilung ist nicht perfekt. Nur mit (der Wahrnehmung) der Unvollkommenheit und der bewussten Ignoranz von validiertem Wissen über »das Vollkommene« werden wir das Totalitäre oder Singuläre vermeiden können. In der Verbundenheit entkoppeln wir uns. Individualität in der Vielfalt und in der Gemeinschaft ist möglich. Welche Systeme und Strukturen sowohl für das Allgemeinwohl als auch für das Individuum richtig sind, finden sich nicht in einer Verabsolutierung.

Es ist ein Im-Kommen, ein Werden. Wir streben ein dynamisches Äquilibrium an.

Der Weg zur Heilung des infizierten Denkens setzt Ambiguitätstoleranz voraus. Mehrdeutigkeit und Widersprüchlichkeiten zu akzeptieren, ist die Basis, um überhaupt an einer Heilung zu arbeiten. *Die »Ambiguitas« benötigt zudem eine Akzeptanz für das Ungewisse, für das, was unbekannt ist. Folglich sind nicht nur Widersprüchlichkeiten und die Mehrdeutigkeit des Bekannten auszuhalten, sondern auch das Unbekannte. Diese Eingliederung der Potenzialität führt uns zu einer Ambiguitätstoleranz+, die gelebt werden muss.*

An dieser Stelle erhalten Esoterik-Kritiker Rückenwind. Dankend nehme ich solche »Angriffe« an, die an Menschen gerichtet werden, die nicht sonderlich spirituell sind. Das sind genau jene Selbstverständlichkeiten, um die es hier geht. In anderen Disziplinen ist das ähnlich. Wissenschaftler werden aus ihren akademischen Türmchen geworfen, wenn sie sich an Theorien und Themen wagen, die nicht in die Gepflogenheiten des jeweiligen akademischen Systems passen oder nicht dem Zwecke der Ökonomie dienen.

Freiheit prallt auf eine Gefangenschaft in traditionellen Systemen und Strukturen. Naturwissenschaftler müssen fundamentale Erklärungen für das Erklärbare ermöglichen und die Geisteswissenschaften sich mit dem Nichterklärbaren auseinandersetzen.

If you give, you begin to live
If you give, you begin to live
You begin
You get the world.

If you give, you begin to live
You get the world, you get the world
If you give, you being to live
But you might die trying.[145]

Ausgehend von einer aktiven Auseinandersetzung »mit dem Menschen« ist der Mensch nichts, was überwunden werden will, es geht schlicht um Akzeptanz, Verstand und Balance, die durch ein Streben nach Heilung unseres infizierten Denkens auch Vernunft hervorrufen soll. So lässt sich ein bequemerer – zumindest so etwas wie ein bewussterer – Weg wählen. Und somit ist ausgehend vom denkenden und handelnden Vernunftwesen der eigene Weg für mich gleichzeitig der bessere Weg für das Allgemeinwohl – das, was wir der Welt (von uns) geben (können).

Dies ist unser eigener Lebensentwurf und gleichzeitig der Anfang unseres Heilungsprozesses, um den »geistigen Sturzflug« zu vermeiden. Es ist ernst. Wir können uns selbst nie unwichtig genug nehmen oder, wie es uns die Neue Deutsche Welle während des fatalen Nickerchens so treffend verdeutlichte: »Eins kann uns keiner nehmen, und das ist die pure Lust am Leben.« Eine wunderschöne Reise mit tödlichem Ausgang: die Aktivierung aller denkenden Wesen. *Wie kehren zum Ursprung der Quelle zurück.*

Am Ende bleibt jedoch offen: Was denkt der Mensch, was er ist?

Und: Was ist der Mensch?

ENKELFÄHIG [ˈɛŋkl̩ˌˈfɛːɪç]

Eine initiale philosophische Definition von Anders Indset (02/2021)

»Enkelfähig« ist Unternehmertum im 21. Jahrhundert. Es ist ein *spielerischer Weg von Potenzialität* zur Gestaltung einer ganzheitlichen, humanistischen und mitfühlenden Wirtschaft, in der es nicht darum geht, zu gewinnen oder zu verlieren (Endlichkeit), sondern möglichst lange mitzuspielen (Unendlichkeit → Enkelfähigkeit). Es geht um die Verbundenheit, ein Mit-Mensch zu sein.

Entsprechend ist ein wesentlicher Aspekt von *Enkelfähigkeit* das Verständnis von *Endlichkeit und Unendlichkeit* in den Dimensionen *Unternehmertum, Führung* (Leadership), *Ressourcenverbrauch, Stakeholder-Management* und *Technologie*.

Enkelfähig zu sein bedeutet, wertorientiert zu leben und dies mit unternehmerischem Denken in Einklang zu bringen (*Performance-Orientierung und Optimierung*).

Enkelfähige Unternehmen sind technologiegetrieben; der enkelfähige Weg führt über neue Technologien und neue Geschäftsmodelle, die (fundamentale) Probleme der Menschheit beschreiben und lösen – von und *für Menschen*.

Enkelfähige Unternehmen nehmen Rücksicht auf globale und lokale Faktoren, indem für sie eine grundlegende Ökosophie

– ökologische und ökonomische Philosophie im Einklang –
die essenzielle Rolle spielt: *eine Verbundenheit über Generationen
hinweg zwischen Mensch und Natur.*

Enkelfähige Unternehmen streben ein dynamisches Äquilibrium an –
einen Weg zu mehr Balance.

*Enkelfähigkeit ist wirtschaftliche Tragfähigkeit über Zeit statt auf Zeit,
wobei Ökologie und Ökonomie kein Widerspruch sind.*

Die Enkelfähigkeit (der Zustand) *ist keine ideologische
Vorstellung, sondern das Fundament für Unternehmertum
im 21. Jahrhundert und wird durch* »**Enkelfähig**«
(die Aktivierung) *gestaltet* (enkelfähige Unternehmen).

Anmerkungen

1 Nelson, Gaylord (Senator): »How the first earth day came about«, Envirolink 2010, https://web.archive.org/web/20100421232940/http://earthday.envirolink.org/history.html

2 https://www.statistischebibliothek.de/mir/servlets/MCRFileNode-Servlet/DEAusgabe_derivate_00000766/Wirtschaft_und_Statistik-_1970-10.pdf;jsessionid=B3AD187B1468D59B7B442B8EB3CE8699

3 Schwab, Klaus / Kroos, Hein: »Moderne Unternehmensführung im Maschinenbau«, 1971, Frankfurt a. M. 1971, S. 20, http://www3.weforum.org/docs/WEF_KSC_CompanyStrategy_Presentation_2014_DE.pdf

4 »Die Bildung in den Siebzigerjahren«, in: Was war wann?, https://www.was-war-wann.de/1900/1970/bildung_der_70er.html#:~:text=Ab%201970%20setzte%20sich%20die,konfliktreiche%20p%C3%A4dagogische%20Vorgehensweisen%20einschr%C3%A4nken%20sollte.&text=Das%20l%C3%B6ste%20in%20oder%20Politik%20erneute%20Debatten%20zum%20Thema%20Bildung%20aus

5 https://www.nzz.ch/feuilleton/timothy-leary-sex-drogen-und-ein-kosmisches-bewusstsein-ld.1582651

6 Schmitt, Uwe: »In der Nachbarzelle von Charles Manson«, in: Die Welt vom 18. 07. 2006, https://www.welt.de/kultur/article230126/In-der-Nachbarzelle-von-Charles-Manson.html

7   Nixon, Richard Milhouse: »First Inaugural Address of Richard Milhouse Nixon«, in: »The Avalon Project. Documents in Law, History and Diplomacy«, Yale Law School, 20. Januar 1969, https://avalon.law.yale.edu/20th_century/nixon1.asp

8   Pinker, Steven: *Enlightenment Now*, dt.: *Aufklärung jetzt. Vernunft, Wissenschaft, Humanismus und Fortschritt. Eine Verteidigung*, Frankfurt a. M. 2018, Kap. 11 (»Frieden«), S. 203 ff.

9   Ebd., Kap. 8 »Wohlstand«, S. 108

10   https://www.bpb.de/izpb/9748/wirtschaftliche-entwicklung-in-der-bundesrepublik? Sowie Meadows, D. u. a.: *Die Grenzen des Wachstums. Bericht des Club of Rome zur Lage der Menschheit*, Stuttgart 1972

11   https://www.nytimes.com/2020/04/28/books/review/barry-gewen-inevitability-of-tragedy-henry-kissinger.html

12   Douthat, Ross: *The Decadent Society. How We Became The Victims of Our Own Success*, New York 2020, https://www.simonandschuster.com/books/The-Decadent-Society/Ross-Douthat/9781476785240

13   Chalmers David: *The Conscious Mind: In Search of a Fundamental Theory*, Oxford 1996.

14   https://www.zeit.de/politik/deutschland/2020-04/corona-krise-wolfgang-schaeuble-schutzmassnahmen

15   Schwering, Marcus: »Habermas spricht über Corona: ›So viel Wissen über unser Nichtwissen gab es noch nie‹«, in: *Frankfurter Rundschau* vom 10. 04. 2020, https://www.fr.de/kultur/gesellschaft/juergen-habermas-coronavirus-krise-covid19-interview-13642491.html

16   Neil Postman: *Wir amüsieren uns zu Tode. Urteilsbildung im Zeitalter der Unterhaltungsindustrie*, Frankfurt a. M.1985, S. 110

17   Reckwitz, Andreas: *Die Gesellschaft der Singularitäten. Zum Strukturwandel der Moderne*, Berlin 2017

18   Orwell, George: *Nineteen Eighty-Four* (1949), dt.: *1984* (1950), https://ia802805.us.archive.org/18/items/GeorgeOrwell-1984roman-Deutsch/GOrwell1984.pdf

19   Brinkemper, Peter V.: »Neil Postman ist tot«, Telepolis (heise.de), 10. 10. 2003, https://www.heise.de/tp/features/Neil-Postman-ist-tot-3431573.html

20   Habermas, Jürgen: »So viel Wissen über unser Nichtwissen gab
     es noch nie«, in: Schwering, Markus: »Jürgen Habermas spricht
     über Corona«, a. a. O. Anm. 15

21   Knoche, Manfred: »Kapitalisierung der Medienindustrie aus po-
     litökonomischer Perspektive«, 2001, https://www.researchgate.
     net/publication/272705797_Kapitalisierung_der_Medienindust-
     rie_aus_politokonomischer_Perspektive

22   Schneider, Wolf: *Unsere tägliche Desinformation. Wie die Massenmedien
     uns in die Irre führen*, Gruner + Jahr, 3. Aufl. 1988

23   Mangels, Carolanne: »Facebook is on the decline for Gen Z and
     younger Millennials, but why?«, 22. 02. 2018, https://www.smar-
     tinsights.com/social-media-marketing/facebook-marketing/is-
     facebook-on-the-decline-for-gen-z-and-younger-millennials/

24   Schmid, Oliver: »Die 10 interessantesten Persönlichkeiten, die
     nach ihrem Tod berühmt wurden«, https://www.gedenkseiten.de/
     magazin/die-10-interessantesten-persoenlichkeiten-die-nach-ih-
     rem-tod-beruehmt-wurden

25   Holman, C. Hugh: *A Handbook to Literature*, Indianapolis 1985, ITT
     Bobbs-Merrill. S. 27

26   https://www.deutscher-schulpreis.de/preistraeger/grundschule-
     schuttertal/portraet-schuttertal (5. Absatz unten)

27   »Voller Stolz können wir uns von nun an erste zertifizierte ›Philo-
     sophierende Grundschule‹ in Baden-Württemberg nennen. Am
     Ende unseres ersten Ausbildungsabschnitts mit der Münchner
     Akademie für Philosophische Bildung und Werte-Dialog fand am
     07. 11. 2019 die feierliche Zertifikatsübergabe statt.« https://www.
     grundschule-schuttertal.de/unsere-schule/kinder-philosophieren/

28   https://www.deutscher-schulpreis.de/preistraeger/grundschule-
     schuttertal

29   https://nzzas.nzz.ch/gesellschaft/green-school-auf-bali-wo-kuenf-
     tige-oeko-chefs-zur-schule-gehen-ld.1404865?reduced=true,
     https://www.intelligentliving.co/students-at-green-school-spend-
     time-learning-outdoors/

30   https://hundred.org/en/innovations/green-school-international

31   Nietzsche, Friedrich: *Unzeitgemäße Betrachtungen.* Zweites Stück: »Vom Nutzen und Nachteil der Historie für das Leben. Vorwort«, Berliner Ausgabe 2016, S. 68

32   Vgl. dazu Hossenfelder, Sabine: *Das hässliche Universum: Warum unsere Suche nach Schönheit die Physik in die Sackgasse führt,* Frankfurt a. M. 2018

33   Liessmann, Konrad Paul: *Theorie der Unbildung: Die Irrtümer der Wissensgesellschaft,* München 2008

34   online.de/panorama/wissen/bildung/aussergewoehnliche-studiengaenge-was-kann-man-studieren_iid-9660525#11; https://www.spiegel.de/spiegelspecial/a-479191.html; https://www.studium-ratgeber.de/studium/studiengang/verrueckte-studiengaenge/

35   Kant, Immanuel: *Was ist Aufklärung? Thesen und Definitionen,* hrsg. von Ehrhard Bahr, Stuttgart 1974, S. 9–17

36   Laut einer Umfrage des Meinungsforschungsinstituts Norstat im Auftrag des Magazins *Playboy*

37   »Die Bedeutung der Wissenschaft einzugrenzen ist jedoch nicht mit Wissenschaftsverachtung gleichzusetzen«, wie Hans Blumenberg hervorhebt, »weil mir jede Verkennung des unüberbietbaren Lebensdienstes der neuzeitlichen Wissenschaft nicht nur fern liegt, sondern ungeheuerlich erscheint, folglich Kokettieren mit deren Verachtung verächtlich ist. Dass sie nicht alles ist, was sein kann, ist freilich auch mehr als eine Trivialität.« Hans Blumenberg in: *Was ist Bildung. Eine Textanthologie,* Ditzingen 2012, S. 22

38   Ebd.: »Eine Entscheidung über den einzuschlagenden Weg profitiert zwar grundsätzlich von den Informationen, die mit Hilfe der empirischen Wissenschaften erlangt werden können, aber oft sind alltagspraktische Urteile ebenso gut oder gar besser geeignet, den Überblick zu behalten.«

39   Ebd.: »Wissenschaftliche fundierte Informationen können Selbstbildung nicht ersetzen. Die Ambivalenz im Leben des modernen Menschen, die sich aus Faktoren wie der beschleunigten Mobilität und der Struktur der Optionalität ergibt, lässt sich mit den Mitteln der diese Faktoren eher verstärkenden Wissenschaft nicht

auflösen. Existenzielle Fragen (...) sind ohnehin grundsätzlich nicht in wissenschaftliche Fragen überführbar.«

40 https://meedia.de/2020/03/26/ueber-15-mio-abrufe-der-gewaltige-erfolg-des-coronavirus-update-mit-professor-christian-drosten/; https://de.wikipedia.org/wiki/Coronavirus-Update

41 Arendt, Hannah: *Vita activa oder Vom tätigen Leben*, München / Zürich1998, S. 18

42 Was genau meint Adorno mit Halbbildung? »Halbbildung ist gereizt und böse; das allseitige Bescheidwissen immer zugleich auch ein Besserwissen-Wollen. Halbbildung ist die Sphäre des Ressentiments schlechthin. Halbbildung disqualifiziert sich durch ein Aussetzen des logischen Verstands: Die wahnhaften Systeme der Halbbildung sind der Kurzschluss in Permanenz. Es mangelt an Selbstreflexion.« https://www.dioezese-linz.at/dl/OnuOJLJNlnJqx-4kJK/2016_05_07_Ansprache_50_Jahre_Austro-Danubia_und_60._CVV_in_Freistadt.pdf

43 »Vieles zu wissen, ohne dieses Wissen auch in seinem Sinn und seiner Bedeutung begriffen zu haben und in größere sinnhafte Zusammenhänge einordnen zu können, ohne es m. a. W. zu kontextualisieren, mündet nämlich in schlichte ›Halbbildung‹ (T. W. Adorno, 1903–1969), in ein halb verdautes Wissen um seiner selbst willen, ohne Anschluss- und Generalisationsmöglichkeiten.« https://www.uibk.ac.at/iezw/mitarbeiterinnen/senior-lecturer/bernd_lederer/downloads/was-ist-eigentlich-bildung.pdf

44 »Ein halb gebildeter Mensch hat sich dasselbe Wissen angeeignet, über das auch ein Gebildeter verfügt, aber er gebraucht sein Wissen in verdinglichter, domestizierter Weise, z. B. indem er Phänomene rein mechanisch klassifiziert und subsumiert, anstatt sie in ihrer Lebendigkeit zu begreifen und sich anzueignen. Aufgrund dieser Starrheit ist der Halbgebildete sogar dem Ungebildeten unterlegen, denn dieser verfügt zwar nicht über das fachliche Hintergrundwissen, wohl aber über den naturwüchsigen unvoreingenommenen Blick und ist frei von jeglichem Narzissmus. ›Unbildung, als bloße Naivität, bloßes Nichtwissen, gestattet ein

unmittelbares Verhältnis zu den Objekten und konnte zum kritischen Bewusstsein gesteigert werden kraft ihres Potenzials von Skepsis, Witz und Ironie – Eigenschaften, die im nicht ganz domestizierten gedeihen. Der Halbbildung will das nicht glücken.‹ (Adorno) Diese naive Unvoreingenommenheit ist dem Halbgebildeten durch sein verdinglichtes Verständnis von Wissen als bloßer Faktizität im Zuge seines Bildungsprozesses abhandengekommen.« https://www.dioezese-linz.at/dl/OnuOJLJNlnJqx4kJK/2016_05_07_Ansprache_50_Jahre_Austro-Danubia_und_60._CVV_in_Freistadt.pdf

45 Blumenberg, Hans: *Begriffe in Geschichten*, Frankfurt a. M. 1998, S. 25

46 Ebd., S. 141

47 https://rtraba.com/2015/11/11/it-is-not-important-what-we-cover-but-what-you-discover-victor-weisskopf/

48 Richard Rorty: *Der Spiegel der Natur. Eine Kritik der Philosophie*, Frankfurt a. M. 1997, S. 390

49 Ebd., S. 391

50 Ebd. »Statt den bildenden Philosophen als einen Theoretiker über Themen von allgemeinem Interesse zu verstehen, kann man in ihm auch einfach einen Gesprächspartner sehen. Statt sich die Weisheit als die Liebe zum Argumentieren zu denken, kann man sie beispielsweise als die zur Teilnahme an einem Gespräch notwendige praktische Klugheit sehen, die man nicht erwirbt, indem man das richtige Vokabular zur Darstellung des Wesens der Dinge aufsucht. (...) Beispielsweise kann man sich die bildende Philosophie als eine Liebe zur Weisheit denken, die zu verhindern sucht, dass unsere Gespräche zu Forschungsprozessen degenerieren, zu einer Tauschbeziehung von Theorien. Bildende Philosophen werden die Philosophie nicht zu einem Ende bringen können, sie können jedoch verhindern, dass sie auf dem sicheren Pfad einer Wissenschaft zu wandeln beginnt.«

51 Plickert, Philip: »Gini-Koeffizient: Die globale Ungleichheit ist stark gesunken«, 14.0.2019, https://www.faz.net/aktuell/wirt-

schaft/arm-und-reich/die-globale-ungleichheit-ist-gesunken-we-niger-arme-auf-der-welt-15986940.html

52 Scheiber, Pascal: »Luxus-Schlange bei Louis Vuitton«, 18. 05. 2020, https://www.blick.ch/schweiz/zuerich/luxus-schlange-bei-louis-vuitton-es-isch-birreweich-aber-mer-machts-halt-trotzdem-id15894204.html

53 Bresser-Pereira, Luiz Carlos: »The Global Financial Crisis and a New Capitalism?«, in: »The Levy Economics Institute Working Paper Collection«, Working Paper Nr. 592, 2010, http://www.levy-institute.org/pubs/wp_592.pdf

54 Ernst Ulrich von Weizsäcker: »Die heutige Welt braucht eine neue Aufklärung«, PARADOX – Stuttgarter Dialog über Wirtschaft und Gesellschaft, Stuttgart, 08. 10. 2020, https://www.paradox-confe-rence.de/ernst-ulrich-von-weizsaecker

55 Milanović, Branko: *Capitalism Alone: The Future of the System that Rules the World*, Cambridge, Mass., 2019

56 Benjamin, Walter: *Kapitalismus als Religion* (1921, posthum erschienen), in: *Quart* Nr. 3+4 (2001), S. 18–25

57 Devereux, Charlie: »Zara Founder Unveils $ 17.2 Billion Global Real Estate Empire«, https://www.bloomberg.com/news/articles/2020-07-07/spain-s-richest-man-has-amassed-17-2-billion-in-real-estate, 07. 07. 2020; Kouimtsidis, Dimitris: »Spanish billionaire and Zara founder Amancio Ortega ranked fifth richest man in the world and second in Europe«, https://www.theolivepress.es/spain-news/2020/02/12/spanish-billionaire-and-zara-founder-amancio-ortega-ranked-fifth-richest-man-in-the-world-and-second-in-europe, 12.02.2020

58 https://worldpopulationreview.com/countries/countries-by-gdp

59 Marmor Shaw, Jessica: »From U. S. Steel's $ 1 billion market cap to Apple's $ 1 trillion: a brief history of valuation milestones«, https://www.marketwatch.com/story/from-us-steels-1-billion-market-cap-to-apples-1-trillion-a-brief-history-of-valuation-miles-tones-2018-08-03#

60 https://praxistipps.focus.de/werbung-im-tv-mit-diesen-kosten-muessen-sie-rechnen_119860

61 Ingold, Simon M.: »Wokeness heisst die gesteigerte Form der Political Correctness: Sei wach, richte über andere und fühle dich gut dabei«, https://www.nzz.ch/feuilleton/wokeness-gesteigerte-form-der-political-correctness-ld.1534531, 19.01.2020

62 Churchill, Winston: »Niemand behauptet, dass Demokratie perfekt ist oder der Weisheit letzter Schluss. Demokratie ist die schlechteste aller Regierungsformen abgesehen von all den anderen Formen, die von Zeit zu Zeit ausprobiert worden sind.« Rede vor dem Unterhaus am 11. November 1947, http://hansard.millbanksystems.com/commons/1947/nov/11/parliament-bill#column_206 column 207

63 Obermeier, Anna: »Was passiert, wenn die Gletscher schmelzen?«, in: *Volume*, 2019, https://www.volume.at/stories/sintflut/die-gletscher-schmelzen/

64 Reckhaus, Hans-Dietrich: *Warum jede Fliege zählt. Wert und Bedrohung von Insekten*, Bielefeld 2019, respect.org/fileadmin/downloads/Wert_der_Insekten/Reckhaus_WarumJedeFliegeZaehlt_web.pdf

65 Weber, Max: *Die protestantische Ethik und der Geist des Kapitalismus*, hrsg. von Dirk Kaesler, 3. Aufl. München 2010, https://www.researchgate.net/publication/241769838_Max_Weber_Die_protestantische_Ethik_und_der_Geist_des_Kapitalismus/link/5702712408ae670384ab9aba/download

66 Arendt, Hannah: *Was ist Politik? Fragmente aus dem Nachlass*, München 1993, S. 36

67 https://www.bundesverfassungsgericht.de/SharedDocs/Entscheidungen/DE/2021/03/rs20210324_1bvr265618.html
https://www.bundesverfassungsgericht.de/e/rs20210324_1bvr265618.html

68 ntv-Interview mit Annalena Baerbock am 12.02.2020, https://www.n-tv.de/politik/AfD-arbeitet-an-Zerstoerung-der-Demokratie-article21571597.html

69 Sigmund, Thomas / Hildebrand, Jan / Afhüppe, Sven: »Wolfgang Schäuble: ›Wir haben keine Staatskrise, sondern eine Krise in den Volksparteien‹«, in: *Handelsblatt* vom 24. 02. 2020, https://www. handelsblatt.com/politik/deutschland/interview-wolfgang-schaeuble-wir-haben-keine-staatskrise-sondern-eine-krise-in-den-volksparteien/25574514.html?ticket=ST-1740003-csOUrLrqMnH-bRqgWbKT2-ap4

70 Habermas, Jürgen: *Die nachholende Revolution*, Frankfurt a. M. 1990

71 Postman, Neil: *Amusing Ourselves to Death: Public Discourse in the Age of Show Business*, London 1987

72 Arendt, Hannah: *Das Phänomen der Revolution*, München 2011 und https://www.jstor.org/stable/24193308

73 Hobbes, Thomas, in: *De Cive* (Widmung), https://www.reclam.de/detail/978-3-15-018601-5/Hobbes__Thomas/De_cive___Vom_Buerger

74 Gesetz 7 in: Greene, Robert: *Power: Die 48 Gesetze der Macht*, München 1999

75 Schopenhauer, Arthur: *Die Welt als Wille und Vorstellung*, Erster Band, Drittes Buch, § 26

76 Hesse, Hermann: *Zarathustras Wiederkehr*, Frankfurt a. M. 1993

77 »Mainzer Biontech-Gründer Özlem Türeci und Ugur Sahin«, in: »SWR Aktuell«, https://www.swr.de/swraktuell/rheinland-pfalz/mainz/biontech-mainz-gruender-portrait-100.html

78 Schanze, Robert: »Mooresches Gesetz: Definition und Ende von Moore's Law – Einfach erklärt«, in: GIGA, 25. 02. 2016, https://www.giga.de/ratgeber/specials/mooresches-gesetz-definition-und-ende-von-moore-s-law-einfach-erklaert

79 https://www.hermann-hesse.de/biografie/%E2%80%9Eindienreise%E2%80%9C#:~:text=Am%206.,Mutter%20im%20Missionsdienst%20tätig%20waren.

80 Bidder, Benjamin: »Die Deutschen rücken von der Globalisierung ab«, in: *Der Spiegel* vom 20. 05. 2020, https://www.spiegel.de/wirtschaft/corona-umfrage-deutschland-wendet-sich-von-der-globalisierung-ab-a-7926d9ce-d749-4563-90dd-b40a468dd019

81 https://ourworldindata.org/grapher/merchandise-exports-gdp-cepii?country=~OWID_WRL

82 Ebd.

83 https://www.spiegel.de/wissenschaft/technik/patentanmeldungen-china-und-usa-haengen-deutsche-tueftler-ab-a-685953.html

84 http://www.byebyeplasticbags.org

85 https://www.weforum.org/agenda/2020/07/melati-wijsen-isabel-youthtopia-environment-activist-changemaker/

86 Siehe Simon, Hermann: *Hidden Champions – Aufbruch nach Globalia. Die Erfolgsstrategien unbekannter Weltmarktführer*, Frankfurt a. M. 2012

87 »Tesla ist nicht überbewertet, sondern VW ist unterbewertet«, so VW-Vorstandschef Herbert Diess im Livestream des Podcast »Handelsblatt Disrupt« am 07. 05. 2021, https://www.handelsblatt.com/audio/disrupt-podcast/handelsblatt-disrupt-vw-chef-diess-tesla-ist-nicht--ueberbewertet-volkswagen-ist-unterbewertet/27169348.html#:~:text=Handelsblatt%20Disrupt%20VW-Chef%20Diess, nicht%

88 Es bleibt nichts anderes übrig ... Amazon & Co. haben die Daten, Apple spielt Weltpolizei und Good-Guy im Premium-Segment, während Tech- und eCommerce-Konzerne sich auf der Überholspur befinden. Sie werden aber nicht alles machen wollen, somit bleibt Raum für Weltklasse-Nischen und neue mikronationale Unternehmen. Eine Win-win-Situation. Kleine Gebühr im Tausch für Milliarden von Transaktionen, und jeder konzentriert sich voll auf seine Kernkompetenz. Durch Technologie verschwindet der Abstand zwischen Hersteller und Kunde. Rasche und direkte Lieferung, eine resiliente Gesellschaft mit gekürzter Lieferkette (Supply-Chain).

89 Taleb, Nassim Nicolas: *Antifragilität. Anleitung für eine Welt, die wir nicht verstehen*, München 2013, S. 21 f.

90 Fosco, Molly: »The Most Successful Ethnic Group in the U. S. May Surprise You«, 07. 06. 2018, https://imdiversity.com/diversity-news/the-most-successful-ethnic-group-in-the-u-s-may-surprise-you/

91 Müller, Ute: »Warum die Katalanen Spanien verlassen wollen«, 22. 09. 2015, https://www.welt.de/politik/ausland/article146878762/Warum-die-Katalanen-Spanien-verlassen-wollen.html

92 http://initiative-ruhrstadt.de/rs/home-rs/

93 https://www.stmwk.bayern.de/ministerium/institutionen.html

94 https://www.aerzteblatt.de/nachrichten/123398/Studie-Tuebinger-Modellprojekt-hat-zu-mehr-Ansteckungen-mit-SARS-CoV-2-gefuehrt

95 https://www.forumforagriculture.com

96 Vanham, Peter: »What empty homes and hipster coffee shops tell us about globalization«, 20. 11. 2018, https://www.weforum.org/agenda/2018/11/what-indianas-empty-roads-and-hipster-coffee-houses-tell-us-about-globalization/

97 Roslin, Hans: *Factfulness. Wie wir lernen, die Welt so zu sehen, wie sie wirklich ist*, Berlin 2018

98 Pinker, Steven: *Aufklärung jetzt. Für Vernunft, Wissenschaft, Humanismus und Fortschritt. Eine Verteidigung*, Frankfurt a. M. 2018

99 Hesse, Hermann: *Siddhartha*, Frankfurt a. M. 1974

100 Nietzsche, Friedrich: *Werke in drei Bänden*, München 1954, Band 1, S. 1161 f.

101 Ders.: *Die fröhliche Wissenschaft*, 4. Aufl. Berlin 2016, Drittes Buch Nr. 125 (»Der tolle Mensch«, S. 121

102 Ebd.

103 Goethe, Johann Wolfgang von: *Faust. Erster Teil*, Fausts Monolog, Vers. 354–362 und 381–385

104 https://content.wolfram.com/uploads/sites/34/2020/07/cellular-automata.pdf

105 Kaku, Michio: *Die Gottes-Formel: Die Suche nach der Theorie von Allem*, Hamburg 2021

106 Rorty, Richard in: *Philosophie als Kulturpolitik*, Frankfurt a. M. 2007, https://bookhaven.stanford.edu/tag/richard-rorty/

107 Adorno, Theodor W. / Horkheimer: *Dialektik der Aufklärung. Philosophische Fragmente*, Frankfurt a. M.1969

108 Arendt, Hannah: *Über das Böse*, München 2017, S. 89

109 https://www.spektrum.de/news/immer-mehr-deutsche-bekommen-eine-depression-diagnostiziert/1728748

110 Kierkegaard, Sören: *Abschließende unwissenschaftliche Nachschrift zu den Philosophischen Brocken Ort, Zeit etc.*

111 Adorno, Theodor W. / Horkheimer, Max: *Dialektik der Aufklärung*, a. a. O., Vorrede.

112 Hustvedt, Siri in ihrem Essay »Die Illusion der Gewissheit« Ort, Zeit??

113 Adorno, Theodor W.: *Minima Moralia*, Frankfurt a. M. 1951, S. 298

114 https://www.lernhelfer.de/sites/default/files/lexicon/pdf/BWS-DEU2-0170-04.pdf

115 Hegel, Georg Wilhelm Friedrich: *Vorlesungen über die Ästhetik*, Frankfurt a. M. 1986, S. 64

116 https://news.artnet.com/art-world/italian-artist-auctioned-off-invisible-sculpture-18300-literally-made-nothing-1976181

117 https://www.simulation-argument.com/

118 https://www.bbc.com/news/technology-56688812

119 https://www.youtube.com/watch?v=rsCuI1sp4hQ

120 https://www.businessinsider.de/wirtschaft/startups/startup-watchlist-20-vielversprechende-unternehmen-auf-die-investoren-2021-setzen/; Beispiele: Mindmaze in Lausanne, https://www.forbes.at/artikel/das-gehirn-entschluesseln.html; Ceregate in München, https://www.businessinsider.de/gruenderszene/health/ceregate-startup-gehirn-computer-interface/

121 https://hbr.org/2020/10/what-brain-computer-interfaces-could-mean-for-the-future-of-work

122 https://www.dietotenhosen.de/diskographie/songs/wuensch-dir-was

123 https://www.bostondynamics.com/spot

124 https://www.youtube.com/watch?v=fn3KWM1kuAw

125 Goethe, Johann Wolfgang von: *Faust. Erster Teil*, Studierzimmer, Vers. 1210–1237

126 Edgar Allan Poe, https://www.poetryfoundation.org/poems/52829/a-dream-within-a-dream

127 https://www.businessinsider.de/wissenschaft/wie-alt-ist-das-uni-versum-wirklich-forscher-haben-ein-babyfoto-des-weltalls-rekon-struiert-und-eine-moegliche-antwort-gefunden/

128 https://www.geo.de/geolino/mensch/9293-rtkl-geschichte-die-evolution-des-menschen#:~:text=Die%20%C3%A4ltesten%20menschlichen%20Sch%C3%A4del%2C%20die,die%20Eckz%C3%A4hne%20schon%20deutlich%20kürzer

129 Einer der Hauptcharaktere in *Matrix*, Cyberkrimineller und Com-puterprogrammierer.

130 https://www.youtube.com/watch?v=2ajBL4A5mAo&t=460s

131 https://www.youtube.com/watch?v=5mDzcxy2KVI

132 https://www.youtube.com/watch?v=2ajBL4A5mAo&t=460s

133 Dieser Begriff wird verwendet, um die Denkweise beziehungs-weise Philosophie zu beschreiben, die durch die aufkommende Bedeutung von Big Data geschaffen wurde, https://www.zukunfts-institut.de/artikel/big-data/dataismus-neues-weltbild-aus-dem-datenmeer/

134 https://worldpopulationreview.com/country-rankings/most-athe-ist-countries

135 https://www.nzz.ch/international/atheismus-in-schweden-der-freie-wille-wird-nicht-beerdigt-ld.136953?reduced=true

136 https://fowid.de/meldung/globaler-index-religiositaet-und-atheis-mus

137 Goethe, Johann Wolfgang von: *Venezianische Epigramme* Nr. 139

138 https://www.focus.de/wissen/experten/ludwig/einfach-nicht-um-zubringen-kakerlaken-ueberleben-neun-tage-ohne-kopf_id_3620181.html#:~:text=Leben%20ohne%20Kopf,Tage%20lang%20ohne%20Kopf%20%C3%BCberleben

139 Bloom, Paul: *Against Empathy. The Case for Rational Compassion*, Lon-don 2018

140 https://www.systemische-psychotherapie-frankfurt.de/blog-psy-chologie/gefahren-der-empathie/#:~:text=Kognitive%20Empa-thie%20bezeichnet%20eine%20andere,Absichten%2C%20Gef%C3%BChlen%20und%20Motivationen%20anderer

141 Fromm, Erich: *Die Kunst des Liebens*, 2. Aufl. München 1995, S 11

142 Ebd., S. 140

143 Illouz, Eva: *Warum Liebe weh tut. Eine soziologische Erklärung*, Berlin 2016 sowie Interview mit Anja Reich vom 05. 02. 2019: https://www.berliner-zeitung.de/mensch-metropole/interview-mit-der-soziologin-eva-illouz-es-wird-viel-mehr-menschen-geben-die-allein-leben-li.24462

144 »He is contemporary fiction's alchemist of the ordinary«, https://www.nytimes.com/2014/05/28/books/knausgaards-my-struggle-book-three-explores-fearful-past.html

145 Lied der Dave-Matthews-Band »You Might Die Trying«, https://www.google.com/search?q=dave+matthews+band+you+might+die+trying+lyrics&sxsrf=ALeKk00_u25YE66gp92vo3iCmUXCpi1etw%3A1623751762892&ei=UnzIYMD5L5CWsAeC-YugCA&oq=Dave+Matthews+Band+

Anders Indset, gebürtiger Norweger, ist Philosoph, Publizist und erfolgreicher Unternehmer. Er ist Gastdozent an internationalen Universitäten und bringt die Philosophie der Vergangenheit mit der Technologie und Wissenschaft von morgen zusammen. Indset zeigt den Führenden aus Wirtschaft, Politik und Gesellschaft, wie sie das 21. Jahrhundert erfolgreich gestalten können. Thinkers50 hat ihn in die Top 30 der in Zukunft wichtigsten Managementvordenker aufgenommen. Seine Bücher wurden in zahlreiche Sprachen übersetzt. Er ist Autor der SPIEGEL-Bestseller *Wildes Wissen* und *Quantenwirtschaft*.